KB067563

작지만 강력한
디테일의 힘

細節決定成敗
by 汪中求
Copyright ⓒ 2004 by 新華出版社
Korean translation copyright ⓒ 2005 Ollim
All rights reserved.

우리에게 부족한 1%는 무엇인가

작지만 강력한

디테일의 힘

POWER of
DETAIL

왕중추 지음
허유영 옮김
고현숙 공병호 한근태 추천

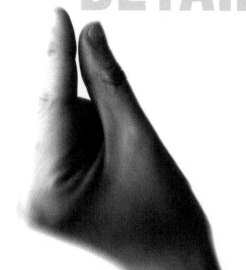

작은 일들에 충실하십시오.
당신을 키우는 힘은
바로 거기에 있으니까요.
_마더 테레사

고수는 디테일에 강하다

    고수들은 디테일에 강하다. 대충 하고 얼렁뚱땅 지나가는 고수는 없다. 그래서 보통 사람들은 이런 면을 이해하지 못한다. 그리고 한마디 한다. "뭘 저렇게까지 하나. 대강 하지, 저래서야 피곤해서 어떻게 하나?" 하지만 모르는 소리다. 그렇게 디테일에 집착했기 때문에 인정을 받고 오늘날 고수로 등극한 것이다. 디테일이 왜 그렇게 중요할까?

    첫째, 사업의 승부는 비전이나 전략 같은 큰 어젠다보다는 디테일에서 결정이 나는 경우가 많기 때문이다. 어느 회사나 비전과 전략은 비슷비슷하다. 고객만족 같은 구호가 대표적이다. "우리 회사는 고객만족 따위는 신경 쓰지 않습니다"라고 얘기하는 회사는 없다. 중요한 건 실제 고객들이 이를 체감하고 있느냐인데, 이는 디테일에서 승부가 난다.

    주차장, 콜센터 등이 그렇다. 주차장에 가보면 회사 수준을 알 수 있다. 모 전자상가는 장사가 안 되기로 유명하다. 휴일에도 대부분 가게가 파리를 날린다. 하지만 주차하기는 의외로 힘들다. 주차하기 편한 지하 1층과 2층은 평일에도 대부분 만석이다. 직원들이 그곳에 주차하기 때문이다. 반면 강남의 모 백화점은 주차 천국이다. 우선 주차장이 넓다. 입구부터 시작해 촘촘히 직원들을 배치해 운전자들이 빈 곳을 찾아 이동할 필요가 없다. 별것 아닌 주차장 하나에서 큰 차이가 난다. 하지만 경영인들은 주차장에 대해 얼마나 신경을 쓰고 있는가? 자신들이 주차하기 편하니까 신경을 쓰지 않는다.

콜센터도 그렇다. 번호를 한없이 누르게 하는 콜센터가 있다. 결제 수단 선택, 신용카드 번호 입력, 카드 유효기간을 연월 순으로 입력하고, 비밀번호 앞 두 자리를 입력하고, 주민번호 뒤 일곱 자리를 입력하고…. 고객만족을 위해 있는 콜센터가 고객 가슴에 불을 지른다.

그래서 나 같은 사람은 상담원과 연결되기 전 전화를 끊는다. 대부분 기업은 주차장과 콜센터를 아웃소싱하고 있다. "저희 비즈니스에 별로 중요하지 않거든요"라는 그들의 생각을 그대로 보여준다.

둘째, 디테일이 강해야 제대로 된 관리를 할 수 있기 때문이다. 승승 장구하던 벤처들이 무너지는 이유 중 하나는 관리 소홀 때문이다. 삼성 그룹의 고故 이병철 회장은 디테일에 관한 한 입신의 경지에 이른 사람이다. 작은 시그널에서 큰 징후를 읽는 능력을 지녔다. 그가 공장을 방문할 때 세 가지를 봤다는 얘기는 유명하다. 현장의 청결 상태, 공장 앞 나무들의 건강 상태, 기숙사의 정리정돈 여부…. 그 정도 보면 이 회사 직원들의 정신상태, 충성도, 만족도 등을 어느 정도는 알 수 있다. KD 그룹이라는 버스회사는 연비를 높이기 위해 스페어타이어를 싣지 않는다. 어떤 불필요한 물건도 싣지 않는다. 60억 원을 투자해 철제 휠(48kg)을 알코아 휠(23kg)로 바꾸었는데, 2년 만에 본전을 뽑았다. 보험료를 줄이기 위해 운전자들을 주기적으로 교육하고, 평가와 보상도 연비와 보험료에 연계해서 한다. 정말 사소한 것들을 잘 관리해 발전하고 있다. 티끌 모아 태산이다. 티끌을 모으지 않으면 태산도 없다.

셋째, 디테일이 강해야 리스크를 줄일 수 있기 때문이다. 사람은 큰 돌에 걸려 넘어지지 않는다. 작은 돌에 걸려 넘어진다. 개인도 그렇고 조직도 그렇다. 오히려 작은 것을 소홀히 했다가 큰 손실을 입을 수 있다. 한 글로벌 제약회사는 엄청난 연구비용을 투자해 요실금 치료제를 개발했고, 이를 전 세계에 특허 출원했다. 근데 직원의 실수로 한국을 'North Korea'로 표기했다. 그 바람에 한국에서는 그 회사 제품을 마음대로 카피할 수 있었고, 결과적으로 수백억 원의 손해를 봤다.

넷째, 디테일이 강해야 최고 경지에 도달할 수 있기 때문이다. 한 분야를 평정한 고수들은 대부분 품질에 관한 한 병적으로 집착한다. 그런 집착 없이 어떻게 고수로 등극할 수 있겠는가? 세계 최고의 디자이너

조르조 아르마니가 그렇다. 그는 전 세계에 320개 매장과 5000명의 직원을 두고 있고, 연 매출이 20억 유로에 이른다. 그는 완벽주의자다. 일관성을 가장 소중하게 생각한다. 패션쇼의 소품으로 쓰이는 꽃 장식 하나, 모델의 발걸음 하나까지 직접 챙긴다. 아르마니 호텔과 리조트의 경우도 가구와 인테리어는 물론 직원 유니폼 디자인까지 직접 관여한다. "뭔가 인생에서 의미 있는 것을 이루기 위해서는 가장 작은 디테일에 신경 쓰는 것이 필수적입니다. 뭔가 비범한 것을 창조하기 위해서는 집요할 정도로 가장 작은 디테일에 몰두해야 합니다." 아르마니의 말이다.

둔한 사람은 최고경영자가 되어서는 안 된다. 아니 될 수도 없다. 예민하고, 까다롭고, 집착증세가 있는 것이 유리하다. 특히 품질에 관한 병적 증세가 있어야 한다. 소소한 고객의 클레임에 밤잠을 설쳐야 한다. 그 문제점을 해결할 때까지 노심초사할 수 있어야 한다. 더러운 사무실 상태를 보고 흐트러진 기강을 읽을 수 있어야 한다. 직원들의 처진 어깨를 보고 자신을 돌아볼 수 있어야 한다. 충성고객 하나를 잃게 되면 왜 그 사람이 떠났는지 집요하게 파헤칠 수 있어야 한다.

하지만 조심해야 할 것이 있다. 우선순위다. 정말 신경을 써야 할 것과 그렇지 않은 것을 구분해야 한다. 가리지 않고 디테일하게 파고드는 것은 조직을 피곤하게 하기 때문이다.

그래서 디테일에 강한 리더가 되기 위해서는

첫째, 의도된 한가함이 필요하다. 빠른 속도로 움직이는 차 안에서는 경치를 즐길 수 없듯 사소한 것에서 의미 있는 메시지를 읽기 위해서는 여유가 있어야 한다. 그런 면에서 분주한 리더가 최악의 리더가 될 가능성이 높다. 경중을 가리는 능력이 없다는 방증일 뿐이다.

둘째, 현장과 밀착해야 한다. 최고경영자는 가공된 정보를 볼 가능성이 높다. 직원들이 상사에게 나쁜 모습을 보이려 하지 않기 때문이다.

셋째, 솔직한 얘기를 해줄 채널이 있어야 한다. 최고경영자는 인의 장막에 둘러싸여 있다. 부정적인 사건도 위로 올라오면서 포장되고 가공되어 별것 아닌 일이 될 수 있다.

CEO는 복합적인 능력이 필요하다. 5분 후의 일과 5년 후의 일을 동시에 걱정할 수 있고, 현미경과 망원경을 같이 볼 수 있어야 한다. 무엇보다 작은 시그널에서 큰 기회의 싹을 볼 수 있어야 하고, 그것은 디테일을 중시하는 훈련을 통해 가능하다. CEO에게 사소한 일은 없다.

2020. 4
한근태 한스컨설팅 대표
『신은 디테일에 있다』저자

디테일, 나와 세상을 바꾸는 작은 힘

모든 위대함은 작은 것들에 대한 충실함으로부터 기원한다. 산술적으로는 100-1=99가 정답이겠지만, 사회생활에서는 100-1이 0 혹은 마이너스가 될 수도 있다. 그래서 흔히 "1%의 실수가 100%의 실패를 낳을 수 있다"고 말하기도 한다.

왕중추의 『디테일의 힘』은 '디테일이 인생과 경영의 성패를 결정한다'는 사실을 풍부한 사례들로 실감나게 보여주는 책이다. '문제는 항상 작은 것에서 출발한다'는 진리를 일깨워주고 그에 대한 경각심을 강하게 불러일으킨다.

"완벽한 모습을 보여주기란 매우 어려운 일이다. 작고 사소한 부분까지도 모두 완벽해야 하기 때문이다. 반대로 자신의 이미지를 망치기는 아주 쉽다. 작고 사소한 부분을 무시하는 것만으로도 만회할 수 없는 심각한 타격을 입을 수 있기 때문이다."

저자의 말처럼, 개인의 삶에서도 무심코 지나친 '작은 일' 하나 때문에 큰 낭패를 보거나 뼈아픈 패배를 당하는 경우가 허다하다. 모든 면에서 다른 경쟁자들보다 우수한 평가를 받고서도 이력서 하나를 잘못 관리한 탓에 입사시험에서 쓴잔을 마신 사람이 있는가 하면, 팩스 하나를 잘못 보내는 바람에 회사에 자신의 연봉 몇 년치에 해당하는 손해를 끼친 직원도 있다. 현장 작업자의 사소한 부주의 때문에 수출물량 전체가 반입 거부되는 사태가 벌어지기도 한다. 작은 일을 잘못 처리해서 치명적인 결과를 초래하는 일도 심각한 문제지만, 사소한 부주의로 무엇과도 바꿀 수 없는 소중한 생명을 잃게 되는 경우는 어떠한가.

기업경영에서도 디테일은 결정적인 힘을 발휘한다. 1763년에 설립되어 자산 규모만 270억 파운드에 달했던 베어링스은행은 '거래와 결산 업무를 분리한다'는 너무도 상식적인 기업경영의 원칙을 소홀히 함으로써 233년의 역사를 뒤로 하고 문을 닫고 말았다. 일찍이 내부감사에서도 이에 대한 문제 제기가 있었지만 경영진은 이를 무시했다. 바로 디테일에 대한 관리 소홀이 가져온 참담한 결과였다.

100년에 걸쳐 노키아, 모토로라와 함께 세계 통신시장을 삼분해온 에릭슨이 1998년부터 3년간 통신시장의 고속성장에도 불구하고 세계 시장 점유율이 18%에서 5% 대로 곤두박질치게 된 이유 역시 문제점을

12

직시하지 않고 대충 넘어가려 했던 안일한 자세 때문이었다. 뿐만 아니라 중국의 모 기업은 미국 기업과의 합작협상을 마무리해가는 시점에서 마련한 한 끼의 저녁식사가 화근이 되어 사운을 좌우할 정도로 중차대한 합작건을 일시에 날려버리기도 했다. 미국 대표가 "당신들이 한 끼 식사에 그렇게 거액을 낭비하는데 어떻게 안심하고 투자할 수 있겠소?"라고 물으며 합작을 거부하고 만 것이다.

반면에 대만 제일의 갑부인 왕융칭 포모사 회장은 디테일에 치중하여 성공을 거둔 대표적인 인물이다. 주변 사람들이 이제는 사업도 안정되고 규모도 커지고 했으니 세세한 일들은 아랫사람들한테나 맡기고 크고 굵직한 일에만 전념하라고 권하자 그는 이렇게 답한다.

"나는 거시적인 부분에도 관심을 가지지만 세부적인 관리에 더 심혈을 기울일 것입니다. 세부적인 것을 연구하고 개선하여 2명이 할 일을 1명이 할 수 있게 만들면 생산력이 2배로 증대되는 셈이고, 한 사람이 2대의 기계를 작동시킬 수 있다면 생산력이 4배로 늘어나지 않겠습니까?"

디테일을 중시하는 것은 어떤 환경에서도 성공을 가능하게 하는 가장 소중한 습관이다. 따라서 성공을 원하는 사람이라면 누구나 반드시 이를 몸에 익혀야 한다.

내가 아는 한, 성공한 이들은 하나같이 디테일에 강하다는 공통점을 가지고 있다. 피터 드러커, 잭 웰치, 저우언라이 등 세계적인 학자, CEO, 정치가들이 디테일에 주목하는 것은 결코 우연이 아니다. 크고 화려한 것에 현혹되지 않고 바로 지금 자신이 하는 일부터 세심하게 처리하는 것, 그것이 바로 성공으로 가는 가장 확실한 길임을 알아야 한다.

기업경영은 더욱 그렇다. 노자가 "큰 나라를 다스리는 것은 작은 물고기를 요리하듯 해야 한다"고 말했듯이, 세부적인 것을 중시하고 모든 업무가 꼼꼼하게 관리되어야 한다. 어떤 디테일도 놓치지 않는 기업문화가 자연스럽게 정착된다면 그 기업은 어떤 어려움이 닥쳐도 흔들리지 않고 정상에 도달할 수 있을 것이다. 도요타자동차는 그 전형적인 예이다.

이 책은 생생한 사례를 통해 디테일이 어떻게 개인과 기업, 국가의 성패를 좌우하는지, 왜 지금 우리에게 디테일이 절실한 문제인지, 디테일에 강해지려면 어떻게 해야 하는지를 매우 구체적으로 보여준다.

유능한 사원과 무능한 사원, 초일류 기업과 그렇지 못한 기업, 선진국과 중진국 사이에는 디테일의 차이에서 오는 엄청난 차이가 존재한다. 다시 말해서 개인, 기업, 국가 차원의 경쟁력이 디테일에 의해 좌우된다고 할 수 있다. 이 책은 이처럼 중대한 디테일의 문제를 본격적으로 다룬 최초의 책으로서뿐만 아니라 아직도 '대충주의'와 '적당주의'에서 완전히 탈피하지 못한 우리의 현실에 경종을 울리는 책으로도 더 큰 의미가 있다.

　지금 우리는 무조건 열심히 일만 하면 되었던 20세기를 지나 '디테일이 성패를 좌우하는' 무한경쟁의 21세기를 살아가고 있다. 개인은 물론 기업과 공공기관의 임직원들이 이 책이 제시하는 풍부한 사례와 대안들을 통해 자신의 삶, 기업, 국가 경영에서 디테일이 얼마나 중요한지를 깊이 인식하는 기회로 삼기를 바란다.

　지금 우리에게 부족한 1%를 채우고 '자신과 세상을 바꾸는 작은 전기'를 발견하게 해주는 이 책의 일독을 권한다.

2005. 11

공병호 공병호경영연구소 소장

디테일로 무장하라

『디테일의 힘』이 출간된 후 사회적으로 커다란 관심을 불러일으켰다. 2004년 1월 17일 베이징의 한 대형 서점에서 강연회를 열었을 때에도 그 뜨거운 반응을 실감할 수 있었다. 두 시간도 채 안 되는 시간 동안 각계각층의 청중들로부터 50여 개가 넘는 질문을 받았다. 중국올림픽조직위원회 임원들도 이 책을 높이 평가하여 올림픽 준비에 참고하겠다는 뜻을 밝혀 왔으며, 우편홍보센터는 이 책을 2004년 추천도서로 선정하여 '디테일에 주목하여 작은 일 하나에도 정성을 다한다'는 정신을 대대적으로 고취하기도 했다. 또 「치예관리企業管理」라는 잡지에서는 이 책이 기업의 고질적인 병폐를 정확히 짚어냈다고 평가하고, 이 책에서 '규모가 작고 수명이 짧다'는 중국 기업들의 문제점을 해결할 방법을 찾을 수 있을 것이라고 지적했다.

디테일은 본래 마케팅에 대해 토론하는 자리에서 나온 화두 가운데 하나였다. 그 후로 나는 개인적인 관심을 가지고 이 화두에 집착하게 되었고, 그러면서 이것이 단순히 마케팅에만 국한된 문제가 아니라 기업관리, 더 나아가서는 사회와 국가 전체에 만연한 문제라는 것을 알게 되었다. 그에 따라 이 문제를 더욱 폭넓게 다룰 필요성을 느꼈다. 게다가 이런 나의 생각에 독자들과 네티즌들이 큰 힘을 실어주었다. 그들은 내게 디테일 문제를 마케팅이나 기업경영 측면에서만 다루지 말고 국가와 사회 전체로까지 확대시켜 논의해줄 것을 요청했다. 그 결과, 이번 2판에서는 초판의 미진했던 부분을 보완하는 정도를 넘어 독자와 네티즌의 의견을 반영하고 중국인의 자질, 전략과 디테일의 관계, 정부 정책의 문제점까지도 포괄하게 되었다.

수년간 기업의 임원과 컨설턴트로 일해오는 동안, 정부인사들과 빈번하게 접촉하면서 개방구의 투자유치와 국제적인 대도시 건설 등 공공관리의 디테일한 문제에 대해서도 소상히 알게 되었다. 그리고 공공분야의 디테일이 어떤 다른 분야보다도 더 중요하다는 인식을 갖게 되었다. 대형 사고가 터질 때마다 우리는 "국민의 이익에 관계된 문제에서 작은 일이란 없다"는 후진타오 주석의 말을 실천하기가 결코 쉬운 일이 아니라는 것을 절감한다. 실제로 지난해 말, 원자바오 총리는 일용직 근로자들의 임금 체불이라는 '작은 일'을 해결하려고 직접 근로자들을 만나기도 했다. 그때 그는 "중국에는 13억의 인구가 있다. 아무리 작은 문제라도 13억을 곱하면 아주 큰 문제가 되어버린다"고 말했다.

디테일의 문제가 사회적으로 큰 주목을 받으면서 개인적으로는 자부심과 함께 책임감도 그만큼 커졌다. 책의 초판을 수정하면서 디테일의 문제를 사회 전체로 확대시켜 세밀하게 조사하고 연구하는 동안 나는 이 문제가 결코 혼자만의 힘으로, 혹은 이 책 한 권으로 해결될 수 있는 것이 아니라는 사실을 솔직히 인정할 수밖에 없었다.

모쪼록 이 책이 계기가 되어 디테일이 사회적인 화두가 되고, 또 많은 사람들이 이 문제에 관심을 갖고 나름대로 해결을 위해 노력하게 된다면 나는 그것으로 만족할 것이다.

2004. 2. 1. 광둥 중산에서
왕중추

디테일이 성패를 좌우한다

요즘은 어딜 가나 뜨거운 열기와 활기찬 분위기로 가득 차 있다. 그런데 조금만 주의 깊게 들여다보면, 사람들이 온통 들뜬 나머지 무슨 일이든 대충대충 처리해버린다는 것을 알 수 있다. 이것이 바로 우리 사회 전체가 주목하고 모든 기업이 적극적으로 해결해야 할 시급한 과제다.

세상에는 많은 사람들이 있지만 이른바 큰일을 할 수 있는 사람은 소수에 불과하다. 대부분의 사람들은 그저 자잘하면서도 단순한 일을 반복하며 살아간다. 너무 평범하고 보잘것없다고 불평할 수도 있겠지만 그것이 생활이고 일이다. 또한 큰 성공을 이루기 위해 없어서는 안 될 기초이기도 하다. 특히나 지금과 같은 시대에는 웅대한 지략을 품은 전략가가 아니라 작고 평범한 일도 꼼꼼하게 처리하는 관리자가 필요하다.

나는 10여 년간 마케팅과 관리 분야에 몸담아오면서 쌴주, 야시야,

페이룽, 쥐런처럼 이름 있는 기업들이 창업한 지 3~4년, 심지어는 서너 달 후에 갑자기 도산하는 예들을 적지 않게 보아왔다. 물론 롄샹과 하이얼 등 개혁과 개방 속에서 최고의 기업으로 우뚝 선 예들도 있다. 또한 맥도날드, KFC, 볼보, 벤츠처럼 시대의 변화를 겪으면서도 쇠퇴하지 않고 오랜 명성을 이어가고 있는 해외 유명 기업들도 있다. 나는 다년간 이 같은 기업들을 깊이 있게 연구했다.

기업의 성패는 무엇으로 결정되는 것일까? 나는 오랫동안의 관찰과 연구 끝에 한 가지 결론을 얻게 되었다. 바로 디테일이었다. 실패한 기업들의 이면을 들여다보면 전략상의 실수라는 문제도 있었지만, 더 중요한 문제는 디테일한 부분에 미흡한 것이었다. 전략상의 실수도 따지고 보면 디테일한 부분의 오류에서 기인하는 경우가 많았다.

세계적으로 유명한 대기업들 가운데 원칙을 제대로 지키지 않고 편법이나 잔꾀로 성공한 곳은 단 한 곳도 없다.

"우리의 성공은 다른 기업의 경영진이 부하직원들에게 진정으로 가까이 다가가지 못했다는 것을 반증하는 것이다. 그들은 디테일한 부분에 대해 진지하게 주목하지 않았다."

전 맥도날드 사장 프레드 터너의 이 말은 기업의 관리자들에게 시사하는 바가 매우 크다.

다시 말하지만, 지금 우리에게 필요한 것은 웅대한 지략을 품은 전략가가 아니라 바로 꼼꼼한 관리자다. 마찬가지로 실제 우리에게 부족한 것은 관리제도가 아니라 규정과 원칙을 철저히 준수하는 실천의식이다.

나는 업무상 베이징에 자주 간다. 갈 때마다 올림픽 준비 분위기와 중심업무지구CBD 건설, 중관춘中關村을 둘러싼 대규모 프로젝트 진행에 한창인 모습을 보면서 덩달아 가슴이 벅차오르는 걸 느끼곤 한다. 그 반면에, 점점 심해지는 교통체증과 개성 없이 늘어선 건축물들을 대할 때에는 아쉬움을 감출 수가 없다. 바라건대 정책을 입안하고 결정하는 관련 부처의 직원들, 그리고 청사진을 만드는 설계사와 시공을 맡은 토목기술자들이 디테일한 부분에 좀더 세심한 주의를 기울여준다면 이런 아쉬움이 더 이상 커지지 않을 것이다.

내 자신도 불혹의 나이가 다 돼서야 비로소 '진지함'이라는 말의 진정한 뜻을 깨닫게 되었다. 그 후 나는 디테일한 부분에 대해 누구보다 깊은 관심과 주의를 기울여왔다.

전에 출간한 나의 졸작 『세일즈맨의 자기 세일즈』에 '작은 일을 세심하게 처리하라'는 제목의 글이 있는데, 내내 하고 싶은 말을 다 하지 못한 아쉬움을 느껴오던 차에 이번에 다시 용기를 내어 그간의 조사 결과와 내 자신의 견해를 새롭게 가다듬어 책으로 내놓게 되었다.

2003. 10. 베이징에서

왕중추

차례

1 1%의 실수가 100%의 실패를 부른다
디테일을 무시한 엄청난 대가

2 낮게 나는 새가 벌레를 잡는다
디테일의 위력

5 제아무리 큰 일도 디테일에서 시작된다
먼저 마인드를 바꿔라

6 디테일한 것이 모여 위대한 성과를 이룬다
작은 일부터 시작하라

7 관리는 물고기 요리하듯
공공관리에 지나친 것은 없다

다시, 디테일을 이야기하다

1

1%의 실수가
100%의 실패를 부른다

디테일을 무시한 엄청난 대가

1
이력서 하나도
제대로 못 챙기는 사람이…

≈

  몇 해 전 「우한천바오武漢晨報」라는 신문에 이런 기사가 실렸다. 장한江漢대학의 한 졸업예정자가 이력서 한 장 때문에 입사시험에서 고배를 마셨다는 내용이었다.

  채용박람회가 있던 날, 천 씨가 실수로 컵에 있던 물을 엎지르는 바람에 탁자 위에 놓여 있던 이력서가 물에 젖고 말았다. 이력서를 새로 쓸 시간이 없었던 천 씨는 이력서를 대충 말리고 나서 다른 물건들과 함께 가방에 넣었다.

  채용박람회에서 선전에 있는 한 부동산회사의 관리직 채용공고가 천 씨의 눈에 들어왔다. 그런데 이 회사에서는 입사지원서를 제출하기 전에 지원자가 이력서를 들고 먼저 인사담당자와 면담을 하도록 규정해놓고 있었다. 이 면담에서 통과해야 지원서를 제출하고 면접을 볼 수 있었다.

천 씨의 차례가 왔다. 인사담당자는 천 씨에게 몇 가지 질문을 던지고 나서 이력서를 보여달라고 했다. 천 씨는 그제서야 이력서의 내용이 물에 번져 알아볼 수 없을 뿐 아니라, 가방 안에서 다른 책과 들러붙어버렸다는 것을 알았다. 이력서는 거의 엉망이 되어 있었다. 다른 도리가 없었던 천 씨는 구겨진 이력서를 애써 편 다음 인사담당자에게 건네주었다. 잉크가 번지고 심하게 구겨진 이력서를 본 인사담당자는 영 못마땅했지만 할 수 없이 받아두었다. 다른 지원자들의 깨끗한 이력서와 함께 있으니 천씨의 구겨진 이력서가 더욱 눈에 띄었다.

그로부터 3일 후에 있었던 면접시험에서 천 씨는 아주 좋은 성적을 받았다. 그 자리에서 숙련된 포토샵 실력을 뽐냈고, 학교 연극반 출신답게 샘플 제품에 대한 소개도 아주 멋드러지게 소화했다. 심지어 어떤 면접관은 그의 프레젠테이션이 끝나자 박수를 보내기도 했다. 그가 면접을 마치고 나오자 인사팀의 한 직원은 지원자들 가운데 그가 가장 뛰어났다고 말했다.

그런데 면접이 끝나고 1주일이 지나도록 회사에서 아무런 연락도 오지 않았다. 합격을 기정사실처럼 믿고 있던 천씨는 조급한 마음에 회사로 전화를 걸어 어찌 된 일인지 물어보았다. 인사팀 직원의 설명은 이랬다.

"사실 면접에서는 당신 성적이 지원자들 가운데 가장 좋았습니다. 하지만 이력서에 문제가 있었죠. 당신의 구겨진 이력서를 보신 사장님께서 이력서 하나도 제대로 간수하지 못하는 사람이 어떻게 한 부서를 관리할 수 있겠느냐고 하시며 당신을 탈락시키셨습니다."

아주 작은 부분이었지만 그것 때문에 채용시험에서 탈락한 것이다. 이 교훈은 비단 입사지원자들에게만 해당되는 것이 아니다. 이미 회사에 취직하여 업무를 담당하고 있는 사람들에게 더욱 중요한 교훈이 아닐 수 없다. 무의식적으로 저지른 작은 실수에서 그 사람의 자질이 그대로 드러나기 때문이다.

내가 LF 페인트회사의 CEO로 있을 때의 일이다. 회계이사로 있던 모 간부는 평소의 업무에서는 별다른 문제가 없었다. 한데 그의 사무실에 가보면 늘 책상 위가 몹시 어질러져 있었다. 처음에는 크게 개의치 않고 넘겼지만, 볼 때마다 책상 위가 정리되어 있지 않은 모습을 보고 나는 직감적으로 그가 회계관리를 맡기에 부적합한 인물이라고 느끼게 되었다. 아니나 다를까, 내 예상은 적중했다. 그 후 그는 수차례에 걸쳐 업무상의 과오를 범했고, 더 이상 안 되겠다고 판단한 나는 7개월 후 그를 다른 부서로 보냈다.

나는 회사에서 직원들을 관리할 때 그들에게서 발견되는 '작은 문제'를 중요하게 생각한다.

몇 해 전에는 유능하다는 평가를 받는 한 이사를 스카우트했다. 당초 나는 그를 부사장으로 키울 속셈을 가지고 있었다. 하지만 한 가지 '작은 일' 때문에 당초의 계획을 포기했다.

한번은 7명의 이사들과 함께 정저우鄭州로 현장시찰을 나갔다. 정저우공항에 도착했을 때 다른 6명의 이사들은 모두 서류가방과 출장기간에 사용할 회사 물품 등을 들고 있었다. 그런데 유독 그 사람만 아무런 짐도 들고 있지 않았다. 그리고 2주 후 정저우를 떠날 때에도 다른 이사들은 양손에 이것저것 짐을 챙겨들고 나왔지만, 그의 손에는 아무것도 들려 있지 않았다. 나는 이 일을 계기로 그를 중요한 자리에 임명할 수 없다는 결론을 내렸다. 처음에는 그가 잠깐 실수한 것이라고 생각했지만, 두 번째 역시 똑같은 모습을 보고 나서는 그가 매우 이기적이고 협동심이 부족한 사람이라고 판단하게 되었다.

물론 직원을 새로 채용하거나 인사발령을 낼 때에는 일정한 기준에 따라야 한다. 평상시에 보이는 사소한 실수들이 인사평가에 직접적인 영향을 미치지는 않는다. 그러나 그것이 그 사람의 자질을 말해주기에는 충분하며, 알게 모르게 그에 대한 평가에 영향을 주게 된다.

완벽한 모습을 보여주기란 매우 어려운 일이다. 작고 사소한 부분까지도 모두 완벽해야 하기 때문이다. 반대로 자신의 이미지를 망치기는 아주 쉽다. 작고 사소한 부분을 무시하는 것만으로도 만회할 수 없는 심각한 타격을 입을 수 있기 때문이다.

작은 부주의 하나가 그 사람의 자질을 대변한다.

2
한순간에 무너진
공룡은행 베어링스

⌄

1995년 2월 26일, 영국의 중앙은행인 잉글랜드은행이 발표한 소식은 전 세계를 경악케 했다. 베어링스은행이 모든 거래를 중단하고 파산 절차에 들어간다는 것이었다. 그로부터 열흘 후, 233년의 역사를 지닌 이 은행은 1파운드라는 상징적인 가격에 네덜란드의 ING그룹에 매각되었다.

베어링스의 화려했던 과거

영국 런던에서 가장 오랜 역사와 명성을 지닌 금융기업인 베어링스는 엘리자베스 2세를 비롯하여 상류층 대다수를 고객으로 확보한 것으로도 유명했다. 1763년에 설립되었으며, 설립자인 프랜시스 베어링스 백작은 5대에 걸친 세습귀족의 혈통으로서 그의 가문은 중세 이래 그 어떤 가문보다도 번창했다.

베어링스는 세계 금융업 역사상 은행의 금자탑이라 불릴 정도로 특별한 지위를 누려왔다. 설립 당시에 무역업으로 시작하여 확장을 거듭하면서 대부호들의 개인재산 운용에서부터 영국 정부의 국방비 관리, 국채 판매 등 굵직한 사업들을 통해 작은 가족은행에서 거대한 은행그룹으로 우뚝 서게 되었다. 최고 전성기에는 자산 규모가 영국 전체 은행과 맞먹을 정도였다.

베어링스그룹의 사업은 크게 네 부분으로 나뉘어 있었다. 베어링스은행이 계열사들을 대상으로 한 기업 대출과 은행업무를, 베어링스증권이 증권거래를, 베어링스자산관리주식회사가 자산관리를 각각 담당했으며 베어링스그룹은 미국에 있는 투자은행의 지분 40%를 보유하고 있었다.

베어링스그룹의 주력사업은 기업 간 금융거래와 투자관리였다. 베어링스는 오래된 은행이었지만, 언제나 진취적이고 과감한 전략을 내놓으며 공격적으로 사업을 전개했다. 1990년부터는 해외로 눈을 돌려 해외 투자를 활발하게 진행했다. 1994년만 해도 중국과 인도, 파키스탄, 남아프리카공화국 등지에 지사를 설립하고 아시아와 남미의 신흥 국가로 사업망을 확장해나갔다. 1993년 말 베어링스은행의 총자산은 59억 파운드에 달했고, 1994년에는 세전이익이 1억5000만 달러를 기록하면서 1000개에 달하는 세계적인 대형 은행들 가운데 자산 규모에서 489위를 차지했다.

그때까지만 해도 세계적으로 270억 파운드가 넘는 자산을 보유한 이

'공룡은행'이 28세의 풋내기 청년 닉 리슨의 손에 무너지게 될 줄은 누구도 예상하지 못했다.

닉 리슨은 누구인가

닉 리슨은 영국의 빈민가에서 태어나 대학 문턱에도 가보지 못한 청년이었다. 그는 1987년 모건스탠리에 입사하여 2년간의 경력을 쌓고 베어링스은행으로 자리를 옮기게 되었다.

1989년, 런던의 베어링스은행에 입사한 리슨이 처음 맡게 된 일은 결제 업무였다. 때마침 베어링스은행은 파생금융상품으로 영역을 넓혀가고 있었고, 리슨도 여기에 합류하게 되었다. 그리고 1992년부터는 해결이 어렵거나 곤란한 일들을 처리하는 전담직원으로 배치되어 인도네시아에서 지사를 설립하고 도쿄지사의 내부 사기혐의 조사에 참여하는 등 일련의 업무를 성공적으로 수행하면서 능력을 인정받기 시작했다. 바로 그 무렵 싱가포르 화폐거래소가 아시아의 신흥 금융중심으로 도약하겠다는 계획을 발표하자, 베어링스은행은 싱가포르에서의 입지 강화를 위해 현지에 베어링스선물회사라는 자회사를 설립하고 리슨을 파견했다.

싱가포르에 도착한 리슨은 초기에는 런던에서 하던 대로 결제업무만 담당했으나 점차 일손이 부족해지면서 선물거래까지 직접 손을 대게 되었다. 리슨이 선물거래를 통해 거액의 수익을 올리자 베어링스은행은 그를 깊이 신임하게 되었고, 드디어 리슨은 베어링스은행 싱가포르 지사의 이사로 승진했다. 그 후 그는 물 만난 고기처럼 전보다 더 자유롭게 거래를 주도하며 자신의 능력을 과시해나갔다. 1993년 당시 26세였던 닉 리슨이 베어링스은행을 위해 벌어들인 돈은 무려 1000만 파운드에 달했다. 그해 베어링스은행 총수익의 10%에 해당하는 금액이었다. 그는 비상한 재주로 회사 경영진의 신임과 동료들의 부러움을 한 몸에 받았다.

재앙의 씨앗 88888에러계좌

어떤 거래든 실수가 생기기 마련이다. 그리고 그것이 선물거래일 경우엔 더욱 그렇다. 누가 '매수'하겠다는 손짓을 '매도'하겠다는 뜻으로 잘못 받아들일 수도 있고, 구매계약을 할 때 가격단위를 잘못 기입할 수도 있으며, 6월분 선물거래를 3월분으로 착각할 수도 있다. 그런데 선물거래에서의 실수로 인한 손실은 모두 은행이 떠안게 된다. 따라서 은행은 실수가 발견되는 즉시 신속한 대응조치를 취해야 하고, 정정할 수 없는 실수일 경우에는 별도의 컴퓨터 계좌에 입력한 후 '에러계좌'로 등록하고 본사에 보고해야 한다. 물론 그 에러로 발생하는 손해나 이익 역시 모두 회사 몫이 된다.

　1992년 닉 리슨이 싱가포르에서 선물딜러로 일하기 시작했을 때, 베어링스은행에는 거래과정에서 발생하는 경미한 실수를 처리하기 위한 가상의 계좌인 '99905에러계좌'가 있었다. 이것은 금융시스템 운영과정에서 흔히 사용하는 정상적인 방법이었다.

1992년 여름, 런던에 있는 베어링스 본사는 리슨에게 별도의 에러계좌를 개설하여 그간의 작은 실수들을 자체적으로 정리하도록 지시했다. 런던 본사에서의 업무 편의를 위한 것이었다. '88888에러계좌'는 이렇게 해서 생겨났다. 그로부터 몇 주 후에 런던 본사는 다시 본래 사용하던 99905계좌를 통해 본사와 통일적으로 연락하라는 지시를 내린다. 본사의 치명적인 실수는 바로 여기에 있었다. 리슨이 이미 개설한 88888에러계좌를 확실하게 폐기처리하지 않은 것이었다. 이것이 훗날 베어링스은행의 역사를 완전히 뒤바꿔놓고 말았다.

숨기고 숨기고 또 숨기다

1992년 7월 17일, 리슨의 부하직원인 짐 왕이라는 딜러가 니케이지수 선물을 매입하겠다는 고객의 요구를 매도로 잘못 입력하는 바람에 2만 파운드의 손실을 초래했다. 그날 저녁 결산 때 리슨이 이 실수를 발견했다. 손실액이 꽤 컸던 탓에 리슨은 이를 88888에러계좌를 이용해서 감추기로 했다. 그런데 며칠 후 니케이지수의 상승으로 이 손실이 다시 6만 파운드로 불어났다.

1993년 1월에는 조지 서라는 리슨의 부하직원이 또다시 큰 실수를 범하고 말았다. 조지 서는 리슨의 절친한 친구이기도 했다. 조지는 아내와 이혼한 후로 우울한 나날을 보내며 자포자기의 상태에 빠져 있었는데, 그 때문이었는지 어느 날 실수를 범하여 무려 800만 파운드의 손실을 자초했다. 이를 본사에 보고하면 조지는 당장 파면될 것이고 리슨도 팀장 자리에서 물러나야 할 판이었다. 리슨은 이번에도 88888계좌를 통해 이 손실을 숨겼다.

그 후 리슨은 실수로 손실이 발생할 때마다 그것을 감추기 위해 이 계좌를 이용했다. 실수는 감춰지고 겉으로 드러나는 리슨의 실적은 언제나 흑자였기 때문에 그는 회사에서 가장 유능한 딜러로 인정받게 되었다. 그러는 사이에도 88888계좌의 손실액은 계속 눈덩이처럼 커지고 있었다. 리슨은 고민에 빠졌다. 어떻게 거액의 손실액을 메울 것인지, 어떻게 하면 월말에 실시되는 런던 본사의 내부감사에서 발각되지 않을지, 그리고 싱가포르증권거래소가 요구하는 추가증거금을 어떻게 마련할 것인지, 이 세 가지 문제가 리슨의 어깨를 무겁게 짓눌렀다.

그동안의 손실을 보전하기 위해 리슨은 자신의 주머니를 털어 계좌에 돈을 입금시키기도 했지만, 손실액을 메우기에는 턱없이 부족했다. 얼른 손실을 보충해야 한다는 생각에 다급해진 리슨은 자신의 잘못을 덮기 위해 더 큰 악수를 두게 된다. 바로 도박이었다.

안전장치가 전혀 없는 벼랑 끝 도박

그간의 손실액을 모두 메울 수 있을 만큼의 돈을 마련하기 위해 리슨은 점점 더 큰 모험을 하기 시작했다. 그는 스트래들straddle 매도*에 손

---

* 동일한 시세가격을 갖는 매도권리와 매수권리를 동일한 수량으로 매도하는 전략. 매도가 체결되는 순간 프리미엄 대금을 받게 된다. 주가지수가 예측한 지수에서 큰 변화를 보이지 않으면 이익이 나지만, 주가가 급등하거나 급락하면 이론상 무한대의 손해를 보게 된다: 옮긴이

을 댔다. 당시만 해도 니케이지수가 매우 안정적이었기 때문에 그는 스트래들 매도를 통해 거액의 돈을 벌 수 있을 것이라고 자신했다. 하지만 행운의 여신은 그의 편이 아니었다. 니케이지수가 크게 요동을 치면서 베어링스은행에 막대한 손실을 안겨준 것이다.

사실, 한때는 이 방법으로 큰돈을 벌기도 했다. 1993년 7월에는 600만 파운드에 달하는 88888계좌의 손실액을 모두 메우고도 남을 정도의 돈을 벌어들였다. 당시 그의 연봉이 5만 파운드였는데, 연말에 그에게 지급된 상여금이 10만 파운드나 되었다. 리슨은 일약 베어링스그룹 전체의 기린아로 떠올랐다. 만약 리슨이 여기서 만족하고 모험을 그만두었더라면 베어링스의 역사는 다시 씌어졌을지도 모른다.

그 후 다시 시장가격이 사상 최대의 상승폭을 보이고 결산기록에 사용된 컴퓨터가 자주 고장을 일으키면서 여러 실수가 겹쳐지자 리슨의 손실액은 170만 달러로 불어나버렸다. 궁지에 몰린 리슨은 자신의 잘못을 계속 감추려고 했다. 잘못을 실토하기에는 일이 너무 커져버렸기 때문이다.

1994년 7월, 88888계좌의 손실액은 다시 5000만 파운드가 되었고, 이제 리슨은 일개 도박꾼과 다를 바 없게 되었다. 그는 내부감사에서 들통나지 않도록 베어링스은행이 시티은행에 예치한 5000만 파운드의 현금을 88888계좌로 입금시키고, 베어링스은행의 회계직원이 이 사실을 눈치채지 못하도록 시티은행 계좌를 위조했다. 실제로는 계좌에 한 푼의 돈도 없었지만 계속 예금잔고가 올라간 것처럼 서류를 조작한 것이다.

리슨이 사고판 것은 가장 간단한 파생금융상품의 하나인 '니케이지수 225지수'였다. 니케이지수 225지수란 도쿄증권거래소에 상장된 225개 대표주식의 평균가로 산출한 주가지수로, 미국의 다우존스지수와 비슷한 것이었다. 리슨은 수십억 달러어치의 일본 주식과 채권을 언제든 현금화할 수 있는 도박밑천으로 만들어놓았다. 라스베이거스의 축구도박과 비슷한 방식이었다. 축구도박이 축구경기의 결과를 미리 예측하여 실제 결과에 따라 돈을 따거나 잃는 방식인 것처럼, 리슨은 니케이지수를 두고 장래의 일정한 시기에 지수가 얼마가 될지를 미리 예상하여 그에 따라 매도와 매수를 해나갔다. 지수가 현재보다 떨어질 것이라고 예상되면 매도를 하고, 현재보다 오를 것으로 보이면 매수를 했다. 한 가지 다른 점이 있다면, 축구도박에서는 예상이 빗나갔을 때 걸어둔 밑천만 날리면 그만이지만, 선물시장에서는 딜러가 보통 아주 작은 비율인 6%의 돈만 걸어도 베팅이 가능하기 때문에 결과적으로는 실제로 건 밑천의 수십 배에 달하는 돈을 벌거나 역으로 잃을 수도 있었다.

리슨은 자신이 고객들의 요구에 따라 거래를 해나가기 때문에 아무런 문제가 없다고 설명했고, 베어링스은행은 그의 말만 믿고 그 거래에 엄청난 리스크가 도사리고 있다는 사실을 인식하지 못했다. 베어링스는 이 거래가 88888계좌를 통해 이루어지고 있다는 사실과, 그 어떤 구속이나 제한도 없기 때문에 치명적인 결과를 낳을 수도 있다는 점을 간과했다. 그저 리슨이 돈을 벌어들인다는 사실에 고무되어 다른 생각은 할 수 없었던 것일까. 베어링스의 한 직원은 고객에게 "이 거래가 얼마나 대단한 것인지는 말하지 않겠습니다. 다만, 아주 매력적인 장사라는 것만 말씀드리겠습니다"라고 말했다.

1994년 11월 말, 리슨은 니케이지수가 19000포인트 이하로 떨어지지 않을 것이라 확신하고 이를 승산이 확실한 도박이라고 생각했다. 하지만 당시의 일본 경제는 그 후로 30개월이나 지속되는 경기침체가 막 시작되는 단계에 있었다.

1994년 12월과 1995년 1월, 니케이지수 225가 19000포인트까지 하락하고 설상가상으로 1995년 1월 17일에 고베에서 진도 7.2의 강진이 발생하면서 절대로 무너지지 않을 아성 같았던 니케이지수가 단 1주일 만에 7% 넘게 하락하고 말았다. 상황이 이런데도 리슨은 계속해서 3주 동안 수천 건의 선물을 매입했고 니케이지수가 19000포인트 이상에서 유지될 것이라는 쪽에 베팅했다. 현재 가격이 낮다고 본 것이다.

2월 첫주에 리슨이 1000만 달러를 벌어들이자 베어링스은행의 경영진은 일제히 흥분을 감추지 못하고 리슨이 앞으로도 매주 이런 실적을 올려줄 수 있으리라는 망상에 젖었다. 하지만 파생금융상품 거래는 수익률이 큰 만큼 리스크도 막대한 것이다. 리슨은 점점 헤어나올 수 없는 늪 속으로 깊이 빠져들었다. 그는 시장 추세와는 반대로 거액의 돈을 이리저리 굴렸고 그럴수록 손실은 기하급수적으로 불어났다. 그런데 본사에서는 그가 더 많은 돈을 벌어올 것이라는 기대에 부풀어 그가 송금을 요구할 때마다 아무 말 없이 내주었다.

리슨에게는 리스크에 대비할 헤지hedge도 없었고 거액의 손실을 막아줄 그 어떤 안전판도 없었다. 리슨은 일본 국채에도 손을 댔지만 도리어 손실액만 더 키웠다. 이제 베어링스의 재무구조 전체가 리슨 한 사람 손에 좌우되고 있었다. 그런 와중에도 베어링스은행 본사는 계속 리슨의 광적인 도박에 밑천을 대주었다. 4주 동안 본사에서 그에게 송금한 금액이 무려 8억 5000만 달러에 달했다.

1995년 2월 23일은 베어링스의 선물거래가 이루어진 마지막 날이었다. 그날 하루 동안 니케이지수가 350포인트나 떨어졌지만 리슨은 시장의 모든 계약을 사들였다. 폐장될 때 리슨은 6만1039건의 니케이지수선물과 2만6000건의 일본 국채선물을 갖고 있었다. 하지만 시장상황은 그의 예상과 완전히 어긋났다. 급기야 리슨의 손실액은 무려 8억 6000만 파운드에 이르게 되었다. 베어링스은행 전체 자본금의 1.2배에 해당하는 금액이었다.

2월 26일, 결국 베어링스은행의 파산이 공식 발표되었다.

영웅의 비참한 종말

1980년대에 금융시장이 빠르게 발전하면서 일부 은행, 특히 미국과 일본의 은행들이 파생금융상품 거래에 손을 댔다. 당시에 실적이 우수한 딜러들은 거액의 연봉에다 연봉보다도 더 많은 인센티브를 받곤 했는데, 리슨도 그중 하나였다. 베어링스은행은 리슨이라는 젊고 야심만만한 딜러를 자사의 보물로 여겼고, 그가 큰돈을 벌어다줄 것이라는 환상에 도취되어 그에 대한 감독을 소홀히 하는 치명적인 오류를 범했다.

베어링스은행은 리슨의 싱가포르 선물회사가 벌어들이는 수익이 주로 도쿄와 싱가포르의 각 거래소 간 매매차익에서 나오는 것이라고 생각했다. 그리고 이 거래가 자사에 별다른 위험을 미치지 않을 것이라는 천진난만한 생각을 갖고 있었다. 어쨌거나 리슨은 베어링스에 큰 이익을 안겨주는 영웅으로 비춰졌고, 싱가포르 금융계도 그를 '니케이지수의 왕'으로 떠받들었다. 이런 명성을 누릴 수 있었던 것은, 그가 니케이지수의 미묘한 변화를 절묘하게 포착해내는 능력을 지니고 있었기 때문이다. 싱가포르에서든 오사카에서든, 그는 언제나 낮은 가격으로 사들이고 높은 가격에 팔아 수백만 달러의 차익을 남기곤 했다.

결과적으로 리슨의 무모한 도박은 베어링스은행에 막대한 손실을 안겼지만, 그래도 어느 시점까지는 그 사실이 전혀 드러나지 않았다. 오히려 리슨은 업계의 스타덤에 올랐다. 본사의 경영진이 그를 전적으로 신임했던 것은 물론이다.

베어링스가 파산하기 불과 2개월 전인 1994년 12월, 뉴욕에서 베어링스의 금융실적회의가 열렸다. 세계 각국의 베어링스 지사에서 온 250명의 직원들이 이 회의에 참석했는데, 그들 역시 만장일치로 리슨을 베어링스의 영웅으로 추대하고 기립박수를 보냈다. 이 얼마나 우스운 상황인가.

1995년 2월 8일, 베어링스 런던 본사의 한 고위 임원이 직접 싱가포르로 가서 리슨과 그가 주도하는 팀의 거래에 대한 내부감사를 실시했다. 2월 20일에는 도쿄 지사의 책임자가 리슨에게 니케이지수선물 보유량을 줄이라고 충고했다.

하지만 누구도 88888계좌가 회사에 돌이킬 수 없는 재앙을 끼치리라고는 예상하지 못했다. 회사의 내부감사에서 이상한 점이 발견되었을 때는 이미 이 계좌의 손실액이 회사 전체의 자본금을 넘어서버린 다음이었다.

2월 23일 저녁, 베어링스은행의 모든 자산을 초과하는 손실을 낸 리슨은 더 이상 숨길 수 없다는 사실을 깨닫고 아내와 함께 도주해버렸다. 그는 브루나이와 말레이시아를 거쳐 독일로 갔고, 1995년 3월 2일에 아내와 함께 프랑크푸르트 공항에서 경찰에 체포되었다. 영웅으로 불리며 일세를 풍미하던 그였지만, 결국 싱가포르 법정에서 6년 6개월의 징역형을 선고받고 감옥생활을 시작할 수밖에 없었다.

디테일을 무시한 부실한 관리가 몰고 온 재앙

세계적인 은행이 직원 하나 때문에 그렇듯 허무하게 무너질 수 있을까? 그것은 바로 디테일한 부분을 소홀히 했기 때문이다.

베어링스은행은 거래와 결산 업무를 분리하지 않고 리슨에게 독자적으로 거래와 결산을 모두 처리할 수 있는 권한을 부여했다. 대부분의 은행에서는 이 두 가지 업무를 분리시킨다. 딜러가 자신의 거래 결과를 결산하게 두면 거래의 리스크나 그로 인한 손실을 쉽게 은폐할 수 있기 때문이다.

1992년 3월, 베어링스은행의 내부문건에서도 '현재 재앙이 초래될 수 있는 위험한 상황에 처해 있다. 완전한 규정이 수립되어 있지 않아

재정적인 손실은 물론 고객들의 신뢰를 잃는 결과가 초래될 수 있다'고 경고한 바 있다. 하지만 유감스럽게도 이 문건은 경영진에게 그리 심각하게 받아들여지지 않았다. 그해 8월에 실시된 내부감사에서는, 리슨의 방법에 리스크가 있긴 하지만 그는 종합적인 능력을 가진 딜러이자 풍부한 경험과 인맥, 거래기술을 가지고 있는 것은 물론 현지상황에 통달한 인물이므로 그를 놓치면 베어링스는 유능한 선물딜러를 잃게 된다는 결론을 내렸다. 싱가포르에서 리슨은 선물거래와 결산을 총괄하는 이사였다. 리슨 자신이 스스로를 감독하는 시스템이었으므로 자신의 실수를 감출 기회는 얼마든지 있었다.

손실이 5000만 파운드에 이르렀을 즈음, 베어링스은행 본사는 사람을 보내 리슨의 거래실적을 직접 조사하기도 했다. 대차대조표상에는 그의 손실이 고스란히 드러나 있었다. 그러나 베어링스은행의 경영진은 대차대조표상의 문제에 아랑곳하지 않고 리슨의 변명을 너무도 간단히 믿어버렸다.

이 밖에도 싱가포르에는 그를 따르는 추종자들이 많았다. 한 딜러는 "모든 지표와 상황이 매도해야 한다는 신호를 보내고 있을 때 그는 거꾸로 대량 매집에 나섰고, 싱가포르의 딜러들은 모두 그를 따라 했다"고 말했다. 모든 딜러들은 시장이 문을 열기 전에 늘 리슨이 매도할 것인지 매수할 것인지를 알아본 연후에 그대로 따라 했다. 싱가포르 베어링스선물회사의 사장도 그를 전적으로 신임하고 그에 대한 모든 감사를 접었다. 리슨은 가위와 풀 그리고 팩스만으로 시티은행의 계좌에 5000만 파운드가 있는 것처럼 위조했지만, 그 누구도 시티은행의 계좌를 직접 확인해보지 않았다.

리슨은 수익을 거두면 본사에 보고하면서도 88888계좌에 있는 손실액은 철저히 숨겼다. 1994년, 베어링스그룹의 세전영업이익인 3700만 파운드 가운데 2850만 파운드가 리슨이 거두어들인 수익이었다. 겉으로 드러난 수치에 불과한 것이었지만, 어쨌거나 은행의 고위 경영진으로부터 특별한 총애를 받고 있던 리슨이었기에 그 어떤 내부감사도 큰 구속력을 가질 수 없었다.

1995년 1월 11일, 싱가포르 선물거래소의 회계팀에서 베어링스은행에 서신을 보내 리슨이 88888에러계좌를 보유하고 있는 것에 대해 의문을 제기했다. 같은 시기에 리슨이 매일같이 런던 본사에 추가증거금 지불 명목으로 1000만 파운드가 넘는 금액을 요구하고 있었음에도 불구하고, 베어링스 본사에서는 이 점에 대해 추호의 의심도 품지 않았다. 결국은 부실한 감독이 베어링스은행을 파산으로 몰고 간 주범이었다.

빛나는 역사를 자랑하던 거대한 금융그룹은 이렇게 한순간에 힘없이 무너지고 말았다.

어느 회사에서 무엇이 잘못되고 있는지를 알려면 중역실이나 본사에서 듣는 말에 의존해서는 절대 안 된다. 회사의 문제점을 완벽하게 파악하고 있는 사람들은 반드시 있게 마련인데, 흔히 회계부서 같은 데서 일하는 사람들이 그렇다.

　　　　　　　　　　　　　　　　-케네스 콕, 영국 기업전문 변호사

---

* 이 이야기는 1999년에 「Rogue Trader」(감독 제임스 디어든)라는 제목으로 영화화되었다. 한국에서는 「갬블」이라는 제목으로 상영됨: 옮긴이

3

50억분의 1 때문에
좌절된 수출

⋙

저장浙江성에서 냉동새우를 판매하는 한 회사가 유럽의 수입업체로부
터 이미 공급한 제품에 대한 수입을 거부당했다. 유럽의 수입업체는 수
입 거부는 물론 손해배상까지 청구했다. 유럽 현지의 검역소에서 이 회
사가 수출한 1000톤의 냉동새우를 검사한 결과, 항생물질의 일종인 클
로람페니콜 0.2그램이 발견되었다며 통관불허 결정을 내린 탓이었다.

검역에서 발견된 클로람페니콜의 함량은 총수출량의 50억분의 1에
불과했다. 자체 조사를 통해 이 물질이 가공과정에서 들어갔다는 사실
이 밝혀졌다. 보통 새우껍질을 벗기는 일은 사람이 직접 하게 되는데,
일부 직원들이 손에 습진이 생기자 클로람페니콜이 함유된 소독약을
바르고 일을 하다가 새우에 그 성분이 묻게 된 것이다.

이 일을 놓고 각계에서 의론이 분분하게 이어졌다. 일각에서는 총물
량의 50억분의 1밖에 되지 않는 함량으로는 인체에 어떠한 영향도 미

칠 수 없으며, 이를 빌미로 통관을 불허한다는 것은 또 다른 방식의 무역장벽이라고 주장했다. 반면에 중국 농산물가공업체들의 수준이 낮아서 발생한 일이라며 자성을 촉구하는 목소리도 만만치 않았다. 또 다른 일각에서는 냉동새우 가공업체와 정부의 검역기술이 식품의 품질에 대한 국제적인 요구조건에 못 미치기 때문에, 사전에 미세한 유해물질을 발견해내지 못한 것이라고 비난하기도 했다.

필자는 개인적으로 50억분의 1이라는 수치가 우리에게 중요한 교훈한 가지를 뼈아프게 일러주고 있다고 본다. 그것은 바로 잘못이든 착오든 일단 생기고 나면 그것이 비록 작고 사소한 것일지라도 결과적으로 막대한 손실을 가져올 수 있다는 사실이다.

기술상의 작은 차이가 국민 전체의 수준을 판단하는 기준이 되기도 한다.
-장루이민張瑞敏, 하이얼그룹 회장

4

에릭슨을 몰락시킨
T28 핸드폰

⌄

100년에 걸쳐 에릭슨과 노키아, 모토로라 3사가 세계의 통신시장을 좌지우지해왔다. 그런데 1998년부터 3년간 세계적으로 핸드폰이 고속 성장세를 보이면서 에릭슨의 시장점유율이 18%에서 5%로 떨어졌다. 중국 시장만 해도 거의 30%에 육박하던 에릭슨의 시장점유율이 2%로 추락해버렸다. 에릭슨은 한때 어깨를 나란히 하던 노키아와 모토로라 에만 뒤진 것이 아니었다. 후발 주자인 삼성과 필립스보다도 매출액이 뒤처졌다. 중국 시장이 워낙 빠르게 성장하다 보니, 한때 경영위기에 처했던 기업들도 중국 시장에 진출해서 큰 성공을 거두고 이를 바탕으로 기사회생하는 사례가 많았던 점을 감안하면 에릭슨의 몰락은 의외였다.

그러나 알고 보면 에릭슨의 몰락은 어느 정도 예견된 것이기도 했다. 2001년부터 중국에서는 에릭슨 제품에 대한 불만을 제기하는 목소리가 여기저기서 터져나왔다. 핸드폰 판매점의 판매원들조차 고객들에게 에릭슨 제품의 이런 점이 나쁘고 저런 점이 나쁘다는 등 단점을 늘어놓으면서 타사 제품을 권할 정도였다. 당시 'T28'이라고 불린 에릭슨의 핸드폰이 품질에서 문제를 보인 것이다. 엄연한 에릭슨의 잘못이었다. 하지만 더 큰 실수는 이 잘못을 무시하고 덮어버리려고 한 것이었다.

"구입한 지 얼마 안 된 핸드폰이 고장 나서 에릭슨 AS센터로 보냈다. 하지만 며칠 동안 감감무소식이었다. 그리고 한참이 지나서야 그들은 내게 메인보드가 고장 나서 교체해야 한다며 교체비용으로 700위안을 청구했다. 하지만 나는 개인이 운영하는 가전제품 수리점에서 단돈 25위안에 핸드폰을 수리할 수 있었다."

당시에 어느 소비자가 털어놓은 불만이다. 이와 때를 같이하여 거의 모든 매스컴이 T28의 문제점을 집중 보도했지만 에릭슨은 애써 이를 외면했다. 도리어 에릭슨은 자사의 핸드폰에 아무런 문제가 없으며 불순한 의도를 가진 사람들이 에릭슨을 모함하고 있다고 항변했다. 그러면서도 면밀한 조사나 '억울한 누명'을 벗으려는 어떠한 노력도 기울이지 않았다. 그저 일고의 가치도 없다는 식으로 냉담하게 반응할 뿐이었다.

사실 그때까지만 해도 에릭슨이 실수를 만회할 수 있는 기회는 남아 있었다. 중국인들은 전통적으로 '소를 잃었어도 외양간을 잘 고치고 똑같은 잘못이 일어나지 않도록 하면 그리 늦은 것은 아니다'라는 생각을 가지고 있다. 하지만 에릭슨은 이 기회마저 제대로 잡지 않았다. 아니, 잡으려는 시도조차 하지 않았다.

1998년, 「광저우칭녠바오 廣州青年報」에서 8월 21일부터 세 차례에 걸쳐 에릭슨의 제품과 서비스 문제에 대해 대대적으로 보도하자, 사회 각계에서 일제히 에릭슨을 성토하는 목소리가 거세게 일어났다. 게다가 에릭슨의 768과 788C 그리고 주력제품인 SH888이 허가도 얻지 않은 채 중국에서 대량으로 판매되고 있다는 사실이 밝혀졌다. 평소에는 공식적인 입장을 발표하는 일이 거의 없는 중국의 통신관리국까지 직접 나서서 이 같은 사실을 확인해주었다.

에릭슨의 문제점이 완전히 수면 위로 떠오른 것이다. 그래도 에릭슨의 태도는 여전했다. 문제를 직시하지 않고 오직 사건을 대충 무마하기에 급급했다. 설상가상으로 이 사건을 보도했던 한 기자가 에릭슨이 수만 위안짜리 광고를 미끼로 언론의 입을 막으려 했다는 사실을 폭로하면서 사건이 일파만파로 확대되었다. 이런 상황에서도 에릭슨의 광저우 지사는 여전히 자사의 제품에 아무런 문제가 없다는 주장만을 되풀이하고 있었다. 잘못을 시인하지 않았으므로 당연히 문제를 해결하려는 노력을 기울였을 리 만무하고 서비스업무도 제대로 이루어질 리 없었다.

품질과 서비스의 결함으로 에릭슨은 결코 포기하고 싶지 않았던 중국 시장에서 도태되고 말았다.

> 직원들의 행위 하나하나가 모여 돌아가는 기업에서 정상궤도를 벗어난 행위가 1% 혹은 2%만 되어도 기업은 지탱하지 못하고 곧 무너져버린다.
> -필립 크로스비, 미국 품질관리 전문가

5
한 끼 식사가 몰아낸
거액의 투자

╲╱

몇 해 전, 둥베이東北지역의 한 국유기업이 미국의 대기업과 제휴를 추진하고 있었다. 제휴를 성사시키기 위해 물심양면으로 노력하여 나름대로 모든 준비가 완벽하게 마무리되었다고 판단되자 미국 측에 시찰단 방문을 요청했다.

초청을 받아 방문한 미국 기업의 대표는 중국 기업의 임원들과 함께 이 기업의 생산공장과 기술센터 등을 돌아보고 설비와 기술수준, 근로자들의 작업태도 등을 세심하게 관찰한 후 '제휴 가능'이라는 결론을 내렸다.

그 기업은 오랜 노력이 결실을 거두게 된 것에 크게 기뻐하며 미국 대표를 만찬에 초대했다. 만찬 장소는 한 고급 호텔이었고 20여 명의 간부와 시청 공무원들이 배석했다. 자신이 기업체의 어떤 행사에 참석한 것이라고만 생각했던 미국 측 대표는 이 만찬이 자기 한 사람을 위해 준비되었다는 것을 알고는 이해할 수 없다는 반응을 보였다.

미국 측 대표가 미국으로 돌아가고 나서 팩스 한 통이 날아왔다. 뜻밖에도 제휴하지 않기로 했다는 통보가 담겨 있었다. 그 기업은 자기네가 제시한 모든 조건이 미국 측에서 요구한 기준에 부합하는 데다가 미국 측 대표를 후하게 대접했으니 제휴가 분명히 성사될 것이라는 기대감에 한껏 부풀어 있다가 느닷없이 된서리를 맞은 것이었다.

당연히 그 기업은 미국 측 대표에게 거절 이유를 묻는 팩스를 보냈다. 곧이어 돌아온 답변은 이랬다.

"당신들이 한 끼 식사에 그렇게 많은 돈을 낭비하는데 어떻게 안심하고 거액의 자금을 투자할 수 있겠소?"

그 제휴는 이 국유기업의 장래를 결정지을 만한 매우 중대한 건이었다. 이렇게 중대한 일이 한 끼 식사라는 '작은' 문제 때문에 틀어지고 만 것이다.

공장 바닥에 침을 뱉은 제약회사 공장장

한 제약회사가 외자를 도입하여 생산규모를 확충하겠다는 야심찬 계획을 세웠다. 그들은 곧 독일의 유명 제약회사인 바이엘의 대표단을 공장으로 초청하여 견학시키기로 했다. 귀빈실에서 간단한 인사를 나눈 다음 공장장은 독일에서 온 대표단을 안내하여 공장을 둘러보았다.

그런데 대표단과 함께 한참 공장을 둘러보던 공장장이 무심결에 바닥에 침을 뱉었다. 그 광경을 똑똑히 지켜본 바이엘의 대표단은 그 자

리에서 바로 견학을 중단하고 그 제약회사와의 제휴계획을 전면 백지
화했다.

제약회사의 특성상 공장이 철저하게 위생적으로 관리되어야 하는
데, 공장장이라는 사람이 아무 곳에나 침을 뱉는다면 근로자들의 수준
은 보나마나일 것이라고 생각했던 것이다. 이렇게 비위생적인 공장에
서 생산된 제품을 어떻게 믿을 수 있겠는가.

> 시장경제의 길을 제대로 가려면 시스템의 변화를 꾀하는 것 외에도
> 국민들의 사고방식과 행동 그리고 사회 전체의 수준을 더 끌어올려야
> 한다.
>
> -자오잉 趙英, 중국사회과학원 교수

6
줄을 잇는
민간기업들의 실패 원인

⌄

천리 둑도 개미구멍에 무너진다

황허黃河에서 멀지 않은 한 마을에서 홍수에 대비하기 위해 사람들이 높은 둑을 쌓았다. 그런데 하루는 늙은 농부가 그 옆을 지나다가 둑에 개미굴이 갑자기 많아진 것을 우연히 발견하게 되었다. 개미굴 때문에 둑이 위험해질 수도 있다고 여긴 농부는 서둘러 마을 사람들에게 알려야겠다고 생각했다. 그런데 그의 아들이 이렇게 말했다.

"이렇게 탄탄한 둑이 설마 그깟 작은 개미굴 몇 개 때문에 무너지기야 하겠어요?"

농부는 마지못해 아들에게 이끌려 그냥 밭으로 갔다. 그런데 그날 밤, 거센 비바람이 몰아치더니 강이 범람하기 시작했다. 거센 강물이 둑까지 차올랐다. 처음에는 별일이 없을 것처럼 보였지만, 점점 개미구

56

명으로 물이 새어들더니 구멍이 커지면서 물이 분수처럼 뿜어져 나왔다. 머지않아 둑은 일시에 무너졌고, 인근에 있던 마을과 논밭은 순식간에 물바다로 변해버렸다.

'천리 둑도 개미구멍에 무너진다'라는 속담은 바로 이 이야기에서 유래되었다.

기업이 안고 있는 여러 가지 '작은 문제'들이 곧 기업경영의 작은 개미구멍이다. 빌 게이츠는 "MS는 늘 파산과 18개월의 거리를 두고 있다"고 입버릇처럼 말하곤 한다. 기업경영이라는 관점에서 볼 때, 기업의 규모가 어느 정도 커지고 나면 곧 이런 리스크가 나타나게 마련이다. 세계경영을 외치며 재계를 주름잡던 한국의 대우그룹도 자산규모가 700억 달러에 달하는 대기업이었지만 순식간에 파산하고 말았다.

사람들은 큰일에만 매달린다

나는 종종 업무상의 작은 일에서 빚어지는 실수들을 쥐에 비유하곤 한다. 쥐가 한 마리밖에 없을 때에는 감자 한두 알 정도를 물어가거나 쌀가마니를 뜯어놓는 등 조금 성가시긴 해도 그리 큰 피해를 주지 않지만, 많아지면 매우 심각한 상황이 벌어진다.

중국에는 중국 인구의 약 3배에 달하는 쥐가 있다고 한다. 1990년 통계에 따르면, 쥐들이 무려 30억 킬로그램에 달하는 곡식을 먹어치우고 19만 8000헥타르에 달하는 삼림과 1983만 헥타르에 달하는 초원을 훼손시켰다. 쥐에 물려 상처를 입은 사람도 최소 10만 명에 달했다. 동중국해에서 해군이 함정미사일 발사 실험에 실패했던 일, 다야오산 大瑤山 (중국 광시廣西자치구에 있는 산: 옮긴이)에서 열차가 전복되어 큰 인명 피해가 발생했던 일이 모두 쥐로 인한 사고였고, 쥐룽句容현과 신이新沂현에서 는 어린아이 6명이 쥐에 물려 사망했다.

이와 마찬가지로, 우리가 일을 하면서 부딪치는 여러 가지 작은 문제 들도 빈도가 잦아지거나 한꺼번에 집중적으로 발생하게 되면 커다란 재앙을 불러일으킬 수 있다.

개혁개방이 실시된 이래 갑자기 큰돈을 벌어 백만장자로 불리던 사 람들이 하루아침에 빈털터리로 전락하거나, 빛나는 실적으로 업계의 부러움을 사던 대기업들이 갑자기 도산하는 일이 빈번해졌다.

전혀 예상 못한 이런 비극이 발생하는 원인은 무엇일까? 그들 모두 창업 초기에는 화려한 대차대조표를 자랑하며 승승장구하던 기업들이 었다. 그런데 '천리 둑'이라고 할 만한 이런 기업들이 불과 3, 4개월 만 에 무너지는 것이다.

제약회사인 싼주三株는 몇 년 전까지만 해도 3년에 걸쳐 매출액이 64 배나 증가하여 80억 위안이라는 천문학적인 매출 기록을 세웠다. 싼주 는 제약업계에서 하나의 왕국을 건설했다는 평가를 들을 정도로 대단 한 성공을 거두었고 전국적으로 막강한 판매망을 구축했다. 궁벽한 산 골에서도 싼주 약은 구할 수 있을 정도였다. 당시 싼주그룹의 우빙신吳 炳新 회장은 "싼주는 중국에서 우편망의 뒤를 이어 두 번째로 큰 유통망 을 건설했다"고 자랑스럽게 말하기도 했다.

그러던 어느 날, 창더常德에서 한 노인이 싼주의 내복약을 마시고 사망하는 사건이 일어나면서 15만 명의 직원을 거느리던 이 거대한 공룡이 단번에 거꾸러지고 말았다. 싼주는 20세기 안에 인간의 평균수명을 10년가량 연장시킬 것이라고 호언장담해왔지만, 정작 자신은 6, 7년 만에 요절하고 말았다. 당시 창더사건으로 싼주가 입은 직접적인 경제손실은 40억 위안에 달했다. 결국 우빙신 회장도 충격을 받고 큰 병을 얻어 긴급 수술을 받아야 했고, 중국 경제 전체가 한동안 깊은 시름에 잠겨야 했다.

싼주 같은 대기업이 어쩌면 작은 일로 끝날 수도 있는 사건 하나를 제대로 처리하지 못해 걷잡을 수 없는 재앙 속으로 빠져든 데에는 대략 2가지 원인이 작용했다. 하나는 기업들이 이른바 호시절에는 언론홍보를 통해 기업의 이미지를 제고하고 매출을 증대시킬 수 있지만, 어려운 상황이 닥치면 언론의 대대적인 보도를 제어하기 힘들어진다는 것이다. 또 다른 한 가지 이유는 영업사원들을 세밀하게 관리하지 못하여 재무관리가 부실해지고, 그런 상황에서 회사가 위기에 봉착하게 되면 영업사원들이 공금을 횡령하는 것이다.

물론 싼주를 파산으로 몰고 간 이유가 단순히 이 2가지뿐이라는 말은 아니다. 당사자인 우빙신 회장도 1997년 회의에서 싼주의 실패 원인 15가지를 지적한 바 있다.

- 시장관리 시스템에 심각한 문제가 있어 권한 집중과 분산의 관계를 효과적으로 조율하지 못했다.
- 경영 시스템이 순조롭게 돌아가지 않았다.

- 기업의 몸집이 너무 불어나 업무절차가 복잡하고 관료주의가 팽배하여 각 부서 간 정보 이동이 원활치 못했다.
- 시장관리에 대한 거시적 분석과 계획, 통제 기능 등이 제대로 발휘되지 못하고 시장을 너무 낙관했다.
- 시장에 대한 마케팅전략과 소비자들의 실제 요구 간의 괴리가 너무 컸다.
- 분배제도가 불합리하고 인센티브제가 온전하게 확립되지 못했다.
- 민주적이고 과학적인 정책 결정이 이루어지지 못했다.
- 일부 임원들의 자만심과 부패로 많은 업무가 정확하게 수행되지 못했다.
- 낭비가 심했다. 일부 계열사가 광고비의 70%를 헛되이 썼는가 하면, 어떤 계열사는 한 해 동안 전화요금으로 39만 위안을 지출하고 접대비 명목으로 50만 위안을 쓰기도 했다.
- 파벌주의와 방임주의가 팽배했다.
- 기강이 바로 잡히지 않아 임원들의 실책에 대해서 솜방망이식 처벌이 많았다.
- 후속 제품이 출시되지 않고 신제품도 제때 개발되지 않았다. 재무관리가 엄격하게 이루어지지 않았다.
- 인사정책이 회사 발전에 적절하게 부응하지 못했다.
- 규정이 제대로 준수되고 있는지에 대한 관리가 엄격하게 이루어지지 않았다.

이 같은 요인으로 볼 때, 싼주라는 천리 둑이 무너진 것은 일각에서 말하는 악의적인 언론보도 때문이 아니라 둑의 아랫부분에 수많은 개미구멍이 나 있었기 때문이다. 싼주가 쓰러진 이유가 단지 창더사건에 대한 대대적인 언론보도뿐이었다면, 싼주는 곧 일어나 재기할 수 있었을 것이다. 그해 미국의 존슨앤존슨도 비슷한 어려움을 겪었지만 얼마 후 툭툭 털고 일어나 위기를 극복하지 않았던가.

진통제인 타이레놀은 존슨앤존슨의 효자상품 가운데 하나로, 1981년에는 타이레놀의 매출액이 43억5000만 달러에 달해 총매출액의 7%를 차지했으며 총수익에서도 17%를 차지했다. 그러던 1982년 9월의 어느 날, 시카고에서 한 남자가 타이레놀을 먹은 당일에 사망하고 역시 같은 날 타이레놀을 복용한 한 부부가 이틀 뒤에 사망하는 사건이 발생했다. 그러자 타이레놀에 독극물이 투여됐다는 소식이 빠르게 미국 전역으로 퍼졌고, 진통제 시장에서 한때 35.3%에 달했던 존슨앤존슨의 점유율이 7% 이하로 급락하고 말았다. 회사 최대의 위기였다. 당황한 존슨앤존슨은 긴급대책을 수립하여 사태 수습에 나섰고, 우선적으로 사고경위를 조사하고 원인을 규명하는 데 역점을 두었다.

존슨앤존슨은 우선 피해자들의 상황과 사인, 독극물이 들어 있던 타이레놀의 제조번호, 구입처, 그 약이 구입처로 배송된 경로 등을 자세하게 조사했다. 존슨앤존슨은 이를 위해 100여 명의 FBI요원을 초빙하고 사설탐정 등을 고용했으며, 총 2000개에 달하는 사건의 단서를 추적하여 57편의 보고서를 작성했다.

그리고 언론에 도움의 손길을 내밀었다. 존슨앤존슨은 각 언론사에 정확하고 신속한 정보를 제공하여 소비자들이 온갖 루머에 당황하지 않도록 했다. 이 조사를 통해 독극물이 들어 있던 약은 누군가 약국에서 타이레놀을 사서 청산가리를 주입하고 약국에 다시 가져가서 환불을 받았다는 사실을 알아낼 수 있었다. 존슨앤존슨의 잘못이 아니었던 것이다. 존슨앤존슨은 즉각 언론을 통해 이 사실을 소비자들에게 알렸고, 이를 위해 보도자료 발송 등 각종 홍보비로만 50만 달러를 썼다.

사건의 경위가 파악되자 다음에는 사건의 경과를 평가하고 재발 방지를 위해 힘썼다. 타이레놀의 독극물 사건으로 존슨앤존슨은 수억 달러에 달하는 손실을 입었지만, 경제적인 손실보다도 더 심각한 것은 바로 브랜드 이미지의 실추였다. 자사의 이미지 악화를 우려한 존슨앤존슨은 사건이 마무리된 후 자체적으로 여론조사를 실시했고 응답자의 49%가 앞으로도 계속 타이레놀을 구입할 것이라고 답하자, 그제야 비로소 다시 약국에 타이레놀을 공급했다.

마지막으로 타이레놀의 재기를 위해 노력했다. 존슨앤존슨은 타이레놀의 명성을 되찾기 위해 단골고객을 밀착 관리하면서 새로운 고객을 확보하는 전략을 세웠다. 이를 위해 구체적으로 다음과 같은 조치를 취했다.

- 타이레놀을 개발한 연구소의 약학박사를 광고모델로 등장시켜 타이레놀을 사용하고 있는 미국인들에게 감사의 뜻을 전했다.
- 캡슐 형태의 진통제를 복용하고 있는 사람들에게 타이레놀 정제 복용을 권유했다.

- 독극물 사건으로 기존의 타이레놀 고객들을 잃었음을 솔직하게 인정하고, 고객들을 대상으로 행사를 벌여 회사에 전화를 거는 고객들에게 2.5달러짜리 사은권을 증정했다.
- 제품 포장에 파손을 방지할 수 있는 새로운 방식을 적용하여 소비자들에게 신뢰감을 주었다.

존슨앤존슨의 이러한 세심한 조치로 타이레놀의 시장점유율은 불과 8개월 만에 다시 35%까지 상승했고, 1986년까지 진통제 시장의 1위 자리를 고수하면서 존슨앤존슨에 막대한 수익을 안겨주었다.

비슷한 사건이 발생했지만 싼주는 그 때문에 파산한 반면, 존슨앤존슨은 위기를 극복하고 오히려 더 큰 성공을 거둔 것이다. 사실, 교훈을 얻으려고 하면 이런 사례는 그리 어렵지 않게 찾아볼 수 있다. 미국과 유럽, 일본 등에서 오랫동안 시장경제를 실시해오면서 얼마나 많은 기업들이 성공하고 실패했겠는가. 1930년대 미국에서 자동차산업이 막 일어나기 시작했을 때에는 100여 개의 자동차회사가 있었지만. 그 가운데 지금까지 남아 있는 곳은 GM과 포드, 크라이슬러 3곳뿐이다. 나머지 기업들은 어떻게 된 걸까?

실패하는 데에는 반드시 그만한 원인이 있고, 성공의 이면에도 반드시 그만한 이유가 있는 법이다.

디테일에 관한 부등식

$$100-1 \neq 99$$

$$100-1=0$$

공들여 쌓은 탑도 벽돌 한 장이 부족해서 무너지고, 1%의 실수가 100%의 실패를 부를 수 있다.

2

낮게 나는 새가
벌레를 잡는다

디테일의 위력

1

쌀가게에서 이룬 기적

디테일은 창조의 토대다

성공한 사람과 실패한 사람 사이에는 어떤 차이가 있을까? 사실 사람들의 지능과 체력에는 그리 큰 차이가 나지 않으며, 미묘하고 작은 차이에서 성공과 실패가 갈린다.

작은 일 하나를 처리하는 경우에도 누구든 그 일을 할 수는 있지만 거기서 나타나는 효과는 천차만별이다. 그리고 대개는 세밀한 부분을 어떻게 처리했느냐에서 판가름 난다.

대만 제일의 갑부인 왕융칭王永慶 포모사 회장은 바로 그런 면에서 성공의 기회를 거머쥔 대표적인 인물이다. 왕융칭은 어려서 집안 형편이 어려워 학교도 제대로 다니지 못하고 일찍부터 장사를 시작해야 했다. 1932년, 16세였던 왕융칭은 고향을 떠나 자이嘉義라는 곳에 가서 쌀가게를 열었다. 작은 도시였던 자이에는 이미 30여 개의 쌀가게가 있어서 경쟁이 매우 치열했다. 밑천이라곤 200위안이 고작이었던 왕융칭은

행인도 별로 없는 외진 골목 한 귀퉁이에 작은 점포를 세내어 쌀가게를 시작했다. 그의 쌀가게는 가장 늦게 생긴 데다 규모도 제일 작아 단골은커녕 그런 곳에 쌀가게가 있다는 사실조차 모르는 사람이 많았다. 아무리 봐도 경쟁력이라고는 찾아볼 수 없었고, 가게를 연 지 한참이 지나도록 찾는 손님이 거의 없었다.

오랜 전통의 큰 쌀가게들에 비해 그의 쌀가게는 규모도 작고 자금도 부족했기 때문에 도매를 한다는 것도 불가능했다. 반면에 좋은 자리에 있던 쌀가게들은 도매는 물론이고 소매고객들의 발걸음이 연일 끊이지 않았다. 일부러 외진 골목에 있는 왕융칭의 가게까지 찾아와 쌀을 사려는 사람이 있을 턱이 없었다. 생각다 못한 왕융칭은 직접 쌀자루를 둘러메고 집집마다 다니면서 쌀을 팔아봤지만 역시 별 효과가 없었다.

그에게는 다른 쌀가게에는 없는 자신만의 장기가 필요했다. 며칠을 곰곰이 생각하던 왕융칭은 쌀의 품질과 서비스를 높임으로써 살길을 찾기로 했다. 그때만 해도 농사가 거의 수공방식으로 이루어지던 시절이었다. 수확이나 가공 기술이 매우 낙후되어 추수한 벼는 모두 길가에 펴놓고 말린 다음에 도정을 했기 때문에 모래와 잔돌들이 쌀에 섞일 수밖에 없었다. 그래서 사람들은 밥을 짓기 전에 항상 쌀을 일어 돌을 골라내는 수고를 감수해야 했다. 엄청 불편한 일이었지만 사는 쪽이나 파는 쪽이나 당연히 그런 것이라 생각하고 크게 개의치 않았다.

그러나 왕융칭은 이 당연해 보이는 일에서 실마리를 찾았다. 그는 두 동생을 동원하여 쌀에 섞인 이물질들을 모두 골라낸 후에 가게에 내놓고 판매했다. 다른 가게에서 파는 쌀들과 차별화를 꾀한 것이다. 과연

'왕융칭의 가게에서 파는 쌀은 밥을 지을 때 따로 일 필요가 없다더라' 는 소문이 입에서 입으로 퍼져나가면서 손님들이 점점 늘기 시작했고, 자연 그의 장사는 호황을 누리게 되었다.

나는 예전에 『세일즈맨의 자기 세일즈』라는 책에서 이렇게 말한 적이 있다. "마케팅은 판매의 예술이자 타인을 만족시키는 전략이며, 가격 대비 품질을 높이는 지혜다."

왕융칭은 쌀의 품질을 높임과 동시에 서비스의 질도 개선했다. 당시에는 쌀을 산 사람이 직접 쌀을 들고 가야 했다. 젊은이라면 몰라도 나이든 노인에게는 매우 힘든 일이 아닐 수 없었다. 게다가 젊은 사람들은 낮에는 늘 생계를 위해 바쁘게 뛰어다녀야 했으므로 쌀을 사는 것은 대부분 노인들 몫이었다. 왕융칭은 이 점에 착안하여 손님의 집으로 직접 쌀을 배달해주기 시작했다. 좋은 쌀을 편하게 살 수 있으니 손님들로서는 일석이조였다. 그의 가게는 손님들로 북적거리게 되었다.

당시에는 물건을 배달해주는 상점이 없었기 때문에 그의 배달서비스는 대단히 획기적인 것이었다. 왕융칭의 서비스는 오늘날의 서비스에 비추어 보더라도 확실히 남다른 데가 있었다. 요즘에도 배달서비스라면 대부분 고객의 집에 물건을 갖다주거나 손님이 원하는 자리에 놓아주는 것으로 그치지만, 그는 처음 오는 손님의 집에 쌀을 배달해줄 때마다 그 집 쌀독의 크기가 어느 정도인지, 식구는 몇 명인지, 어른이 몇 명이고 아이가 몇 명인지, 그리고 식사량이 얼마나 되는지 등을 세세히 기록하고, 이 기록을 토대로 손님의 집에 언제쯤 쌀이 떨어질 것인지를 예측하여 그때가 되면 손님이 가게에 찾아오기도 전에 미리 알아서 배달해주었다.

뿐만 아니었다. 왕융칭은 손님이 쌀독에 쌀을 부어달라고 할 경우, 쌀독에 쌀이 남아 있으면 그 쌀을 모두 퍼내고 나서 쌀독을 깨끗이 닦고 새 쌀을 먼저 담은 후에 남아 있던 쌀을 위에 부어 넣었다. 그래야 전에 남아 있던 쌀이 오래되어 변질되는 것을 막을 수 있기 때문이었다. 손님들은 이렇게 세심한 왕융칭의 배려에 감동했고 더 많은 손님들을 데리고 왔다.

손님들에게 쌀을 배달해주면서 왕융칭은 대부분의 가정이 날품팔이로 근근이 생계를 유지하고 있으며 그나마 품삯을 제대로 받지 못해 어려움을 겪고 있다는 사실도 알게 되었다. 그가 직접 쌀을 가지고 손님의 집을 방문하면 당장 쌀 살 돈이 없을 정도로 힘들게 사는 사람들이 적지 않았다. 그럴 경우에 그는 그 자리에서 쌀값을 요구하지 않고 먼저 외상으로 쌀을 내준 다음에 여유가 생기면 돈을 지불할 수 있도록 배려해주었다. 왕융칭의 서비스에 단골은 더욱 늘어갔고, 이제는 그 근방에서 그의 가게와 그를 모르는 사람이 없게 되었다.

이렇게 해서 왕융칭은 1년 남짓한 기간 동안 모은 돈과 확보한 고객들을 기반으로 직접 정미소를 차렸다. 번화한 거리에서 그리 멀지 않은 곳에 기존의 점포보다 몇 배나 더 큰 가게를 얻어 앞쪽은 쌀가게로 쓰고 뒤편에 정미소를 열었다. 이때부터 그는 작은 쌀가게에서 벗어나 훗날 대만 경제를 떠받치는 대기업으로 성장할 수 있는 도약의 발판을 마련했다.

사업이 크게 확장되어 어엿한 기업을 거느리게 된 후에도 왕융칭은 디테일한 부분에 소홀하지 않았다. 그의 곁에서 일하는 부하직원들은 모두 그의 세심함에 혀를 내둘렀다. 물론 그를 두고 '나무만 보고 숲은 볼 줄 모른다'며 비판하는 사람들도 있었다. 어떤 이들은 그에게 미국식 관리를 본받아 작고 사소한 부분은 다른 사람한테 맡기고 크고 굵직한 일에 집중하라고 충고하기도 했다. 그럴 때마다 왕융칭의 대답은 한결같았다.

"나는 거시적인 부분에도 관심을 가지지만 세부적인 관리에 더 심혈을 기울일 것입니다. 세부적인 것을 연구하고 개선하여 2명이 할 일을 1명이 할 수 있게 만들면 생산력이 2배로 증대되는 셈이고, 한 사람이 2대의 기계를 작동시킬 수 있다면 생산력이 4배로 늘어나지 않겠습니까?"

한 기업의 혁신은 디테일한 부분에서 시작되고 달성된다. 늘 혁신을 강조하기로 유명한 장루이민 하이얼그룹 회장도 이렇게 말했다.

"혁신은 기업의 모든 디테일한 부분에서 나온다."

효과적인 혁신도 처음 시작할 때에는 눈에 띄지 않을 수 있다.
-피터 드러커

2
찻물 따르는 노인
디테일에도 내공이 필요하다

"세상에서 가장 지키기 어려운 것이 '도度'이다. 도는 모두한테 맞게 정해진 '한도限度'이고 그것의 준수 여부는 개인의 자질에 달려 있다."

이 말은 내가 『세일즈맨의 자기 세일즈』라는 책에서 했던 말로, 그 책의 콘셉트이기도 하다. 그렇다면 자질은 어떻게 만들어지는가?

'자질은 일상생활의 미세한 부분이 쌓여 형성되는 것이며 그것을 쌓아가는 과정이 바로 노력이다.'

실패에서 얻은 값진 교훈

어느 대기업에서 관리직 사원을 채용한다는 공고를 냈다. 단 며칠 만에 쟁쟁한 학력과 경력을 자랑하는 수많은 지원자들이 이력서를 제출했다. 그중에 학력도 별 볼일 없고 변변한 자격증도 없는 지원자가 있었다.

결국 서류전형과 필기시험 등 네 차례의 관문을 모두 통과한 6명의 지원자가 마지막에 남게 되었다. 회사에서 필요한 인원은 단 1명이었다. 다섯 번째 최종 면접이 치러졌다. 면접은 사장이 직접 실시했다. 경쟁률이 6대 1이니 결코 만만치 않은 관문이었다.

그런데 막상 면접이 시작되었을 때, 면접실에는 모두 7명의 지원자가 대기하고 있었다. 이상하게 생각한 면접관이 물었다.

"면접 대상자가 아닌 사람이 있나요?"

그러자 맨 뒷줄에 앉아 있던 청년이 일어서며 이렇게 말했다.

"접니다. 1차 서류전형에서 탈락한 지원자입니다. 저에게 면접을 볼 수 있는 기회를 주십시오."

그 말을 들은 6명의 지원자들은 모두 기가 막힌다는 표정으로 코웃음을 쳤다. 심지어 문 앞에서 그들에게 찻물을 따라주던 노인까지도 참지 못하고 웃음을 터뜨렸다. 면접관이 말했다.

"1차 시험도 통과하지 못했는데 최종 면접에 참가하겠다는 말인가요?"

그가 말했다.

"남들은 가지지 못한 재산을 제가 가지고 있기 때문입니다. 그러니 제가 바로 큰 재산이지요."

모두들 아까보다 더 큰 소리로 웃어댔다. 그의 정신에 무슨 문제가 있을 것이라고 생각하는 사람도 있었다. 하지만 그는 사람들의 비웃음에 전혀 개의치 않고 계속 말을 이었다.

"저는 대학도 겨우 나왔고 또 그리 대단한 직업을 가진 적도 없습니다. 하지만 저에게는 10년간의 실무 경험이 있습니다. 10년 동안 12개 회사에서 일한 경력이 있습니다……."

면접관이 그의 말을 자르고 끼어들었다.

"10년간의 업무 경험은 내세울 만하군요. 하지만 10년 동안 12번이나 회사를 옮겨 다녔다는 것은 결코 기업에서 환영받을 수 있는 경력이 아니죠."

그가 말했다.

"저는 회사를 옮겨 다니지 않았습니다. 12번 모두 회사가 문을 닫는 바람에 어쩔 수 없이 나온 것입니다."

다시 한번 좌중에서 웃음소리가 터져 나왔다. 한 지원자가 경멸과 조소가 섞인 말투로 말했다.

"정말 완벽한 실패자로군!"

하지만 그는 여유로운 웃음을 지으며 말했다.

"아닙니다. 그건 저의 실패가 아니라 그 회사들의 실패입니다. 그리고 그 실패들이 모두 저의 재산이 되었습니다."

이때 문 앞에서 찻물을 따르던 노인이 면접관에게 찻물을 따라주었다. 그 지원자가 계속 말을 이었다.

"저는 지금까지 일했던 12개의 회사에 대해 아주 소상하게 파악하고 있습니다. 동료들과 함께 파산 직전의 회사를 살리려고 동분서주한 적도 있습니다. 비록 회사의 파산을 막지는 못했지만, 저는 그 과정에서 실패와 실수의 모든 면면들을 알게 되었고, 그 안에서 다른 사람들은 전혀 알지 못할 많은 것들을 배웠습니다. 모두들 성공만을 추구하고 있지만, 저는 실수와 실패를 피할 수 있는 방법들을 알고 있습니다."

그는 잠시 말을 멈추었다가 다시 계속했다.

"성공한 경험은 대부분 비슷하기 때문에 따라 하기 쉽습니다. 하지만 실패의 원인은 제각각 달라서 쉽게 파악하기 어렵습니다. 그러므로 10년간 성공한 경험을 배운 것보다 실패를 경험한 것에서 더 많은 유익한 것을 배울 수 있습니다. 타인의 성공 경험은 자신의 재산으로 만들기 어렵지만, 실패한 경험은 자신의 재산으로 만들 수 있습니다."

말을 마친 그가 면접실을 나가려는 듯 문 쪽으로 가다가 다시 고개를 돌려 말했다.

"10년간 몸담았던 12개의 회사들이 저에게 사람과 일 그리고 미래에 대한 예민한 통찰력을 심어주었습니다. 한 가지 예를 들어보겠습니다. 사실, 오늘의 진짜 면접관은 앞에 계신 분들이 아니라 바로 이 찻물을 따르는 노인이십니다!"

면접실에 있던 모든 사람들이 눈이 휘둥그레지며 찻물을 따르는 노인을 쳐다보았다. 당사자인 노인 역시 놀라기는 마찬가지였다. 하지만 그 노인은 곧 부드러운 미소를 지으며 이렇게 말했다.

"좋아! 자네를 채용하겠네. 내가 면접관이라는 사실을 어떻게 알았는지 알고 싶기 때문이야."

그의 말대로 찻물을 따르던 노인은 바로 이 기업의 사장이었다. 나머지 6명의 지원자는 모두 아연실색한 모습으로 그 자리에서 굳어져버렸다.

한 사람의 능력은 억지로 끼워 맞춰서 길러낼 수 없는 것이며 배운다고 금방 갖춰지는 것도 아니다. '세상사에 통달하면 그것이 곧 학문이요, 인정세태에 밝으면 그것이 곧 지혜'가 되는 것이다. 이 지원자는 찻물을 따르는 노인의 눈빛과 풍기는 분위기 그리고 행동 등에서 그가 이 기업의 사장이라는 것을 알아차렸다. 그는 관찰력이 대단한 사람이었다.

통찰력은 하루아침에 길러지지 않으며 오랜 경험을 통해 조금씩 쌓이는 것이다. 디테일한 부분을 세심하게 관찰하는 일이 반복되고 쌓여야 통찰력이 단련되고 향상될 수 있다.

늘 위대해 보이는 것만을 추구하고 갈망하는 사람들에게는 성공이 찾아오지 않는다. 오히려 평범한 것에 만족하고 디테일한 것에 세심한 주의를 기울이는 사람이 자기도 모르게 성공의 자리에 오르게 된다. 이것이 바로 디테일의 매력이다.

기업도 그렇다. 직원들을 올바로 채용하고 적재적소에 배치하려면 지원자들이 자랑하듯 내세우는 번질번질한 자기PR에 현혹되지 않고 그들이 일상적이고 디테일한 업무에 얼마나 성의를 다하는지를 파악해야 한다. 여기서 디테일한 업무란 결코 첨단과학 분야의 심오한 진리나 이론이 아니라 매우 간단하고 쉬운 일들을 말한다. 나는 기업체들에 자문을 해줄 때마다 인재 선발에서 반드시 주의를 기울여야 할 몇 가지 디테일한 문제들을 조언한다.

- 경력이 지원자의 능력을 말해주지 않는다. 지원자의 단점이 무엇인지 정확하게 파악해야 한다.
- 학력과 경력 가운데 어느 것이 자사에 더 중요한지 결정해야 한다.
- 지원자에게 어떤 개성이 있는지, 어느 방면에서 개성이 드러나는지, 협동심이 있는지 알아야 한다.

76

- 전에 다니던 회사는 왜 그만두었는지 자세하게 알아봐야 한다.
- 지원자가 어떤 친구들을 사귀고 있는지 파악해야 한다.
- 지원자의 답변 가운데 미리 질문을 예상하고 준비한 것이 있는지 살펴야 한다.
- 일부러 난처하게 만들었을 때 지원자가 어떤 반응을 보이는지 관찰해야 한다.
- 마음에 든 지원자를 한번 화나게 해볼 필요가 있다.
- 지원자에게 무리한 약속을 해서 기업에 대한 지원자의 기대를 높여놓지 않도록 주의해야 한다.
- 지원자에게 지신을 표현할 수 있는 충분한 기회를 주어 면접관과 지원자 사이에 충분한 교류가 이루어져야 한다.
- 면접관들이 자신의 이미지 관리에 주의를 다하는 한편, 뛰어난 언변을 지니고 있어야 한다.

대담함과 세심함

한 의과대학 교수가 첫 강의시간에 학생들에게 말했다.

"의사가 되기 위해 반드시 갖추어야 할 요건은 대담함과 세심함이네."

간단하게 말을 마친 교수는 손으로 실험대 위에 놓인, 소변이 가득 담긴 컵을 가리키더니 손가락을 컵 속에 집어넣었다가 빼서는 다시 입 속에 넣었다. 그리고는 소변이 든 컵을 학생들에게 건넸다. 학생들도 자신이 했던 것과 똑같이 하라는 것이었다. 모든 학생들이 손가락을 컵에 깊숙이 넣었다가 다시 입에 넣었다. 모두들 구토를 참느라 얼굴이 일그러졌다.

이런 모습을 본 교수가 웃으며 말했다.

"좋아. 모두들 아주 대담해."

이어서 교수는 근엄한 표정이 되어 말했다.

"다만 모두들 세심함이 부족한 게 아쉽군. 내가 컵에 넣은 것은 둘째손가락이고 입 속에 넣은 것은 셋째손가락이라는 것을 알아차린 학생이 하나도 없는 걸 보면 말일세."

교수가 이런 행동을 한 본래의 의도는 연구를 할 때나 실제로 환자를 치료할 때 아주 작고 디테일한 부분에도 세심한 주의를 기울여야 한다는 점을 학생들에게 알려주려는 것이었다. 소변 맛을 본 학생들은 두고두고 그 교훈을 잊지 못할 것이다.

디테일한 부분에 주의를 기울이는 습관 역시 부단한 노력을 통해 길러지는 것으로, 하루아침에 어디서 갑자기 생기는 것이 아니라 오랜 기간 동안 조금씩 배양되는 것이다. 사람의 행동 가운데 95%는 습관의 영향을 받고 그 습관 속에서 자질이 조금씩 길러진다. 처음에는 어색하던 것도 시간이 지나면서 습관으로 굳어지고 몸에 배면 아주 자연스러워진다. 아인슈타인도 "학교에서 배운 것을 모두 잊고 난 다음에도 남는 것이 바로 교육이다"라고 말했다. 이는 곧 '잊히지 않는 것이 진정한 자질'이라는 말이다. 습관이야말로 잊히지 않는 가장 중요한 자질 가운데 하나다. 그래서 나는 언제나 자신 있게 "좋은 운보다 좋은 습관이 더 중요하다"고 말한다.

장루이민 하이얼 회장은 "간단하지 않은 것이 무엇인가? 간단한 일을 모두 잘 해내는 것이 바로 간단하지 않은 것이다. 평범하지 않은 것이 무엇인가? 평범한 일을 모두 잘 해내는 것이 바로 평범하지 않은 것이다"라고 말했다. 하이얼의 공장에서는 출퇴근 시간에 모든 직원들이 우측통행하는 것을 볼 수 있다. 다른 여느 기업들과 달리 모든 직원들이 마치 줄이라도 선 듯 우측통행을 한다. 이것은 결코 간단하지 않은 일이다. 그러나 이것이 정말 어려운 일인가? 그건 아니다. 길을 걸을 때 우측통행을 해야 한다는 사실은 어린 학생들도 모두 알고 있다. 그러나 대부분의 기업에서 지키지 못하는 데 비해 오직 하이얼만은 이를 지키고 있다. 이것이 바로 자질이다. 하이얼맨의 자질이다. 길을 통행하는 아주 작은 부분에서 그들의 자질이 표현되는 것이다.

　　좋은 습관이 기초가 되지 않으면 그 어떤 것에서도 성공할 수 없다. 습관은 모자이크처럼 일상생활의 작은 부분들이 하나하나 쌓여 형성된다. '선한 일은 아무리 작은 것이라도 결코 게을리 해서는 안 되며, 악한 일은 아무리 작은 것이라도 절대로 해서는 안 된다勿以善小而不爲, 勿以惡小而爲之'는 선현의 말도 이와 일맥상통한다. 더 깊게 보자면, 습관은 인생의 근본이 되는 기초로서, 그 수준이 삶 전체를 좌우한다. 러시아의 교육가 우신스키는 "좋은 습관은 사람의 사고방식 속에 존재하는 도덕적 자본이다. 이 자본은 계속 늘어나며 사람들은 일생을 살아가면서 그 '이자'를 얻는다. 반대로 나쁜 습관은 도덕적으로 갚지 못한 빚이라고 할 수 있다. 이 빚은 계속 이자가 붙어 사람을 괴롭힌다. 사람의 노력을 물거품으로 만들기도 하고, 심하면 한 사람을 도덕적으로 파산시키기도 한다"고 말했다.

디테일을 중시하고 작은 일을 세심하게 처리하는 습관을 길러라. 성공은 바로 매일매일의 노력이 쌓여 계속 발전해나가는 과정이며 그 어떤 요행도 통하지 않는다.

개혁과 진보는 디테일한 부분에서 더 잘 나타난다.

3
그는 어떻게 최초의 우주인이 되었을까

실력은 디테일에서 드러난다

∨

디테일한 부분은 대개 사람들에게 주목받지 못하고 무시당하지만, 사람의 진실한 면모를 가장 잘 드러내고 그의 자질과 수양의 정도를 정확하게 표현한다. 바로 이것이 작은 일을 통해 사람을 판단하고 상시적으로 평가하는 것이 중요한 까닭이다. 요즘은 기업에서도 직원들을 채용할 때 디테일한 부분을 중시하여 구체적이고 세부적인 질문을 통해 지원자들을 시험하곤 한다. 심지어 어떤 기업에서는 음식을 먹는 모습이나 필체를 가지고 합격 여부를 판단하기도 한다.

직원 채용과 관련하여 널리 알려진 일화가 있다.

인사관리 분야의 관리자를 채용하려는 기업이 있었다. 많은 지원자들을 대상으로 여러 차례의 시험을 실시했는데, 이상하게도 면접관들의 질문에 명쾌하게 답변한 지원자들도 모두 낙방의 고배를 마시고 집으로 돌아가는 것이었다.

한 지원자가 면접실에 들어섰다. 그런데 바닥에 종이뭉치 하나가 떨어져 있는 것이 그의 눈에 띄었다. 깨끗한 바닥에 종이뭉치가 떨어져 있으니 금방 더 눈에 들어왔다. 이 지원자가 허리를 굽혀 종이뭉치를 주워 휴지통에 넣으려는데, 갑자기 면접관의 목소리가 들렸다.

"좋아요. 그 종이를 펼쳐보세요."

지원자는 어리둥절한 모습으로 종이뭉치를 펼쳐보았다. 종이에는 이렇게 쓰여 있었다.

"우리 회사에 입사한 것을 환영합니다."

몇 년 후, 종이뭉치를 주웠던 그 지원자는 이 기업의 회장이 되었다.

신발을 벗은 우주비행사

1961년 4월 12일, 구소련의 우주비행사 가가린은 4.75톤의 보스토크 1호를 타고 89분간 우주를 비행하여 세계 최초의 우주비행사로 역사에 기록되었다. 당시 가가린은 19명의 지원자들과 경합을 벌인 끝에 세계 최초로 우주를 비행할 수 있는 자격을 얻었다.

그렇다면 그가 선발될 수 있었던 요인은 무엇이었을까?

우주비행사가 최종 결정되기 1주일 전, 20명의 지원자가 비행선 보스토크 1호에 직접 타볼 수 있는 기회를 얻게 되었다. 모든 지원자들은 그냥 신발을 신은 채로 우주선에 올랐다. 그런데 가가린은 달랐다. 신발을 벗고 양말만 신은 채 우주선에 오른 것이었다.

가가린의 이런 행동이 비행선 설계사의 눈에 띄었고, 가가린은 이 작은 행동 하나로 설계사로부터 큰 호감을 얻게 되었다. 설계사는 27세의 이 청년이 자신이 심혈을 기울여 만든 우주선을 아끼는 것을 보고 가가린에게 인류 최초로 우주를 비행하는 신성한 사명을 부여했다. 가가린의 작은 행동에서 그가 다른 사람이 애써 만든 성과물을 아끼고 보호할 줄 아는 자질을 지녔다는 것을 알아차렸기 때문이다.

이와 상반된 예도 있다. 베이징의 한 외국기업에서 직원을 채용할 때의 일이다. 임금이 높은 만큼 자격요건이 까다로웠다. 몇 차례의 관문을 거쳐 고학력의 젊은이들 몇 명이 최종 면접까지 남았다. 마지막 관문은 회장 면접이었다. 그런데 면접시험에서 회장은 지원자들에게 대뜸 이렇게 말했다.

"급한 일이 있으니 10분 후에 다시 오겠습니다."

회장이 나가자 호기심이 발동한 지원자들은 너나없이 회장의 책상 위에 놓여 있는 서류들을 뒤적여 보았다.

정확히 10분 후에 돌아온 사장은 뜻밖에도 이렇게 말했다.

"면접은 이미 끝났습니다. 아쉽게도 합격자가 아무도 없습니다."

당황한 지원자들이 "면접이 아직 시작되지도 않았잖습니까?"라고 말하자 회장이 대답했다.

"내가 자리를 뜬 동안 면접이 실시되었습니다. 우리 회사에서는 회장의 서류를 마음대로 들춰 보는 사람을 직원으로 채용할 수 없습니다."

지원자들의 얼굴이 흙빛이 되었다.

사람의 수양 정도와 됨됨이는 디테일한 부분에서 그대로 나타난다.

가가린이 신발을 벗은 행동에서 타인의 성과물을 존중하는 그의 인격이 드러나듯이, 함부로 남의 서류를 들춰 본 젊은이들에게서는 기본적인 예의가 부족하다는 것을 여실히 엿볼 수 있는 것이다.

디테일한 부분 때문에 성공의 기회를 거머쥐는 일은 얼핏 보면 우연인 것 같지만 실은 필연적인 것이다. 디테일한 부분은 어딘가에 독립적으로 존재하는 것이 아니다. 물보라가 바다의 아름다움을 표현해주지만, 바다를 떠나서는 결코 존재할 수 없는 것처럼 말이다.

> 작은 일이 큰일을 이루게 하고 디테일이 완벽을 가능케 한다.
> —데이비드 패커드, 휴렛패커드 창업자

4
GE 승진시험의 셰익스피어 문제

디테일은 예술이다

경영의 일반적인 법칙이 과학이라면, 경영에서 구현된 디테일은 예술이다. 기업의 경영에 대해 말할 때, 많은 사람들이 가장 강한 인상을 받는 것은 심오한 경영이론도, 경영의 일반적인 법칙도 아닌, 바로 디테일한 부분에서 두드러지게 나타나는 생생한 사례들이다.

전자상거래업계의 선두주자인 이취넷易趣網, eachnet.com의 CEO 탄하이인譚海音은 "경영의 절반은 과학이고 나머지 절반은 예술이다"라고 했다. 그녀가 대학에서 배운 것은 고리타분한 경영모델이 아니라 바로 융통성 있는 사고방식이었다. 기업가로 성공하려면 경영 분야의 이론가일 필요는 없지만, 반드시 경영 분야의 예술가여야만 한다. 성공한 기업가들은 '디테일한 경영'의 오묘함을 이해하고 어떤 문제를 처리하든 디테일한 부분에 세심하게 신경을 쓴다. 경영학의 일반적인 이론과 자기 기업의 구체적인 상황을 근거로 예술품을 창조해내는 것이다.

GE의 전 회장 잭 웰치는 기업경영의 대가로서 '세계 경영자 중의 경영자'로 불린다. 그가 쓴 책의 제목이 아직 정해지기도 전에 타임워너출판사는 710만 달러라는 거액을 주고 이 책의 북미지역 판권을 사들였다. 이 책이 그만큼의 가치가 있다고 생각했기 때문이다. 책이 출간되자 많은 사람들이 비로소 이 책을 통해 기업계의 전설적인 영웅에 대해 상세히 알게 되었다.

　이 책은 경영학의 기본이론에만 치우쳐 뜬구름 잡는 구호만을 늘어놓는 다른 책들과 확연히 달랐다. 사람들은 GE 회장으로서 장장 20년간 경영의 일선에서 뛴 노장이 풀어놓는 생생하고도 디테일한 경영기법에 상당한 흥미를 느꼈다. 예컨대 그는 직접 간단한 편지를 써서 중간관리자, 심지어는 말단사원들에게 건네기도 하고, 1000명이 넘는 관리직원들의 이름을 모두 외우는가 하면, GE의 고위직 채용전형에 지원한 500명의 지원자들을 일일이 만나기도 했다. 여태껏 세계적인 대기업들 가운데 그 어떤 기업의 경영자도 하지 못한 일이었다. 이렇게 작고 디테일한 부분들이 쌓이고 쌓여 이른바 '잭 웰치식 경영'이 창조된 것이다. 그리고 그것은 가히 예술이라 할 만했다.

　어느 기업이든 직원을 승진시킬 때에는 시험이라는 절차를 거치도록 되어 있다. 이것은 기업경영의 상식이다. 그런데 어떤 시험문제를 내느냐에서 디테일의 차이가 드러난다.

　GE가 어떤 문제를 낼지를 예상하는 것은 결코 쉬운 일이 아니다. GE의 문제는 경제서적이나 경영이론서에서 출제되지 않는다. 한번은 셰익스피어의 작품에 대한 느낌을 묻는 문제가 출제되었다. 도대체 고위 경영자와 셰익스피어의 작품 간에 어떤 상관관계가 있단 말인가.

잭 웰치의 진정한 의도를 눈치챈 사람들은 이 문제에 심오한 의미가 담겨 있다고 말한다. 이를 통해 직원이 사회심리를 파악하는 능력을 포함해서 관리자로서 반드시 갖춰야 할 심성을 보유하고 있는지를 판단할 수 있다는 것이다. 세계적인 문학작품에 등장하는 인물들의 심리도 정확하게 헤아리지 못하면서 어떻게 한 기업의 관리자로서 수많은 직원들의 심리를 이해할 수 있을까? 만일 직원들의 심리를 이해하지 못한다면 '인간 중심'의 관리를 논한다는 것 자체가 무의미한 일이 된다.

오늘날의 경영학에서 가장 강조하는 것이 바로 '인간 중심'의 경영인데, 이를 앞서 모범적으로 실현한 경영의 대가가 잭 웰치다. "우리가 할 수 있는 일은 우리가 선택한 사람에게 베팅하는 것뿐이다. 따라서 적임자를 선택하는 것이 바로 내 일의 전부다"라는 잭 웰치의 말은 우리에게 시사하는 바가 크다.

디테일과 예술의 관계는 더 이상 새로운 화제가 아니다. 1941년 미국의 유명한 시인이자 문예비평가인 존 크로 랜섬은, 문학을 문학으로 만드는 것은 문학작품의 구조나 중심논리가 아니라 작품의 디테일한 묘사라고 주장했다. 디테일이 가미되어야만 예술이라 할 수 있고, 디테일이야말로 가장 강한 표현력을 가지고 있으며, 이에 비하면 작품의 중심논리나 구조는 오히려 비예술적인 부분이라는 것이다.

기업경영에 비춰 볼 때 디테일의 소중한 가치는 더욱 두드러진다. 디테일은 창조적이고 유일무이하며 중복될 수 없는 것이다. 랜섬의 관점에서 보더라도 디테일한 묘사는 반복될 수 없고 다른 곳에 옮겨 쓸 수도 없다. 옮겨 쓸 수 있는 것은 오직 이론밖에 없다.

미국의 데이비드 콜리스 교수는 『기업의 우위 창조』라는 자신의 저서에서 아무리 큰 성과를 거둔 전략이라도 모든 기업에 일률적으로 적용시켰을 때 동일한 효과를 낼 수는 없다고 주장했다. 회사마다 각기 다른 출발점을 가지고 있고, 서로 다른 배경하에서 운영되며, 자원의 유형도 상이하기 때문이다. 따라서 모든 업종의 어떤 기업에나 적용될 수 있는 해결방법이란 존재하지 않으며, 경제계의 모든 사업은 그 자체로 유일무이한 것이다.

성공의 관건은 오로지 구체적인 조건하에서 문제를 처리하는 창의력과 상상력에 있다. 창의력과 상상력이야말로 무엇보다 긴요하고 소중한 것이다. 이를 통해 한 사람의 경력과 지식, 전체적인 인격이 오롯이 드러난다.

그런 의미에서 볼 때, 예술작품이 대량으로 생산될 수 없는 것처럼 기업가도 한꺼번에 다수가 배출될 수 없다. 예를 들어, 도요타자동차는 총생산량의 30%를 세계 25개국에서 제조하는데, 세계 각국에 설립된 각 지사의 경영은 일본 본사의 경영에 비해 그 수준이 크게 떨어진다. 미국 MIT의 경제학자 마이클 쿠수마노 박사는 이렇게 말한다.

"도요타 에이지가 도요타자동차가 아닌 다른 기업을 경영했더라도 똑같은 성공을 거두었으리라고 장담할 수는 없다. 도요타는 방대하고도 독특한 시스템을 가지고 있기 때문에 관리의 난이도가 매우 높다. 도요타의 미국 공장은 북미지역에서 가장 훌륭한 공장이지만, 자동차 1대를 조립하는 데 걸리는 시간은 일본의 도요타 공장보다 30~50%나

더 소요된다.”

기업경영에서 반드시 피해야 할 것이 맹목적인 규모 확장이다. 정교하고 세심해야 경영 수준을 향상시킬 수 있기 때문이다. 이런 점에서 왕융칭의 관점은 매우 정확한 것이다. 그는 기업이 '면'과 '선'만을 중시하고 '점'은 소홀히 하는 과오를 범해서는 안 된다고 지적하고, 우선 점을 중시하고 그 점을 완벽하게 만들면 선과 면은 저절로 좋아지는 것이라고 주장했다. 이처럼 사물의 기본적인 문제는 점에 있고, 점은 얼마든지 개선할 수 있으며, 이 점을 제대로 그려내면 바로 예술이 되는 것이다.

누구나 예술작품을 창조하는 태도로 업무를 처리하고, 자신이 일궈낸 성과를 예술작품으로 간주해야 한다. 이렇게 일을 대하는 태도가 세심해야만 당신의 업무가 예술작품으로 승화되어 소비자들의 예리한 평가와 깊이 있는 감상을 이끌어낼 수 있다.

디테일이 가미되어야만 예술이라 할 수 있고, 디테일이야말로 가장 강력한 표현력을 가진다.

5
섬세함의 마력
기회는 디테일 속에 있다

탈의실에서 발견한 엄청난 힌트

일본 고베 중심가의 패션 거리에 가면 한 속옷회사가 있다. 이 회사는 1980년대 창업 초기만 해도 사장을 포함하여 전 직원이 단 3명에 불과했다.

당시 일본의 각 백화점과 의류점에는 옷을 입어볼 수 있는 탈의실이 있었다. 하지만 속옷을 입어보려면 겉옷을 모두 벗어야 하고 또 몸에 맞지 않아 다른 속옷을 입어보려면 번거롭기도 하거니와 자칫 난처한 상황이 발생할 수도 있었다.

이 속옷회사의 사장은 여기서 힌트를 찾았다. 자신의 집에 이웃과 친구들을 불러 속옷을 함께 고르고 마음에 드는 것을 입어보고 구매할 수 있게 하면 여성들의 정서와 분위기에 아주 잘 맞을 것 같았다. 그는 곧 자신의 구상을 실행에 옮겼다. 그는 이 방식을 '가정모임'이라고 이름하고 몇 가지 규정을 마련했다. 첫째, 가정모임에서 한 번에 1만 엔 이상의 물건을 구매한 고객에게는 '회원' 자격을 부여하고 이후로 제품을 구입할 때마다 25%씩 할인해주었다. 둘째, 3개월 동안 가정모임을 20회 이상 열고 판매액이 40만 엔을 초과한 회원에게는 특약점의 자격을 주고 40%의 할인혜택을 누릴 수 있도록 했다. 셋째, 6개월 동안 가정모임을 40회 이상 열고 총판매액이 300만 엔 이상인 회원은 대리점으로 승격시키고 50%의 할인혜택을 주었다.

이 방식을 채택하고 나서 회사의 매출액은 가파른 증가세를 보였고, 10년 후에는 200여 명의 직원과 약 800개의 대리점, 2만 여 개의 특약점 그리고 135만 명의 회원을 거느린 큰 회사로 성장할 수 있었다. 게다가 한 달에 평균 2만 명꼴로 회원 수가 증가하였고 연간 매출액이 200억 엔을 넘어섰다. 매스컴에서는 이 회사가 속옷업계에서 선풍을 일으켰다고 앞다투어 보도했다.

속옷을 사기 전에 입어보도록 하는 것은 그리 대단한 일이 아니므로 쉽게 지나칠 수 있는 디테일한 부분이다. 하지만 이 회사의 사장은 그 속에서 기회를 발견하고 이를 바탕으로 혁신을 이룩했다.

작은 친절이 가져온 큰 선물

날씨가 잔뜩 찌푸린 어느 날 오후, 갑자기 소나기가 내리자 길을 가던 행인들이 비를 피하려고 저마다 길가에 있는 상점으로 들어갔다. 길을 걷던

한 노부인도 비를 피해 다리를 절룩거리며 필라델피아백화점 안으로 들어갔다. 수수한 옷차림에다 온통 비에 젖은 이 노부인에게 백화점 직원들 가운데 주의를 기울이는 사람은 하나도 없었다.

이때 젊은 청년 하나가 노부인에게 다가가 이렇게 물었다.

"부인, 제가 무얼 도와드릴까요?"

"괜찮아요. 비가 멈추면 곧 나갈 거라우."

노부인이 미소를 지으며 대답했다. 그런데 곧 노부인의 얼굴에 불안한 기색이 묻어났다. 남의 상점에서 물건은 사지 않고 비만 피한다는 것이 염치없게 느껴진 것이다. 노부인은 천천히 백화점 안을 둘러보았다. 작은 머리핀이라도 하나 사서 비를 피한 대가를 치러야겠다고 생각했다.

노부인이 이런 생각을 하며 이리저리 둘러보고 있는데, 조금 아까 말을 건넨 청년이 다시 부인에게 다가와 친절하게 말했다.

"불편해하지 않으셔도 돼요. 제가 문 앞에 의자를 하나 가져다 놓았으니 의자에 편히 앉아 계세요."

두 시간 정도 지나서 소나기가 그치자 노부인은 그 청년에게 고마움을 표시하며 명함을 한 장 달라고 했다. 청년이 명함을 건네자 노부인은 그것을 받아들고 백화점을 나갔다.

몇 개월 후, 필라델피아백화점의 사장 제임스 앞으로 한 통의 편지가 전해졌다. 편지에는 그 직원을 스코틀랜드로 보내 거액의 주문계약을 체결하도록 할 것과, 발신자가 몸담고 있는 기업체에 물품을 공급하는 일을 다음 분기부터 그에게 일임한다는 내용이 들어 있었다. 제 발로 굴러들어온 거액의 주문에 제임스 사장은 기뻐서 어쩔 줄 몰랐다. 사장은 서둘러 그

발신자에게 연락했고, 그 서신이 어느 노부인에 의해 작성되었다는 사실을 알게 되었다. 알고 보니 그 노부인은 몇 개월 전 백화점에서 비를 피했던 사람이었고, 바로 미국의 백만장자인 '철강왕' 카네기의 모친이었다.

편지 한 통이 회사에 가져다준 이익은 회사 전체의 총이익 2년 치에 상당하는 것이었다. 사장은 곧장 페리라는 이름의 그 젊은이를 불러 이사회에 추천했고, 머지않아 페리는 스코틀랜드로 가는 비행기에 올랐다. 그는 이제 백화점의 어엿한 파트너가 되어 있었다. 그의 나이 22살이었다.

몇 년 후, 페리는 성실함과 진실함으로 카네기의 오른팔이 되었고, 사업 역시 크게 번창하여 미국 철강업계에서 카네기 다음으로 중요한 거물급 인사가 되었다.

페리는 비를 피하려는 노부인에게 의자 하나를 가져다준 덕분에 카네기의 오른팔로 성장하고 모두가 오매불망 바라는 성공가도를 달려갈 수 있었다. 옛 사람들이 선한 일은 아무리 작은 것이라도 결코 게을리 해서는 안 된다고 했던 것도 바로 이런 이유 때문일 것이다.

'차 석 잔'으로 명장이 되다

일본 역사상 가장 이름 높은 장수 중의 한 사람인 이시다 미쓰나리(13세 때 도요토미 히데요시를 만나, 후에 중용되었다. 임진왜란 당시 행주대첩에서 권율 장군에게 대패하고 돌아갔다: 옮긴이)는 이름을 떨치기 전, 간온지觀音寺라는 절에서 일하고 있었다. 하루는 도요토미 히데요시가 이 사찰을 찾아 차를 한잔 달라고 청했다. 이시다 미쓰나리는 친절하게 그를 맞이하며 차를 대접했다. 그런데 그가 처음에는 커다란 잔에 따뜻한 차를 따라 주더니, 두 번째에는 중간 정도 크기의 잔에 조금 뜨거운 차를 따라 주는 것이었다. 의아하게 생각한 도요토미 히데요시가 또다시 차를 달라고 하니까 이번에는 작은 잔에 뜨거운 차를 내놓았다.

도요토미 히데요시가 왜 차 석 잔의 양과 온도가 모두 다른지를 물었다. 이시다 미쓰나리는 이렇게 설명했다. 처음에 큰 잔에 따뜻한 차를 대접한 것은 목이 마른 듯하여 빨리 마실 수 있도록 적당한 온도에 양을 많이 한 것이고, 두 번째에는 이미 목을 축였으니 차의 향내를 맡을 수 있도록 양을 줄이고 조금 뜨거운 물에 차를 우린 것이며, 세 번째에 뜨거운 차를 작은 잔에 따라준 것은 차를 두 잔이나 마셔 충분히 목을 축였을 것이기에 온전히 차의 향만을 음미할 수 있도록 하기 위해서였다는 것이다.

도요토미 히데요시는 그의 세심한 배려에 크게 감동하여 그 자리에서 그를 자신의 수하로 삼았고, 이시다 미쓰나리는 이를 계기로 명장으로 발돋움할 수 있는 기회를 얻게 되었다.

페리와 이시다의 일화는 '디테일 속에 기회가 숨어 있다'는 교훈을 일깨워준다. 물론 디테일한 부분에 세심한 주의를 기울이기만 하면 누구나 다 이렇게 운명을 뒤바꿀 수 있는 기회를 얻는 것은 아니다. 하지만 그렇게 하지 않는 사람에게 성공의 기회는 영원히 찾아오지 않을 것이다.

6
기계가 멈춰도 돈은 벌 수 있다

고효율은 디테일 속에 있다

〉〉

경영학을 배운 사람이라면 현대의 표준화된 생산관리가 미국의 프레더릭 테일러 교수에 의해 창시되었다는 사실을 알고 있을 것이다. 테일러가 주창한 관리의 가장 큰 특징은 바로 디테일의 표준화다. 다시 말해서, 사람의 모든 동작을 정확하게 산출해서 그 동작이 최대한의 효과를 거둘 수 있는 상태로 표준화시키고, 직원들에게 그 표준에 맞게 행동하도록 하는 것이다. 이 방법은 객관적으로 효율의 극대화를 실현할 수 있다. 그의 이론에서도 디테일이 교육의 기초이자 전제가 된다.

유기적인 도요타 생산방식

도요타자동차는 대표적인 글로벌기업이자 세계에서 가장 큰 수익을 올리는 대기업 가운데 하나다. 도요타는 '도요타 생산방식TPS, Toyota

Production System'이라고 불리는 독특한 생산모델을 가지고 있다. 간단히 말해, 낭비를 막자는 취지에서 구상된 과학적이고 합리적인 생산 방식이다.

낭비를 막는 것은 모든 기업이 효율성과 수익을 증대시키기 위해 반드시 실천해야 하는 일이다. 하지만 이 방면에서 도요타를 따라올 기업은 아무 데도 없다.

도요타는 낭비의 유형을 다음의 7가지로 엄격하게 구분해놓았다.

- 초과생산
- 일손의 낭비
- 운송에서의 낭비
- 가공 자체에서의 낭비
- 재고로 인한 낭비
- 조작에서의 낭비
- 불량품 생산으로 인한 낭비

기업들 가운데 낭비의 유형을 이렇게 세부적으로 구분해놓은 기업이 얼마나 될까? 도요타 에이지는 "모든 제조업체에서 어느 시점에서든 인력의 85%는 일하지 않고 있는 상태일 수 있다"고 했다. 이 역시 디테일을 중시하는 태도에서 나온 말이다. 그는 이 85%의 인력을 이렇게 구분했다.

- 5%의 인력은 일을 하는 건지 아닌지 분간이 안 된다.
- 25%의 인력은 무언가를 기다리고 있다.
- 30%의 인력은 재고를 늘리는 일을 하고 있다.
- 25%의 인력은 효율이 낮은 기준이나 방식에 따라 일하고 있다.

그렇다면 도요타는 그들이 '최대의 적'이라고 부르는 초과생산과 그에 따른 낭비를 줄이기 위해 어떤 노력을 기울였을까? 기업의 관리자들은 대부분 재고를 기존의 절반까지 줄이면 더 이상 줄일 여지가 없다고 생각한다. 하지만 도요타의 목표는 재고가 전혀 없게 만드는 것이다. 이 목표를 실현하기 위해 도요타는 '예방시스템'을 구축했다. 또한 이 시스템을 구축하기 위해 디테일한 부분에 각별한 노력을 기울였다.

예컨대, 도요타는 각 공정마다 부품을 5개씩만 만들도록 규정하고 있다. 현재 공정에서 부품이 3개만 남게 되면 바로 앞 라인의 공정이 자동으로 시작된다. 그리고 현재 공정에서 5개의 부품이 다 만들어지면 곧이어 앞 라인에서도 5개의 부품이 완성되고 그 즉시 가동을 멈춘다. 필요한 만큼만 생산하는 것이다. 이렇게 전체 공정이 유기적으로 연결되어 최종 공정에서 정해진 수량만큼의 제품이 완성되면 이전 공정들이 차례로 중단된다. 이것이 바로 재고를 막는 '예방시스템'이다.

필요한 경우에는 부품을 한 개씩만 생산하기도 한다. 과도한 생산을 철저히 막으려는 것이다. 하지만 이 '필요한 경우'가 언제인지를 확실히 파악하는 것이 무엇보다도 중요하다. 그래서 나온 개념이 '단위시간'이다.

'단위시간'이란 제품을 제조하는 데 필요한 시간을 말한다. 단위시간은 '하루에 설비를 가동할 수 있는 시간', 즉 '가동시간可動時間 ÷ 1일 필요량'이라는 공식으로 산출된다.

도요타에서는 '가동률可動率'과 '가동률稼動率'을 엄밀하게 구분한다. 가동률稼動率이란 규정된 1일 작업시간 가운데 실제로 기계를 사용하여 제품을 생산해낼 수 있는 시간이 얼마나 되는지를 나타내는 것이다. 1일 작업시간이 8시간인데 기계 한 대당 사용 가능한 시간이 4시간이라면, 이 설비의 가동률稼動率은 50%가 된다. 그에 비해 가동률可動率은 기계를 사용하여 실제로 제품을 생산하는 시간이 얼마나 되는지를 나타낸다. 기계가 아무런 제품도 생산하지 않고 빈 채로 돌아가고 있다면, 아무리 하루 종일 기계를 돌렸더라도 가동률은 0이다. 그래서 도요타는 기계운전율이라는 말 대신 가동률을 사용한다.

가장 이상적인 것은 가동률可動率을 100%로 유지하는 것이다. 이를 위해서는 평소에 설비의 유지보수에 신경 써서 예기치 않은 고장이 생기지 않도록 해야 한다.

승용차를 예로 들어보면, 자신이 사용하고 싶을 때 문제없이 사용할 수 있다면 높은 가동률可動率을 유지한다고 말할 수 있다. 하지만 가동률稼動率은 하루 동안 몇 시간이나 사용하는가의 비율을 말하는 것이므로 100%로 유지하는 것이 그리 바람직한 것은 아니다. 특별한 일도 없이 하루 종일 자동차를 타고 다닌다면 가동률은 100%가 되겠지만 쓸데없이 연료만 낭비하는 셈이고 고장이 발생할 가능성도 커진다.

자동차의 생산량은 매달의 매출상황에 따라 달라지기 때문에 가동률稼動率도 계속 변하게 된다. 매출이 부진하면 가동률이 떨어질 것이고, 주문량이 많아 야근이 이어지면 가동률이 100%를 넘어설 수도 있다. 따라서 가동률을 목표로 삼는 것은 바람직하지 못하다.

도요타의 생산공장을 견학한 사람들은, 라인별로 갖춰진 설비는 여느 공장과 다를 바가 없지만 각 공정에서 설비가 돌고 멈추기를 계속하는 것이 큰 차별점이라고 얘기한다. 그래서 어떤 이들은 "기계가 멈춰 있는데도 수익을 낼 수 있습니까?"라는 의문을 제기하기도 한다. 대답은 '그렇다'이다. 기계가 서 있어도 회사는 돈을 번다. 이것은 필요할 때만 기계를 돌려 과도한 생산에서 오는 낭비를 막기 때문에 가능한 일이다. 도요타에서는 재고로 인한 낭비가 거의 없다.

이것이 바로 도요타의 세심함이다. 디테일한 부분을 세심하게 처리하지 않았다면 결코 이런 효과를 낼 수 없었을 것이다. 연간 생산량이 340여 만 대(이것도 경기불황 때문에 축소된 생산량이다)에 1일 생산량이 9000대가 넘는 이 대기업은 셀 수 없이 많은 디테일한 부분과 그에 대한 세심한 노력으로 빚어진 결정체라고 할 수 있다.

행운의 여신은 디테일과 함께 존재한다. 동종 업체 간 승부는 바로 이 디테일에서 판가름 난다.

7
판매왕 조 지라드의 생일 꽃다발

디테일이 판매를 좌우한다

∨

부인, 생신 축하드립니다

영업 분야에 종사하는 사람치고 조 지라드를 모르는 사람은 없을 것이다. 그는 '세계에서 가장 위대한 영업사원'으로 불리는 사람이다. 그의 성공 비결은 무엇일까?

조 지라드는 자동차를 판매할 때에도 상품보다 인품을 중시했다. 그는 자동차 판매에서 성공하려면 무엇보다 사람을 존중하는 마음을 가져야 한다고 생각했고, 이 같은 생각은 그의 모든 행위에서 그대로 표출되었다.

하루는 중년의 부인이 지라드의 매장과 바로 마주보고 있는 포드자동차의 매장에서 나와 지라드의 매장으로 들어왔다. 그녀는 자기 사촌언니가

타는 것과 똑같은 흰색 포드자동차를 사고 싶은데, 포드자동차의 영업사원이 1시간 후에 다시 오라고 해서 시간을 때우기 위해 한번 둘러보려고 온 것이라고 말했다.

"환영합니다. 마음껏 둘러보십시오."

지라드가 환한 미소를 지으며 말하자 부인은 다소 상기된 표정으로 말했다.

"오늘이 저의 55번째 생일이에요. 그래서 자동차를 사서 제 자신에게 생일선물로 주려고 해요."

"부인, 생신 축하드립니다."

지라드는 축하의 말을 하고 나서 자기 옆에 있던 직원의 귀에 대고 뭐라고 속삭였다.

지라드는 부인을 안내해 매장에 있는 차들을 천천히 둘러보면서 이것저것 설명해주었다. 시보레자동차 앞에 멈추어 섰을 때 그는 부인에게 "흰색을 좋아하신다고 하셨죠? 이 차 역시 순백색입니다"라고 말했다. 바로 그때 조금 전 지라드가 귓속말을 했던 직원이 매장 문을 열고 들어왔다. 그의 손에는 커다란 장미 꽃다발이 들려 있었다. 지라드는 꽃다발을 받아들고 그것을 부인에게 건네며 다시 한번 생일을 축하해주었다.

부인은 눈물까지 글썽이며 감격에 겨워 이렇게 말했다.

"정말 감사해요. 오랫동안 누구한테 선물이라는 걸 받아본 적이 없었거든요. 방금 전에 들어갔던 포드 매장에서는 헌 차를 끌고 갔더니 제가 자동차를 살 만한 사람으로 보이지 않았나 봐요. 차를 구경하려고 했더니 잠깐 수금하러 나가봐야 한다고 핑계를 대기에 할 수 없이 여기서 기다리려

고 했던 거예요. 원래 사고 싶었던 건 포드자동차지만, 지금 다시 생각해

보니 꼭 그럴 필요는 없겠네요."

부인은 지라드에게서 흰색 시보레자동차를 구입했다.

지라드가 판매왕으로 등극할 수 있었던 비결은 이 같은 작은 행동들

이었다. 그는 12년간 1만3000여 대의 자동차를 팔았다. 어떤 해에는

무려 1425대의 자동차를 판 적도 있었다. 그는 세계 최고의 세일즈맨

으로 기네스북에도 등재되어 있다. 그의 이런 기록은 자동차 세일즈 업

계에서는 거의 신화처럼 받아들여지고 있다.

아름다운 후지산을 감상하세요

도쿄에 있는 한 무역회사에서 바이어들을 위해 차표를 구매하는 일을 담

당하는 여직원이 있었다. 그녀는 종종 독일 기업의 어떤 이사를 위해서 도

쿄와 오사카를 오가는 기차표를 예매해주곤 했다. 얼마간의 기간이 지난

후 그 바이어는 흥미로운 사실 한 가지를 발견하게 되었다. 오사카로 갈

때에는 그의 좌석이 언제나 기차의 우측 창가 쪽이고, 다시 도쿄로 돌아올

때에는 언제나 좌측 창가 쪽이었던 것이다. 궁금해하던 이사가 그 연유를

묻자 여직원은 웃으며 이렇게 대답했다.

"오사카로 갈 때에는 후지산이 오른쪽에 있고 도쿄로 돌아올 때에는 후

지산이 왼쪽에 있기 때문이에요. 갈 때나 돌아올 때나 아름다운 후지산의

경치를 감상하시라고 제가 일부러 방향이 다른 좌석을 예매해드린 것입

니다."

세심한 배려에 크게 감동한 이사는 이 회사와의 무역 거래액을 4만 마르크에서 1200만 마르크로 늘렸다. 직원들이 이렇게 작은 일까지 세심하게 신경 쓰는 회사라면 완전히 믿을 수 있다고 생각했던 것이다.

반면에, 디테일을 너무 고지식하게 적용하여 역효과를 보는 경우도 없지 않다.

한번은 중국인 승객이 지난濟南에서 베이징으로 모 항공사의 여객기를 타고 가게 되었다. 목이 말랐던 그는 스튜어디스에게 물을 달라고 부탁했다. 연거푸 두 잔을 마시고 난 그가 또다시 물 한 잔을 가져다달라고 말했다. 갈증이 너무 심했기 때문이다. 하지만 스튜어디스에게서 돌아온 대답은 너무나도 매정한 것이었다.

"단거리 항로라서 충분한 물을 싣고 있지 않습니다. 남은 물은 다시 상하이로 갈 때 사용해야 하거든요."

다시 돌아갈 것까지 염두에 둔 스튜어디스의 세심한 '배려' 탓에 더 이상 물을 마시지 못한 그 승객은 두 번 다시 그 항공사의 비행기를 타지 않겠노라 결심했다.

다음은 세계적인 유명 기업들이 디테일한 부분에 세심한 노력을 기울이고 있는 실제 사례들이다.

- 델 컴퓨터는 CMMCapability Maturity Model, 즉 소프트웨어 품질평가 기준을 수립하면서 소프트웨어 개발을 18개 과정으로 분리하여 52개의 목표와 300여 개의 실천규범을 정해놓고, 각 과정과 규범의 실행단계를 구체적으로 기술해놓았다.

- 맥도날드에서는 모양이 찌그러지거나 가지런히 잘리지 않은 빵은 사용하지 않으며, 버터가 납품될 때에는 온도가 반드시 4℃ 이하여야 하고 이보다 온도가 높은 버터는 반품한다. 햄버거에 들어가는 작은 고기도 무려 40여 가지의 품질검사를 거쳐 생산되고, 야채는 냉장고에서 꺼내면 반드시 2시간 내에 음식으로 만들어져야 한다. 2시간이 넘으면 바로 폐기된다. 생산과정을 모두 표준화해놓았기 때문에 제품을 보온고에 넣을 때에는 제품이 만들어진 시간이 적힌 푯말을 옆에 세워놓는다. 감자튀김과 햄버거는 각각 만들어진 지 7분과 19분이 지나면 아낌없이 폐기된다. 560페이지에 달하는 맥도날드의 작업매뉴얼에는 고기를 굽는 하나의 과정에 대한 설명만도 20페이지가 넘게 기술되어 있다.

- 하이얼의 생산라인에서는 10개의 주요 공정에 걸쳐 품질관리대를 설치해놓고 생산되는 모든 제품에 대해 155개 항목에 걸친 품질검사를 실시하고 있으며, 제품의 생산부터 출고에 이르는 전 과정을 세밀하게 문서화시켰다.

3

파산하는 업종은 없다.
파산하는 기업이 있을 뿐!

사활을 결정짓는 디테일의 차이

1
지하철 2호선과
1호선의 차이

︾

한번은 독일에서 오랜만에 귀국한 친구를 만나 독일 생활과 독일인에 대한 이런저런 이야기를 듣게 되었다. 친구는 독일인들의 성격이 매우 엄격하고 꼼꼼하여 무슨 일을 하든 아주 작은 부분까지 세심하게 신경을 쓴다고 하면서 놀라운 사실 하나를 알려주었다. 현재 독일의 고속도로 중에는 히틀러 시대에 건설된 것도 있다는 것이었다.

내가 자주 인용하는 말이 하나 있다.

"디테일한 부분에 대한 관리의 수준은 인프라 시설의 관리에서 더욱 잘 드러난다. 각 부분의 설계에서부터 수리, 보수 그리고 일상적인 관리에 이르기까지 세심함이 절대적으로 요구되기 때문이다."

상하이에서 지하철을 타본 사람이라면 누구나 상하이지하철 2호선에 얽힌 이야기를 들어보았을 것이다. 먼저 건설된 상하이지하철 1호선은 독일인이 설계했다. 하지만 사람들은 1호선 설계에 뭔가 특별함이 있을 거라고는 생각하지 못했다. 중국인의 설계로 건설된 2호선이 개통되기 전까지는 말이다.

2호선이 개통되고 나자 사람들은 그제야 1호선이 얼마나 세심하고 견고하게 설계되었는지 확연히 깨달을 수 있었다. 2호선에는 1호선 설계에서 세심하게 고려되었던 부분이 너무도 많이 빠져 있었기 때문이다. 설계상의 차이는 결과적으로 경영상의 차이로 나타났다. 2호선의 운영비용이 1호선보다 훨씬 높아졌던 것이다. 결국 2호선은 해마다 적자에 시달리고 있다.

빗물을 막아주는 3단 계단

상하이는 화둥華東지역에 속해 있고 지면과 해수면의 고도 차이가 크지 않아서 해마다 여름만 되면 건물마다 빗물로 인한 침수 피해를 당해왔다. 상하이지하철 1호선을 설계한 독일인 건축가는 이 점을 감안하여 모든 역의 출구에 3단으로 된 계단을 설치했다. 지하철역 안으로 들어가려면 반드시 이 계단을 올라갔다가 다시 내려가야 하는 것이다. 이 3단 계단은 비가 오는 날 지하철역으로 빗물이 흘러들어가지 못하게 막는 일종의 둑이었다.

매우 간단한 것 같지만, 이 계단 덕분에 1호선 내부의 홍수방지 시설은 지금까지 단 한 번도 사용할 일이 없었다고 한다. 반면에 이 같은 계단이 설치되어 있지 않은 2호선은 큰비가 와서 지하철이 침수되는 바람에 막대한 경제적 손실을 입었다.

운영비를 절약해주는 절전 출입구

독일인 건축가는 지형과 지세에 따라 모든 역의 출입구를 꺾어지는 형태로 설계했다. 출입구의 통로가 꺾여 있으면 사람들이 드나들기에 불편하고 괜히 공사비용만 늘어나는 것이 아닌가 하고 생각할 수도 있다. 하지만 2호선이 개통된 후에 사람들은 출입구가 꺾이는 형태로 설계한 건축가의 배려를 실감할 수 있었다.

사실 이유는 간단했다. 집에 창문을 열어둔 채로 에어컨을 틀면 어떨까? 매달 비싼 전기요금에 울상을 짓게 될 것이다. 설계사는 바로 전력을 아끼기 위해 출입구를 꺾인 형태로 설계했던 것이다. 실제로 운영비용이 크게 절감되는 효과를 볼 수 있었다.

인간 중심의 승강장

지하철을 이용해본 사람이라면 누구나 지하철이 역내로 진입할 때 선로 쪽에 가까이 있는 것이 얼마나 위험한지를 잘 알 것이다. 실제로 베이징과 광저우의 지하철역에서 승객이 선로 위로 떨어지는 사고가 발생하기도 했다.

독일인 건축가는 이 점을 고려하여 승강장의 바깥쪽 50센티미터 지점에 금속 바닥재를 깔고 검은 대리석 블록을 일렬로 깔아 안전선을 표시해 놓았다. 선로에 가까이 다가가지 말라는 경고의 의미다. '인간 중심적인 설계'의 본보기라고 할 수 있다. 그에 비해 2호선에는 안전선 표시가 되어 있지 않을뿐더러 바닥이 모두 타일로 되어 있어 지하철공사에서 따로 인력을 배치하여 승객들이 선로에 가까이 다가가지 못하도록 주의를 주고 있다.

1호선과 2호선은 쾌적성에서도 큰 차이가 난다. 1호선은 승강장이 넓어 지하철을 타고 내릴 때 불편함이 없지만, 2호선으로 갈아타면 승강장이 너무 좁아 불편할 때가 한두 번이 아니다. 특히나 출퇴근 시간에 지하철을 타면 사람들과 어깨를 부딪히고 이리저리 밀리고 마치 전쟁터를 방불케 한다.

스크린도어는 왜?

독일인 건축가는 1호선을 설계하면서 승객들이 선로로 떨어지는 것을 방지하고 승강장의 냉방전력을 절약하기 위해 승강장과 선로 사이에 스크린도어를 설치했다. 하지만 중국 측 시공업체는 비용을 아낀다는 이유로 이 문을 설치하지 않았다. 그들은 독일인 건축가가 왜 이 문을 설계했는지 전혀 짐작도 못한 것 같다.

그렇다면 중국인 건축가가 독일인 건축가보다 똑똑하지 못해서 그랬을까? 그렇지는 않을 것이다. 단지 일에 대한 진지하고 세심한 태도가 부족했기 때문이다. 이탈리아나 프랑스인은 낭만적이고, 미국인은 자유분방한 데 비해 독일인은 지나치게 각박하다 싶을 정도로 진지하고 세심하다고 한다. 하지만 그런 진지함과 치밀함이 있기에 독일이 제2차 세계대전의 패전국에서 단기간에 세계 강대국으로 발돋움할 수 있었던 것이다.

중국인들에게 지혜나 재능이 부족한 것이 아니다. 다만 '세심함'에 대한 집착이 부족할 뿐이다. 중국의 도시계획과 건설에서 미흡한 점이 얼마나 많았는지 생각해보라. 도로 한가운데가 움푹 꺼지거나 아스팔트가 벗겨져 나갔는데도 보수되지 않은 곳이 얼마나 있는지, 또 도시를 설계할 때 장애인들을 얼마나 배려했는지, 새로 지어진 고가도로가 밀려드는 통행량을 감당하지 못해 완공하자마자 다시 확충한 것이 도대체 몇 번이었는지, 그리고 우뚝 솟은 빌딩숲에서 창의적이고 개성 있는 건물을 얼마나 찾을 수 있는지 말이다.

> 성실하게 하면 일을 완수할 수 있을 뿐이다. 세심하게 해야 비로소 일을 잘 해낼 수 있다.
>
> —리쑤리李素麗*

---

* 베이징 버스 매표원. 꾸준한 선행과 성실한 근무태도를 인정받아 '전국모범근로자'로 선발됨: 옮긴이

2
룽화지가 KFC에 밀린 이유

하루는 고양이 한 마리가 숲에 놀러 나왔다가 밀림의 왕인 호랑이를 만났다. 호랑이가 한마디 호령을 하면 모든 동물들이 굽실거리며 시키는 대로 하는 모습을 보자, 고양이는 호랑이의 늠름함과 당당함이 너무도 부러웠다. 그런데 목을 축이려고 연못에 갔던 고양이는 새삼 물에 비친 자기 모습이 호랑이와 많이 닮았다는 사실을 깨달았다. 고양이는 곧 호랑이를 따라 하기로 마음먹고 기회가 오기를 기다렸다.

이윽고 그런 날이 찾아왔다. 호랑이가 사냥을 나가 숲을 비우자 고양이는 그 틈을 이용해 숲속 동물들을 모두 불러 모아놓고 자신이 이제부터 숲의 왕이라고 떠벌렸다. 다람쥐와 황새, 살쾡이, 족제비가 자신을 따르자 고양이는 어깨가 으쓱해졌다. 고양이는 그들을 데리고 이곳저곳을 다니며 동물들에게 지시하기도 하고 먹을 것을 대령하라고 큰소리를 치면서 자신이 정말 숲속의 왕인 양 행세했다.

그런데 갑자기 늑대 한 마리가 고양이 앞에 나타났다. 고양이는 갑자기 온몸의 털이 쭈뼛 섬과 동시에 땅바닥에 바짝 엎드려 작은 소리로 야옹야옹 울기만 했다. 이때 어디선가 호랑이의 포효가 들렸다. 늑대는 바로 꼬리를 내리고 줄행랑을 쳤다.

호랑이는 땅에 머리를 파묻고 벌벌 떨고 있는 고양이에게 다가와 머리를 톡톡 치면서 이렇게 말했다.

"네 머리에 '왕王'자 무늬가 있는지 잘 살펴봐라. 고양이는 단지 고양이일 뿐이다. 호랑이라고 아무리 우겨도 단번에 호랑이가 될 수는 없지. 우리 호랑이들도 아주 오랜 옛날에는 고양이였다. 하지만 우리는 대대로 피나는 노력을 거듭해서 마침내 밀림의 제왕이 되었던 거란다."

이 우화는 무슨 일을 하든 행동으로 보여야지 말로만 떠든다고 해서 이루어지는 것이 아니라는 가르침을 전해준다. 나는 이 우화를 읽고 예전에 룽화지榮華鷄가 KFC를 따라 하던 때를 떠올렸다.

KFC가 가는 곳이면 룽화지도 간다!

KFC는 미국의 유명한 패스트푸드 체인이다. KFC는 지난 1987년 중국에 1호점을 개설한 후로 눈부신 성장을 거듭하여 1996년부터 2000년까지 단 4년 동안 무려 300개의 체인점을 새로 냈다.

중국의 패스트푸드 시장에 진출한 KFC와 맥도날드는 확실한 개성과 깨끗한 환경, 정해진 기준에 따라 만든 제품, 그리고 친절한 서비스

등으로 중국인들을 단단히 매료시켰다. 특히 청소년들 사이에서 큰 인기를 끌면서 체인점마다 사람들의 발길이 끊이지 않았다.

KFC와 맥도날드의 성공은 중국의 요식업계에 큰 바람을 몰고 왔다. 중국의 식품업체들도 덩달아 패스트푸드 체인점을 설립하여 KFC와 맥도날드의 아성에 도전장을 내밀었다.

상하이의 '룽화지' 역시 그중 하나였다. 1990년대 초 KFC가 상하이에 진출하자 상하이의 신야新亞그룹도 별도의 룽화지 패스트푸드점을 차려 KFC의 공세에 대항했다. 룽화지의 사장이 KFC를 직접 견학하고 나서 손수 양념을 만들어 새로운 프라이드치킨을 선보이기도 했다. 이것이 룽화지의 첫 번째 상품이었다. 이 상품은 중국인들이 좋아하는 음식을 곁들인 것이 특징이었다.

룽화지 패스트푸드점은 1991년 12월 28일에 설립되어 중국인의 입에 맞는 맛과 KFC보다 싼 가격으로 소비자들로부터 호평을 받았다. 설립한 첫해와 이듬해에는 1일 매출액이 최고 11만9000위안을 기록하고 월평균 매출액이 150만 위안에 달할 정도로 호황을 누렸다. 2년간 누적매출액이 1500만 위안이었고 직원 수도 300명으로 늘어났다. 뿐만 아니라 베이징과 톈진, 선전 등 전국 24개 도시에도 룽화지 체인점이 생기고, 싱가포르와 체코 등 외국업체들까지 수입협상을 요청해왔다. 룽화지는 1994년 베이징에 1호 체인점을 개설하면서 "KFC가 가는 곳이면 룽화지도 간다!"라며 목청을 높이기도 했다.

좁혀지지 않는 KFC와의 격차

룽화지가 KFC에 과감하게 선전포고를 하자 순식간에 룽화지의 매출액이 껑충 뛰었다. 가장 큰 덕을 본 곳은 상하이에 있는 룽화지 황푸黃浦점이었다. 그해 황푸점은 무려 300만 위안이 넘는 수익을 거두었다. 북으로는 헤이룽장黑龍江성에서 남으로는 장시江西성에 이르기까지 붉은 바탕에 흰 글씨가 쓰인 룽화지의 간판이 마치 깃발처럼 휘날렸다. 일부 지역에서는 룽화지의 매출액이 외국 패스트푸드점의 매출액을 넘어서기도 했다. 룽화지의 성공은 그야말로 중국 요식업계 전체의 어깨를 으쓱하게 만들었다.

그런데 어찌 된 일인지 시간이 갈수록 KFC와 룽화지의 격차가 벌어지기 시작했다. 급기야 2000년에는 베이징 안딩먼安定門에 있던 룽화지 매장이 문을 닫으면서 베이징에서의 사업이 6년 만에 종지부를 찍고 말았다. 룽화지의 참담한 패배로 끝나는 순간이었다.

하지만 같은 기간 동안 KFC의 경영은 룽화지와 너무도 대조를 이루었다. 룽화지가 베이징에서 철수하던 2000년, KFC는 중국에서 23개 도시에 모두 85개 체인점을 새로 개설했고, 마침내 체인점 수가 100개를 돌파했음을 정식으로 선포했다. 2000년 4월, 홍콩의 시사 주간지「야저우저우칸 亞洲週刊」은 세계적인 리서치업체 AC닐슨의 조사보고서를 인용하여 KFC가 국제적 브랜드 가운데 1위를 차지했다고 보도했다. 2001년 KFC는 중국에서만 40억 위안에 가까운 매출을 올렸다. 전체 매출액은 220억 위안으로, 전 세계 외식업체 가운데 1위를 차지했다.

'토종닭'이 '서양닭'에 꼼짝 못하는 진짜 이유는?

경쟁이 날로 치열해지는 외식시장에서 서양의 패스트푸드점과 겨루어 보려는 기업이 어찌 룽화지 하나뿐이었을까. 룽화지에 이어 홍가오량紅高粱이 맥도날드의 아성에 도전하여 선풍을 일으켰지만 10개월 만에 사그라졌고, 그 후에 마란라몐馬蘭拉面도 한때 큰 인기를 끌었다. 서양식 패스트푸드점이 중국에 들어와 중국식 패스트푸드점들과 끊임없는 경합을 벌였다는 얘기다. 하지만 결론적으로 말해서 중국업체가 외국업체의 지위를 흔들 만큼 심각한 타격을 주었던 적은 한 번도 없었다.

중국은 수천 년의 음식문화를 갖고 있으며 세계 어느 곳에 내놓아도 부끄럽지 않을 정도로 다양하고 풍부한 요리를 자랑해왔다. 그 가운데 만두, 국수 등 패스트푸드라고 할 수 있는 음식만 해도 한두 가지가 아니다. 이 또한 수백 년의 역사를 가지고 있다. 프라이드치킨도 마찬가지다. 중국에서 닭을 재료로 한 음식은 그 종류가 셀 수 없을 정도로 많다. 당연히 외국의 닭요리보다 중국인의 입맛에 더 잘 맞는다. 그런데도 왜 '토종닭'이 '서양닭'과의 싸움에서 번번이 지기만 하는 것일까?

룽화지가 KFC와의 경합에서 패배한 원인을 두고 여러 가지 해석과 견해가 제시되었지만, 나는 룽화지를 포함한 중국의 패스트푸드점들이 외국업체를 이기지 못하는 것 역시 디테일한 부분에서 뒤지기 때문이라고 생각한다.

우선 상하이 신야그룹이 자체적으로 분석한 룽화지의 패배 요인을 살펴보자.

룽화지가 실패한 후 룽화지를 설립했던 신야그룹의 경영진은 경영 방식과 경쟁력 등에 대해 깊이 반성하고 나름대로 패배의 원인을 분석했다. 그리고 그들은 기업 간의 경쟁에서 제품은 단지 전제조건일 뿐이며, 실제로는 그 제품을 다루는 관리기술에서 승패가 결정된다는 사실을 깨닫게 되었다. KFC의 진정한 경쟁력은 제품을 둘러싼 엄격한 관리제도에 있었던 것이다.

일찍이 KFC가 세계적으로 펼친 'CHAMPS'라는 1등 전략은 다음과 같다.

C Cleanliness 깔끔하고 깨끗한 환경 유지
H Hospitality 진실하고 친절한 응대
A Accuracy 정확한 공급
M Maintenance 우수한 설비 유지
P Product Quality 양질의 안정적인 제품 공급
S Speed 신속한 서비스 제공

매우 상세하고 구체적인 내용을 담은 이 'CHAMPS' 전략은 세계 어느 곳의 KFC 매장에서도 통일적으로 적용되고 있으며, 이를 바탕으로 우수한 서비스를 보장하고 있다.

KFC는 원료 입고와 제품 생산, 서비스에 이르기까지 모든 과정에서 엄격한 품질기준을 적용하고 이를 철저히 실천했다. 배송시스템의 효율과 품질, 양념의 배합비율, 야채와 육류의 써는 순서와 크기, 조리 시

간 그리고 청소 순서와 과정을 일일이 규범화하고 계량화했으며 고객의 주문과 교환 요구. 결제, 고객 배웅, 그리고 돌발 상황이 발생했을 때의 대처 요령 등에 대해서도 구체적인 규정을 마련하고 주기적으로 평가했다. 직원들의 정확한 서비스를 위해 KFC는 매장의 모든 사원과 매니저, 본사의 관리사원들에게 엄격한 교육을 실시했다. 예를 들어, 신입사원들은 필히 1인당 평균 200시간의 '신입사원교육'을 받아야 하고, 가맹점의 매니저들도 20주의 교육을 이수해야 한다. 또한 매장의 매니저들은 관리수칙이 담긴 매뉴얼을 보고 숙지해야 하는 것은 물론, 본사에서 실시하는 고급교육까지 받아야 한다.

현대사회는 패스트푸드점에 공장화와 규모화, 표준화 그리고 선진화된 관리를 통한 프랜차이즈 시스템을 요구했다. 바로 KFC가 이런 요구에 부응하여 탄생한 산물이었다.

그에 반해 룽화지와 다른 패스트푸드점들은 이 같은 요구에 부응하지 못했다. 그들이 제공하는 음식은 계량화된 규정이 아닌 조리사의 감에 따라 만들어졌다. 통일된 기준이 마련되지 않았으므로 자연 음식의 질도 일률적이지 않았다. 예를 들어, KFC에서 사용하는 닭은 모두 부화한 지 7주가 된 것들이다. 부화한 지 8주가 된 닭이 살은 제일 통통하지만 육질은 떨어지기 때문이다. 하지만 룽화지 등은 이 점을 고려하지 않았다. 설사 고려했더라도 그렇게 엄밀하게 적용하지 못했을 것이다. 표준화되어 있지 않으므로 위생상태와 서비스의 질이 보장될 수 없는 것도 문제였다. 일례로 룽화지의 사원들은 고객들이 보는 앞에서 파리채로 파리를 잡기도 하고, 볶음밥과 프라이드치킨도 뚜껑을 덮지 않은 채 그대로 진열대에 쌓아놓고 팔았다. 이것이 바로 룽화지가 KFC를 따라잡을 수 없었던 이유다.

제품의 품질과 구성만으로는 경쟁력을 판단할 수 없다. 경쟁력을 결정짓는 데 관리라는 요소가 중대하게 작용하기 때문이다. 또한 관리 부문의 경쟁력은 디테일한 부분에서 그대로 나타난다. KFC는 이 디테일한 부분을 표준화시킴으로써 언제나 동일한 고품질의 제품과 서비스를 보장할 수 있었다.

룽화지는 토종 패스트푸드점이라는 점에서 소비자들의 애국심을 자극하여 일시적인 성공을 구가할 수는 있었지만, 이것만으로는 지속적인 성공을 약속받을 수 없었다. 디테일한 부분에 대한 과학적이고 세심한 배려가 반드시 뒤따라주어야 했던 것이다.

1997년, 선양페이룽潘陽飛龍건강제품주식회사의 장웨이姜偉사장은 2년 동안 두문불출하며 심층 연구한 끝에『경영자의 20가지 실수』라는 책을 출간했다. 그는 이 책에서 경영자의 가장 큰 실수로 '관리규정이 구체적이지 않은 것'을 들었다. 장웨이는 "규정을 만드는 것은 단지 첫발을 내딛는 것을 의미할 뿐이다. 그 후에 반드시 수반되어야 할 두 가지가 있다. 하나는 그 규정을 집행할 수 있는 세부적인 규칙이고, 또 다른 하나는 집행상황을 점검할 수 있는 세부적인 규칙이다"라고 주장하면서 자신의 경험에서 우러나온 교훈을 전했다.

3

월마트의 성공과 케이마트의 파산

세계 최대의 기업 월마트의 성공

세계 최고의 부자는 누구일까? 빌 게이츠라고 생각하는 사람들이 많겠
지만 그렇지 않다. 세계 최고의 부자는 바로 롭슨 월튼이다(2005년 3월
「포브스」가 발표한 '올해의 세계 부호 명단'에서 월튼가 사람들은 10~14위를 모두 차지했
다: 옮긴이). 세계 500대 기업 가운데 1위는 어떤 기업일까? 대부분 MS나
GM, 또는 GE, IBM 등을 떠올리겠지만 역시 모두 아니다. 1위는 바로
샘 월튼이 창업한 월마트다.

　월마트는 미국에서 소매점들이 우후죽순처럼 생겨나던 1960년대,
미국 아칸소주의 벤턴빌이라는 작은 마을에서 시작하여 40여 년간 치
열한 경쟁을 거친 끝에 현재는 세계 각국에 4000개가 넘는 매장을 거느
리고 해마다 2400억 달러의 매출을 올리는 세계 최대의 기업으로 성장

했다. 월마트의 이러한 성공은 경제계에서 거의 신화로 받아들여지고
있다.

월마트는 몇십 년간 고도의 성장률을 기록하며 사세를 확장해나갔
다. 세계적으로 경기가 불황일 때에도 월마트는 여전히 성장의 발걸음
을 멈추지 않았고, 중국에서만 2005년까지 매장을 100개로 늘린다는
계획을 세워놓고 있다. 이런 월마트의 성공 이면에는 역시 디테일한 부
분에 세심하게 신경을 썼던 노력이 있었다.

1) 작은 마을에서 올린 개가

창업 초기에 월마트는 인구가 5000명 이상인 지역에는 매장을 열지
않았다. 작은 마을의 상권을 확실히 장악하겠다는 전략이었다. 월마트
의 창업자인 샘 월튼은 "우리는 창고와 최대한 가까운 곳에 매장을 세
운 다음, 지도에 색칠을 해가듯 주변에 있는 작은 마을들의 상권을 장
악해갔다"고 말했다. 월마트가 도시로 진출하기 시작한 것은 1980년대
말부터 1990년대 초에 이르러서였다.

2) 고객제일주의

한 고객이 월마트 매장에서 믹서를 샀는데, 몇 번 쓰지도 않아 고장
이 났다. 고객이 기계와 영수증을 들고 월마트로 찾아가자 월마트 직원
은 곧 믹서를 새것으로 교환해준 것은 물론, 그동안 믹서의 가격이 내
렸다며 5달러를 거슬러 주기까지 했다.

3) 경쟁자에게서 배우다

월마트는 경쟁업체가 목재 진열대를 금속 진열대로 교체하자 그보다 더 깔끔한 모양의 금속 진열대를 제작해서 미국 전역의 모든 매장에 설치했으며, 샘 월튼은 다른 경쟁업체가 셀프서비스식 판매를 시작하자 그날 밤 곧장 장거리버스를 타고 가서 그 업체의 매장을 직접 둘러본 후에 미국에서 세 번째로 셀프판매점을 개설했다.

4) 디테일한 요구에 귀 기울이다

월마트는 모든 데이터를 상세하게 기록하고 통신위성을 이용하여 모든 고객에게 서비스를 제공한다. 세계 4000여 곳의 월마트 매장에는 모두 위성송수신기가 설치되어 있어 모든 고객의 나이와 주소, 우편번호, 구매 브랜드, 수량, 규격, 총구매액 등의 데이터를 자세하게 기록, 기업의 정보분석시스템으로 전송한다. 월마트의 정보네트워크시스템은 고객관리, 배송센터관리, 재무관리, 제품관리, 직원서비스관리 등을 포괄하고 있다.

샘 월튼은 "모든 제품의 입고와 판매에 관한 재무기록과 분석자료를 볼 수 없다면 그것은 경영이라고 할 수 없다"고 말했다.

5) 운영비용 절감

• 커피 1잔도 공짜는 없다

월마트 직원들은 커피를 마실 때마다 옆에 비치된 저금통에 10센트씩을 넣어야 한다. 구두쇠 같은 방법이라고 비웃는 사람들도 있겠지만,

이것이 바로 월마트라는 사실을 명심해야 한다.

• 종이를 황금처럼

하루는 월마트의 샘 월튼 회장이 매장을 순시하다가 한 직원이 고객에게 상품을 포장해주면서 자르고 남은 반 장짜리 포장지를 버리는 것을 보았다. 그러자 샘 월튼은 미소를 지으며 이렇게 말했다.

"자네가 방금 판매한 제품은 팔아봐야 반 장짜리 포장지 정도의 마진도 남지 않는 것이라네."

- 월마트에서는 모두 이면지를 사용한다.
- 중요한 서류가 아닌 경우에는 출력도 이면지로 한다.
- 업무기록도 모두 이면지를 쓴다.
- 회장이든 이사든 바쁠 때는 모두 매장종업원이 된다.

미국인들은 주중에는 다들 바쁘기 때문에 대부분 주말이나 공휴일에 쇼핑을 한다. 이 때문에 주말이나 공휴일이 되면 월마트는 물건을 사러 나온 사람들로 발 디딜 틈이 없다. 그럴 때는 총지배인이든 재무이사든, 인사관리담당자든 직책과 담당업무에 관계없이 모두 매장으로 나와 물건값을 계산하거나 물건을 진열하고 정문에서 고객들을 맞이한다.

• 고객의 돈을 절약해준다

미국은 물론 세계 그 어느 나라에서도 월마트의 대형 광고를 볼 수

있다. 하지만 월마트가 한 해 동안 광고에 투자하는 비용은 그해 총매
출액의 0.4%에 불과하다. 경쟁업체인 케이마트의 광고비용이 매출액
의 10.6%에 달하는 것과는 아주 대조적인 모습이다. 월마트의 광고에
등장하는 모델들은 대부분 자사의 직원이거나 직원의 자녀들이다. 유
명모델을 기용하는 데 거액의 광고비를 쏟아붓지 않는 것이다.

  그렇다면 그렇게 해서 남는 돈은 어디로 가는 걸까? 월마트의 판매단
가가 케이마트보다 평균 3.8% 낮다는 사실로 대답을 대신할 수 있지 않
을까? 고객의 돈을 절약해주면 고객들이 찾아오는 것은 당연한 이치다.

· '거드름'을 피우지 않는다

  세계적인 기업의 직원들은 흔히 출장 중에 특급호텔을 사용하고 고
급 자동차를 타는 것을 관행처럼 받아들인다. 하지만 이 관행이 월마트
에서는 적용되지 않는다.

· 샘 월튼은 출장 중에 동행한 직원과 방을 함께 쓴다.
· 2001년, 중국에서 월마트 연례회의가 열렸을 때 세계 각국의 매장
  에서 온 고위 경영진들은 모두 초대소招待所(기업이나 학교 등에서 자체
  적으로 손님들에게 숙소를 제공하기 위해 마련한 숙박시설. 대체로 우리나라의 모델
  보다 시설이 열악하다: 옮긴이)에서 묵었다.
· 미국 본사의 전문가들이 중국 매장 설립을 위해 파견되었을 때에
  도 중급호텔에서 묵었고 개장 다음 날 바로 귀국했다.

이렇게 비용을 절약하는 이유가 무엇일까? 샘 월튼은 이것이 모두 "고객의 돈을 아껴주기 위한 것"이라고 말했다.

6) 전 세계 제품의 품질과 가격을 직접 감독한다

월마트는 2002년에 세계 500대 기업 가운데 1위를 차지한 후에도 여전히 구매원가를 줄이고 구매제품의 품질을 유지하기 위해 전력을 다했다. 외부에 위탁구매하던 방식을 폐지하고 자사에 구매전담팀을 만들어 수백 명의 직원을 고용, 직접 남미와 중국에서 제품을 사들였다. 이 가운데 중국에서의 구매액이 60억 달러에 달한다. 구매전담팀은 전 세계적으로 포진해 있는 21곳의 지사에서 모든 제품의 품질과 구매가격을 관리, 감독하는 일을 맡고 있다.

월마트는 또 향후 5년 안에 다시 구매원가를 20%가량 낮추고 매출 이익을 9% 높인다는 계획도 세워놓고 있다.

7) '서비스'가 생명이다

월마트는 디테일한 부분에 대한 명확한 규정을 가지고 있다. 그중 가장 대표적인 것이 '3가지 기본 원칙'이다. 첫째, '개인의 원칙'을 존중하여 직원 개개인이 항상 최선의 서비스를 제공하기 위해 노력한다. 둘째, '10피트 규칙', 즉 모든 직원이 반드시 고객과 10피트, 즉 약3미터 이내에서 서비스해야 한다. 셋째, '일몰규칙', 즉 직원이나 고객의 그 어떤 요구라도 당일 해가 지기 전에 피드백해야 한다.

8) 각 매장의 동일성과 차별성을 유지한다

월마트의 경영진은 각 매장의 동일성과 차별성을 염두에 두고 디테일한 부분에서의 작은 성공이 회사 전체의 성공으로 이어질 수 있도록 노력한다.

2001년 추수감사절 시즌에 월마트는 컴퓨터와 프린터를 묶음판매하는 이벤트를 내놓았다. 하지만 예상했던 것만큼 고객들의 호응이 따라주지 않았다. 경영진들이 원인 파악을 위해 머리를 싸매던 중, 유독 한 매장에서 이벤트 상품이 높은 매출을 올리고 있다는 사실을 알아냈다. 곧장 해당 매장으로 전화를 걸어 구체적인 상황을 알아보니, 이벤트 홍보행사를 벌이면서 제품의 포장 박스를 뜯어 고객들이 직접 컴퓨터와 프린터를 볼 수 있도록 한 것이 주효했다는 설명이었다. 본사는 곧 모든 매장에 제품의 박스를 뜯어 전시하라고 통보했고, 그 후로 과연 매출량이 가파른 증가세를 보였다.

고객서비스에서 매장관리, 원가절감 등에 이르기까지 각각의 디테일한 부분에 세심하게 신경을 쓴 결과, 월마트는 1988년부터 1993년까지 매출액이 무려 467억 달러나 증가하는 쾌거를 이룩했다. 같은 기간 동안 경쟁 업체인 케이마트의 매출액은 83억 달러 늘어나는 데 그쳤다. 이 수치만으로도 이미 두 기업의 운명은 결정난 것이나 다름없었다.

케이마트K-MART: 업계 1위에서 파산보호기업으로

- 케이마트는 월마트가 창업하기 몇 개월 전인 1962년 3월, 미시간

주의 가든 시티에서 출범했다.

- 1970년, 케이마트는 미국 소매업계 1위로 올라섰다. 당시 매출액이 월마트의 45배였다.
- 1976년, 점포 수가 1000개를 돌파하고 연간매출액이 84억 달러에 달했다.
- 1976년~1990년, 케이마트는 미국의 할인마트 가운데 부동의 1위였다.
- 1988년~1993년, 케이마트는 소매업과 직접 관련이 없는 분야에까지 투자의 손을 뻗쳤다. 매출액은 83억 달러 증가하는 데 그쳤다. 경영이 내리막길로 들어섰다는 조짐이 여기저기서 나타나기 시작했다.
- 2000년, 케이마트는 매출액 359억 달러로 세계 500대 기업 가운데 84위를 차지했다. 그해 월마트의 매출액은 1913억 달러로 세계 500대 기업 가운데 당당히 2위로 올라섰다.
- 2001년, 부채가 102억 달러까지 늘어나고 주가가 폭락하면서 케이마트는 세계 500대 기업에서 밀려나게 되었다.
- 2002년 1월 22일, 미국의 3대 소매기업이었던 케이마트가 파산보호를 신청했다.

1990년은 케이마트 최고의 전성기였다. 바꿔 생각하면, 그때부터 케이마트의 경영은 내리막길을 걷기 시작했다고 할 수 있다. 당시 케이마트에 관해서 널리 알려졌던 일화가 있다.

1990년에 열린 한 내부회의에서 어느 관리가 자기 옆자리에 있던 상사에게 자신의 '실수'를 털어놓으면서 한마디 조언을 구했다. 하지만 그 상사는 뜻밖에도 "나도 잘 모르겠네. 잠시 기다려보게나"라고 말하고는, 또다시 옆에 있던 자신의 상사에게 조언을 부탁했다. 결국 이렇게 해서 이 문제는 한참을 거슬러 올라가 사장에게까지 전해졌다. 처음 조언을 구했던 관리자는 "정말 어처구니없는 일이었다. 사장님에게까지 문제가 전해지는 동안 그 누구도 의견을 내놓지 않았다"라고 당시 상황을 회고했다.

같은 해에 태동한 월마트와 케이마트. 이 두 경쟁업체의 40년에 걸친 경쟁은 결국 월마트의 압도적인 승리로 막을 내렸다.

> 자신의 직업을 사랑한다면 매일 자신이 할 수 있는 가장 완벽한 상태를 추구할 것이고, 머지않아 주변 사람들까지도 그 열정에 감화될 것이다.
> -샘 월튼

월마트와 케이마트의 디테일 차이

내용	월마트	케이마트
설립시기	1962년	1962년
설립장소	아칸소주 벤턴빌	미시간주 가든 시티
점포 수(2003년 기준)	3400개 (미국) 1200개 (해외)	2178개 (미국) 898개 (체인서점)
기업순위	1970년-전혀 알려지지 않은 기업 2002년-미국 소매업계 1위	1970년-미국 소매업계 1위 2002년-미국 소매업계 3위 파산보호신청
지점개설 장소 선정(초기)	지방의 작은 마을	대도시
경영방침 (중기)	제품 관리에 주력하고 소량 거래 실천	다원화, 맹목적인 인수
경영방침(후기)	스스로를 경쟁상대로 삼고 각 부문의 지출 억제	월마트를 경쟁상대로 삼고 대규모 지출 감수
고객서비스	양호	미흡
가격전략	365일 저렴한 가격	월마트와 가격전쟁
품질관리	체계적으로 진행	무질서, 혼란
첨단기술 사용 비용	케이마트보다 2~2.5% 낮음	월마트보다 2~2.5% 높음
해외시장 개척	90년대 중반 중국 시장에 진출 2002년 선전에 세계구매센터 설립	중국 시장에 소홀
자금회수율	36%(1994년)	16.1%(1994년)
일상적인 지출이 총수입에서 차지하는 비중	15.59%(1994년)	21.97%(1994년)
광고비용이 경영비용에서 차지하는 비중	0.4%	10.6%
물류비용이 매출액에서 차지하는 비중	1.3%	3.5%
집중배송률	85%	50~65%
제품공급원	충분	매우 부족
제품 평균판매가격	케이마트보다 3.8% 낮음	월마트보다 3.8% 높음
제품배송차량 관리	직접관리, 효율성 높음	외주
제품입고 간격	평균 1일 1회	평균 5일 1회
대금결제기간	29일	45일

4
미국 자동차를 따돌린
일본 자동차

미국은 '자동차 왕국'이라는 별명을 가지고 있는 나라다. 자동차 보급률이 세계 1위이며 100명당 약 60대의 차량을 보유하고 있다. 총 1억 대가 넘는 차량이 운행 중이며 한 해 동안 1400만 대의 신차가 팔린다. 명실상부한 세계 최대의 자동차 시장이다. 뒤집어 말하면, 세계에서 가장 경쟁이 치열한 시장이기도 하다.

미국의 자동차산업은 1907년 헨리 포드가 T형 자동차와 컨베이어 생산방식을 개발한 후 장기간의 경쟁과 합병을 거치면서 GM, 포드, 크라이슬러의 삼각구도를 형성하게 되었다. 1993년에 이 세 기업의 매출액은 그 합계가 2857억 달러를 넘어섰는데, 이는 그해 중국의 GNP와 맞먹는 규모다.

자동차산업의 발전사에서 미국은 처음으로 컨베이어 생산방식을 이용하여 자동차의 대중화에 기여하고 자동차의 발상지인 유럽을 능가하게 되었다. 1950년대부터 1970년대 초반까지 미국의 자동차산업은 황금기를 구가했다.

하지만 1970년대에 두 차례의 오일쇼크를 겪으면서 상대적으로 연비가 좋은 일본 자동차가 차츰 시장을 잠식하기 시작했다. 1970년대부터 1990년대까지 일본 자동차가 파죽지세로 미국 시장을 공략하자 미국의 자동차 시장은 어마어마한 타격을 입게 되었다. 그동안 탄탄대로를 달리던 GM과 포드, 크라이슬러도 일본 자동차의 공세를 막아내지 못했다. 1978~1982년까지 포드자동차의 연간판매량이 47%나 떨어졌고, 1980년에는 34년 만에 처음으로 적자를 기록했다(게다가 이는 당시까지 기록된, 미국 기업사상 가장 큰 적자였다). 그 후 1980년부터 1982년까지 3년간 포드의 누적적자액은 33억 달러에 달했다. 크라이슬러의 상황 역시 크게 다르지 않았다. 파산 직전까지 몰린 크라이슬러는 반덤핑 제소를 통해 일본에 자동차 수출량 제한을 강요하는 방법으로 겨우 위기를 모면할 수 있었다. 미국은 또 오랫동안 독점해오던 최대 자동차 생산국이라는 지위마저 한때 일본에 빼앗기기도 했다.

일본 자동차의 미국 시장 진출 과정을 이야기할 때에도 역시 디테일한 부분에 대한 일본의 전략을 빼놓을 수 없다.

1980년 7월, 미국의 NBC방송은 황금시간대에 「일본도 가능한데 우리는 왜 불가능한가?」라는 제목의 특집프로그램을 방송했다. 2시간에 달하는 이 프로그램은 미국과 일본의 산업을 구체적으로 비교한 것이었다. 당시 이 프로그램의 진행자는 참담한 어조로 이렇게 말했다.

"일본은 자국에서 거의 원자재를 생산하지 못하고 원료의 95%를 수입에 의존하고 있다. 천연자원이 부족하기 때문이다. 그런데 미국 시장에서 자동차, 가전제품, 카메라는 말할 것도 없고 작은 못 하나를 살 때에도 일본산 제품을 쉽게 찾아볼 수 있다. 제2차 세계대전이 발발하기 전까지만 해도 'Made in Japan'은 품질이 조악한 제품을 가리키는 대명사로 여겨졌다. 하지만 오늘날에는 'Made in Japan'이 우수한 품질을 대표하는 말로 쓰이고 있다.

미국이 '자동차 왕국'이라는 말은 이제 옛말이 되어버렸다. 이미 일본의 자동차 생산량이 미국을 추월했기 때문이다. 일본의 자동차공장에서는 연일 야간작업이 이루어지고 있으며 토요일과 일요일에도 쉬지 않고 공장을 가동하고 있다. 후끈한 생산 열기가 공장을 가득 메우고 있다. 그에 반해 미국의 자동차공장은 어떤가? 가동이 중단된 생산라인이 여기저기 그대로 방치되어 있고 일자리를 잃은 근로자들이 거리를 배회하고 있다. 최근에는 포드자동차가 도요타로부터 하청을 받아 도요타자동차를 조립할 것이라는 소식도 들려오고 있다. 자동차기업의 원조가 일개 조립공장으로 전락하다니, 이 얼마나 황당한 이야기인가!"

(기자의 인터뷰 장면)
"왜 일본 자동차를 타십니까?"
"연료가 절약되기 때문이죠."
"성능이 좋고 디자인이 아름답습니다."
"값도 싸고 성능도 좋아요. 애프터서비스도 잘 되니 안심할 수 있지요."

"미국 차는 연비가 낮아 유지비가 많이 듭니다. 수리하기도 불편해요."

미국 자동차는 더 이상 일본 자동차의 적수가 아니다. 아무리 가격을 내려도 매출이 올라가지 않고 있다. 거꾸로 일본의 소형 스포츠카는 미국 젊은이들이 가장 갖고 싶어 하는 '꿈의 차'가 되었다.

자동차 시장에서 오랫동안 독보적인 지위를 누려왔던 미국의 기업들이 일본의 공세에 힘없이 무너지자, 미국은 일본 자동차의 유입을 저지하기 위해 반덤핑 제소 등 다른 조치를 취할 수밖에 없었다.

일본의 자동차산업은 미국보다 훨씬 늦게 시작되었지만 발전 속도는 가히 기적적이라 할 만했다. 다음의 몇 가지 수치는 그 같은 일본 자동차산업의 발전 모습을 한눈에 보여준다.

- 일본 최대의 자동차기업인 도요타는 1933년 말에 설립되었는데, 그때만 해도 자동 방직기계 제조업체 소속의 일개 사업부에 불과했다.
- 1937년 8월, 도요타자동차사업부가 분리되어 '도요타자동차'라는 독립기업이 되었다.
- 1950년, 사장인 도요타 에이지는 미국의 경험을 배우기 위해 직접 미국의 자동차 도시인 디트로이트로 날아가 포드의 자동차 공장을 견학했다. 당시 포드의 이 공장에서는 매일 7000대의 자동차가 생산되고 있었는데, 이는 도요타자동차의 1년 총생산량보다도 많은 것이었다.

- 1950년대에 일본의 자동차산업 시스템이 완비되었다.
- 1961년, 일본의 자동차 생산량이 이탈리아에 이어 세계 5위 수준으로 올라섰다.
- 1965년, 프랑스를 제치고 세계 4위의 자동차 생산국이 되었다.
- 1966년, 영국을 제치고 세계 3위의 자동차 생산국으로 발돋움했다.
- 1968년, 독일(당시 서독)을 추월하여 세계 2위의 자동차 생산국이 되었다.
- 1980년, 일본의 자동차 생산량이 1104만 대로 사상 처음으로 1000만 대를 돌파하면서 세계 자동차 총생산량의 30% 이상을 차지하게 되었고, 미국을 누르고 명실상부한 세계 최대의 자동차 생산국으로 등극했다.
- 1990년, 일본의 자동차 생산량은 1348만 6800대로 사상 최고 기록을 달성했다.

그렇다면 후발주자였던 일본 자동차가 미국 자동차와 어깨를 나란히 할 정도로 성장할 수 있었던 비결은 무엇일까?

일본 기업의 치밀한 시장조사

1957년, 연간 8만 대의 생산량을 자랑하는 일본 최대의 자동차기업으로 성장한 도요타자동차는 이제 세계 시장으로 눈길을 돌렸다. 도요타

자동차는 몇 명의 경영진을 외국으로 파견하여 진출 지역을 물색했고, 당시 연간 자동차 판매량이 700만 대에 달하던 미국의 자동차 시장에 주목하게 되었다. 미국에서 입지를 탄탄하게 굳힐 수 있다면 무한한 발전이 가능할 것이었다. 미국 시장 진출이라는 원대한 포부가 생기자 도요타 사장은 흥분을 감추지 못했다.

한데 너무 흥분한 나머지 미국 시장에 대한 자세한 조사를 거치지도 않고 성급히 수출을 결정하고 말았다. 당시 도요타의 대미 영업담당 이사였던 가토 세이지는 "자동차를 실은 배가 항구를 떠나는 모습을 바라보며 마음속에 희열과 초조함이 교차됐다"며 처음 미국으로 자동차를 수출하던 때를 회고했다. 미국으로 첫 수출된 도요타의 자동차 '크라운' 2대가 캘리포니아에 도착하자, 현지 매스컴들이 이를 앞다투어 보도하면서 큰 관심을 나타냈다. 신문광고를 보고 도요타자동차를 어디에서 살 수 있는지를 묻는 전화가 쇄도했다.

도요타는 이런 폭발적인 반응에 감격해하면서, 1957년 한 해에 최소 1만 대의 자동차를 판매하고 10년 안에 10만 대의 판매고를 올릴 수 있을 것이라는 기대감에 젖었다. 또한 생산공장에서는 설비 가동에 더욱 박차를 가하여 곧 몰려들 주문 폭주에 대비했다. 거대한 미국 시장이 금세 손에 잡힐 듯 다가오는 것 같았다.

하지만 미국 시장의 폭발적인 관심은 불과 며칠 만에 완전히 사그라들었다. 도요타의 야심작인 '크라운'이 디테일한 부분에 대한 배려에서 미국 차들에 못 미친다는 지적이 이어졌기 때문이다. 차 문이 제대로 닫히지 않았을 때 경고등에 불이 켜진다거나 주유구의 뚜껑이 특수하게 설계되고 앞유리에 속도 조절이 가능한 와이퍼가 부착되어 있는 등 세심함이 돋보이는 구석도 없지 않았지만, 생각지도 못한 작은 부분에서 약점이 노출되기 시작했다. 좁고 구불구불한 캘리포니아의 도로 같은 곳에서는 우수한 성능을 보인 반면 뻥 뚫린 고속도로를 달릴 때에는 시속 80킬로미터만 넘으면 더 이상 속력이 붙지 않았고, 고온이 지속되면 엔진이 심하게 떨리면서 출력이 급격히 떨어졌다. 게다가 경쟁제품인 폭스바겐의 '비틀'에 비해 가격경쟁에서 밀렸다. 당시 비틀의 판매가격은 1600달러였고 크라운의 가격은 그보다 훨씬 비싼 2300달러였다. 결국 도요타를 팔겠다고 나선 판매업체는 고작 5곳에 불과했다.

도요타가 기세등등하게 내디뎠던 미국 진출의 첫걸음은 애초의 기대처럼 그리 가볍지 않았다. 1958년까지 도요타는 미국에서 288대의 자동차를 판매하는 것에 만족해야 했다. 결국 1960년까지 도요타가 미국에 대한 자동차 수출을 중단하기로 결정하면서 도요타의 아메리칸 드림은 그대로 끝나는 것처럼 보였다.

하지만 도요타는 실패를 교훈으로 삼아 미국 시장에 적합한 자동차를 개발한다는 목표를 세우고 조용히 재공략을 준비해나갔다. 미국의 자동차 판매업체와 소비자들이 무엇을 원하는지를 조사하고 실패의 원인을 심도 있게 분석하는 한편, 미국에 진출한 다른 나라의 자동차를 연구하고 단점을 찾아내 자사의 자동차 개발에 참고하고 판매와 서비스 전략을 세워나갔다.

도요타가 얼마나 치밀하게 시장조사를 실시했는지는 다음의 일화에서도 충분히 짐작할 수 있다.

말쑥하게 차려 입은 한 일본인이 미국을 방문했다. 하지만 그는 호텔에 투숙하지 않고 영어를 배우겠다는 핑계로 어느 미국인 가정에서 민박을 했다. 그런데 이상하게도 그 일본인은 영어 공부를 하는 것 외에 미국인 가정의 일상생활을 매일같이 꼼꼼하게 기록하는 것이었다. 무엇을 먹고 어떤 TV 프로그램을 시청하는지 등 아주 사소한 것들까지도 모두 메모했다. 그렇게 3개월 정도가 지나고 일본인은 떠났다.

그로부터 얼마 후 도요타는 미국인 가정에 맞게 설계된 캠핑카를 출시했다. 가격이 저렴한 것은 물론 미국인들의 생활습관에 딱 맞게 만들어져 시장에서 큰 호평을 받았다. 심지어 일본인 디자이너는 미국 남성들, 특히 젊은이들이 종이곽이 아닌 유리병에 담긴 음료를 좋아하는 것을 감안하여 캠핑카 안에 냉장이 가능하고 유리병을 안전하게 담을 수 있는 수납장을 설계해놓기도 했다.

캠핑카를 미국으로 수출하고 나서야 도요타는 미국 가정에 대한 연구보고서를 발표하고, 당시 일본인이 묵었던 민박 가정에 미안함과 함께 감사를 표했다.

이런 세심한 연구를 통해 도요타는 미국 자동차업계의 상황을 여실히 파악할 수 있었고, 드디어 5년 후에는 미국에 적합한 세단인 '코로나'를 새롭게 시장에 내놓았다. 코로나가 바리케이드를 뚫고 날아올라 몇 바퀴 공중회전을 하고 나서 안전하게 착지하여 계속 달리는 모습, 이것은 당시 코로나의 TV 광고 가운데 한 장면이다. 충분한 마력, 견고함, 참신한 디자인, 그리고 여기에 대당 2만 달러 이하의 저렴한 가격이 더

해져 코로나는 미국 시장에 출시되자마자 날개 돋친 듯 팔려나갔다.

1965년에 도요타는 미국 시장에서 3000대 이상의 판매고를 올렸다. 그 후로도 도요타의 미국 시장점유율은 계속 늘어나 10년이 지난 1975년에는 마침내 미국 수입차 시장에서 1위를 차지하게 되었다. 1980년에 도요타의 미국 내 판매량은 5만8000대에 달하여 5년 만에 판매량이 2배로 증가했으며 미국의 자동차 총수입 가운데 25%를 점유하게 되었다. 한편 1999년에는 도요타의 일본 시장 점유율이 38%에서 40%로 상승했으며 동남아 자동차 시장의 21%를 차지하게 되었다. 당시 일본의 자동차업계 2위인 미쓰비시의 2배에 달하는 수치였다.

추격을 불허하는 품질관리

미국의 저명한 시장조사기관인 J. D. Power가 2003년에 총 5만5000명의 자동차 보유자를 대상으로 조사를 실시했다. 응답자들의 자동차 보유기간은 약 3년이었는데, 응답자들이 보유하고 있는 37종의 차종 가운데 평균 100대 당 273건의 품질 문제가 있었다. 그 가운데 품질 문제가 가장 적은 10개 브랜드는 일본 브랜드가 5개, 미국 브랜드 4개 그리고 독일 브랜드 1개였고, 품질이 가장 우수한 3개 브랜드는 도요타의 렉서스와 닛산의 인피니티 그리고 GM의 뷰익이었다. 이 가운데 렉서스는 품질 문제가 평균 100대 당 불과 163건으로 나타나 9년 연속 품질 문제가 가장 적은 차로 선정되었다. 조사 결과에 따르면 미국 3대 자동차기업의 제품도 질적인 면에서 향상되어 볼보, 폭스바겐 등 유럽 자동차들을 능가했지만, 일본 자동차와는 여전히 격차를 보였다. 이제는 미국 자동차의 목표가 일본 자동차를 따라잡는 것이 되었고, 내구성이 약하다는 오명을 벗기 위해 애쓰게 되었다.

정밀한 생산방식

자동차 생산에서 일본 자동차들은 '정밀한 생산방식'을 창조해냈다. 정밀한 생산방식이란 자동차 설계와 개발, 기술, 구매, 생산, 운송, 판매, 애프터서비스에 이르는 모든 단계를 강한 개선의지와 과학적인 방법으로 관리하고 통제하는 방식이다. 단계별로는 물론 각 단계 사이의 연계까지도 모두 정밀한 계산과 계획하에 이루어진다.

일본의 이런 생산방식은 현재 많은 나라에서 벤치마킹하고 있다. 미국인들도 자존심을 버리고 과거 자신들에게 자동차 생산기술을 배워갔던 일본을 찾아가 자동차 공장을 답사한다. GM은 일찍이 1984년에 도요타와 공동으로 회사를 설립하고, 도요타의 생산기술만을 전문적으로 연구하여 1990년에 『세계를 바꾼 기계』라는 제목의 책을 출간하기도 했다. 이 책은 도요타를 세계 노동생산성의 모범으로 평가하고 세계적으로 그 어떤 기업도 도요타의 생산시스템을 따라갈 수 없으며 도요타와 같은 성과를 낼 수도 없다고 단언했다. GM과 포드, 크라이슬러 모두가 도요타의 생산방식 가운데 극히 일부만을 도입했기 때문이라는 것이다. 그나마 혼다가 도요타와 비교해서 가장 흡사한 생산방식을 갖추고 있는 것으로 평가되었다.

겉으로 보기에 도요타의 생산방식은 지극히 간단하다. 그것은 '최대한의 유동성, 낭비 제거, 인간 존중'이라는 그들의 구호로도 쉽게 확인할 수 있다. 한마디로 도요타의 생산체계는 복잡하지 않지만 실행하기는 결코 쉽지 않은 것이다.

미국 켄터키주에 있는 도요타자동차 조립공장의 공장장은 도요타의 생산방식을 '기술, 제도, 철학'이라는 말로 요약했다. 그는 이렇게 말했다.

"공장 곳곳에 긴급상황이 발생했을 때 사용하는 줄이 설치되어 있습니다. 문제가 생겼을 때 누구라도 줄을 잡아당기기만 하면 곧 설비 작동이 멈추도록 되어 있지요. 다섯 살짜리 아이의 힘으로도 충분히 당길 수 있습니다. 하지만 도요타의 공장에서 일하는 근로자들은 이 줄을 잡아당기는 것을 매우 부끄러운 일로 생각합니다. 그래서 모두들 주의를 기울여 세심하게 일하지요. 자연히 생산라인에서 문제가 생기는 일이 별로 없습니다. 이 줄은 단순히 매달려 있는 것만으로도 실제보다 더 큰 잠재효과를 발휘하는 것입니다."

도요타의 생산방식은 사고방식의 차이에서도 드러난다. 예컨대 다른 공장에서는 모든 근로자들이 목표치보다 더 많이 생산하기 위해 노력하고 목표치를 달성하게 되면 이내 긴장이 풀려 분위기가 해이해지기 일쑤다. 그에 반해 도요타에서는 목표치를 초과한 생산을 심각한 낭비로 간주한다. 회사가 정해놓은 절차를 철저히 지켜 일할 때 최적의 수량을 생산할 수 있기 때문이다. 덕분에 도요타의 공장은 언제나 안정된 생산을 유지한다. 도요타에서 근무한 적이 있는 미국 미시간대학 일본기술관리과정의 존 휴커 연구원은 "도요타의 생산방식에 따르자면,

매우 치밀한 계획과 엄격한 규율, 근면한 작업, 그리고 세부적인 부분에 전념하는 자세가 요구된다"고 말했다.

이렇게 치밀한 생산방식에서 탁월한 효과가 나오는 것은 당연하다. 도요타의 생산방식은 마치 아름답게 디자인된 완벽한 예술품을 보는 것 같은 느낌을 준다. 도요타의 근로자들은 '위생, 분류, 선별, 정돈'이라는 4가지 업무원칙을 반드시 준수한다. 도요타의 조립공장은 언제나 활기가 넘치며 모든 동작들이 확실한 목적하에 수행된다. 그 누구도 게으름을 피우지 않는다. 미가공 부품이 쌓여 있고 조립라인은 멈춰진 채 수리 중이고 그 옆에서 근로자들이 하릴없이 서성이고 있는 모습, 이것은 다른 공장에서는 심심찮게 볼 수 있는 광경이지만 도요타에서는 결코 그런 일이 없다. 그들의 계획을 무용에 비유한다면 근로자들은 무대에서 춤을 추고 있는 무용수들이다. 부품의 구매, 조립, 품질검사 등 모든 과정이 완벽한 계획에 맞춰 이루어진다.

데이터가 모든 것을 말해준다

일본 기업들의 성공적인 품질관리는 미국의 유명한 품질관리 전문가인 에드워즈 데밍 덕분이라고 해도 과언이 아니다. 1951년, 일본은 데밍국가품질상을 제정했다. 이 상은 주로 일본 내의 제조기업들 가운데서 수상자를 선정하는데, 그 평가기준이 매우 엄격하기로 유명하며 수상 기업이 한 해에 한두 곳에 그친다. 일본에서는 이 상을 '기업계의 노벨상'이라고 부른다.

미국의 에드워즈 데밍 박사는 품질관리에 통계학 이론을 접목시키고 데이터가 모든 것을 말해준다고 주장했다. 그런데 미국의 자동차업계가 그의 이론에 별다른 관심을 보이지 않자 그는 일본으로 건너갔다. 일본인들은 그의 주장에 크게 공감하였고 그를 거의 신봉하다시피 대우했다. 그리고 일본인들은 데밍의 이론으로 '전면적인 품질관리'라는 결과를 만들어냈다.

데밍의 품질관리이론은 PDCA라는 '계획, 집행, 검사, 처리'의 연결고리 위에서 순환한다.

- 계획단계(plan)에서는 어떤 문제를 개선해야 할지 고찰하고, 가장 시급하게 개선할 문제가 무엇인지 결정한다.
- 집행단계(do)에서는 실제로 개선작업에 들어가고 관련 데이터를 수집한다.
- 검사단계(check)에서는 개선효과를 평가하고, 실제 효과와 당초 계획의 달성 여부를 데이터로 제시한다.
- 처리단계(act)에서는 개선효과가 좋을 경우 이를 널리 보급하고, 예상한 것만큼의 개선효과가 나타나지 않았을 경우에는 다시 다음 순환 절차로 넘어간다.

PDCA 순환의 특징은 대순환 안에 소순환이 포함되어 있다는 것이다. 기업의 본사와 공장, 직원들이 모두 PDCA 순환을 시행하고 문제를 찾아내어 개선할 수 있다. 그리고 첫 번째 순환이 완료되면 다음에는 한 단계 높은 순환이 이루어진다. 이렇게 순환이 멈추지 않고 계속 반복되는 것이다. 데밍은 품질개선의 연속성을 강조했고, 개선에 따르는 일련의 과정을 멈추지 않고 계속해서 조금씩 나아지는 순환과정으로 간주했다.

데밍의 품질관리이론이 일본 기업들에 미친 영향은 실로 막대하다. 일본 기업들은 PDCA 순환을 통해 스스로 문제를 발견하고 품질을 개선시켰다. 그 결과, 자동차는 물론 모든 제품의 질이 빠르게 향상될 수 있었다.

끊임없는 개선을 추구하는 일본의 '가이젠' 정신

원가관리에서 일본의 자동차업계는 일찍이 '가이젠'에 주목했다. 일본어의 가이젠, 즉 '개선'이란 작고 연속적이며 점진적으로 개선되는 것을 의미한다.

이 방법은 기업들이 생산과 관리의 모든 디테일한 부분을 개선함으로써 기업 전반의 개선을 도모하는 것이다. 운송 등 비부가가치적인 활동의 축소, 원료 절감, 업무절차의 개선, 품질 향상, 생산기간 단축, 직원 격려 등이 구체적인 개선 대상이 될 수 있다. 제품을 생산하고 판매하는 과정에서, 설계단계에서 정한 제품의 각 기능과 기업의 목표비용을 근거로 원가를 통제하고 이를 통해 단계적이고 계획적으로 기대이익을 창출하는 것이다. 결론적으로, '개선치 = 금년(금월)의 실제비용 - 전년(전월)의 실제비용'이라는 공식을 도출해낼 수 있다. 이 방법은 기업이 비용을 지속적으로 절감할 수 있다는 생각에서 출발한 것으로 기업들은 장기적인 비용관리를 통해 원가경쟁력을 확보하게 된다.

이와 같은 수십 년간의 노력에 힘입어 일본 경제는 1980년부터 눈부신 성장을 이룩하였고 일본 자동차가 미국을 비롯한 세계 각국의 시장을 장악하게 되었다. 아래의 데이터는 일본 자동차업계의 성공신화를 잘 말해준다.

- 1970년, 일본의 자동차 수출량이 109만 대에 달했다.
- 1974년, 자동차 수출량이 당시 서독을 넘어서 세계 1위를 차지했다.
- 1980년, 자동차 수출량이 595만 대로 늘어났으며, 이 가운데 대 미국 세단 수출량이 340만 대에 달했다. 그것은 일본 자동차의 시장 점유율이 34%에 달한다는 것을 뜻했다. 여기에다 일본 기업들이 미국에서 합자로 설립한 조립공장에서 생산된 제품을 합치면 시장점유율은 39%에 육박했다.
- 1981년, 수출량이 605만 대로 일본 자동차 총생산량의 54%를 차지했다. 이 가운데 394만 7000대가 세단이었다. 미국은 일본 자동차의 가장 큰 수출대상국이 되었다.

미국과 일본의 자동차기업 비교

내용	일본	미국
자동차 특징	수려하고 참신한 디자인 연비가 높고 제작이 정교함	마력이 크고 차체가 크고 무거움 연비가 낮고 일본 자동자만큼 정교하지 못함
2002년, 90일간 100대당 품질 관련 민원 횟수	도요타 107회 혼다 113회	GM 130회 포드 143회 크라이슬러 141회
자동차 연구개발주기	3년	5년
자동차 생산원가	미국에 비해 1대당 평균 100달러 낮음	일본에 비해 100달러 높음
2002년 현재 1대 생산에 소요된 시간	닛산 15.74시간 미쓰비시 21.33시간	GM 24시간 포드 26시간 크라이슬러 28시간
기술수준	표면 광택, 용접 기술 등이 모두 동일 가격대의 미국 제품보다 우수함	
생산의 탄력성 (1개 생산라인에서 다른 구조의 자동차를 생산할 수 있는 비율)	71%(도요타)	34% (미국 3대 자동차기업의 평균치)
조립공장과 부품공급업체 간의 거리	평균 59마일	평균 427마일
부품공급업체의 제품공급 횟수	1일 8회	1일 2회 이하
기업문화	'최대한의 노력'이라는 단체문화	개인주의가 만연해 기업의 이익을 위해 자신의 이익을 희생하려 하지 않음
직원교육에 쏟는 비용	미국보다 2.5배 많음	
인적자원	종신고용제로 직원 충성도가 높음	시장조절체제로 이직률이 높음
세계 자동차산업에 대한 기여	정교한 생산방식을 창조해냄	자동차 컨베이어 생산라인 발명

4

중요한 것은 담력이 아니라
뇌력腦力이다

시장이 요구하는 디테일

1

시장은 갈수록 세분화한다

살길은 전문화뿐

∨

속담 중에 '수많은 업종과 분야가 있어도 제각각 두각을 나타내는 것이 나오기 마련이다'라는 말이 있다. 그러나 현대사회에서는 그것이 결코 만만치 않은 일이다. 산업의 비약적인 발전과 그에 따른 분업의 세분화로 새로운 직업들이 하루가 다르게 양산되고 있기 때문이다. 통계에 따르면, 현재 중국에는 1838가지의 직업이 있으며 갈수록 그 수가 증가하고 있다고 한다.

분업이 점점 세분화되면서 전문화에 대한 요구가 계속 높아지는 것은 사회 발전의 필연적 추세다. 고전경제학파의 애덤 스미스와 데이비드 리카도에서부터 세이, 마르크스, 마셜, 슘페터, 케인즈, 새뮤얼슨 등에 이르기까지 거의 모든 경제학자들이 분업을 산업화와 노동생산성 제고의 중요한 요건으로 정의했다. 분업과 시장의 요구에 따라 형성되는 일련의 산업은 시장에서 '보이지 않는 손'에 의해 만들어진, 사회 발전을 위해 가장 필요한 산물로 인식되고 있다.

경제학의 아버지라 불리는 애덤 스미스의 핵심적인 관점도 바로 분업이다. 전문화된 분업을 어떻게 발전시키느냐에 평생 몰두했던 것이다. 시장경제는 점점 더 전문화되는 경쟁 속에서 발전해왔다. 글로벌기업들의 발전과정을 살펴보아도 하나의 분야에 주력하면서 그 분야 속에서 다시 세분화된 분업을 통해 성장해온 경우가 대부분이다. 무계획적인 확장과 맹목적인 다원화로는 시장경제에서 살아남기 힘들다.

1981년 스위스에서 설립된 로지텍Logitech은 세계적으로 유명한 컴퓨터 주변기기 생산업체이다. 창업 당시 로지텍의 주력 제품은 마우스와 키보드였다. 마우스와 키보드는 컴퓨터에서 가장 기본적이고 없어서는 안 될 외장부품이지만, 가격이 비교적 저렴하여 수익성이 크지 않은 제품이기도 하다. 따라서 컴퓨터업계의 대기업들은 마우스와 키보드를 생산하는 데 별 관심이 없었다. 로지텍은 이를 기회로 삼았다. 로지텍은 마우스와 키보드 분야에서 전문화를 추구했고, 다년간의 노력을 통해 업계에서 탄탄한 입지를 굳히고 세계적인 기업으로 성장할 수 있었다.

로지텍의 성공 경험은 기업들, 특히 중소기업들에 시사하는 바가 매우 크다. 맹목적인 다원화로는 결코 시장에서 승리할 수 없다. 특히 중국은 기업의 95%가 중소기업이기 때문에 다원화를 추구하는 것은 스스로 제 무덤을 파는 행위나 다름없다. 기업들이 살길은 전문화뿐이다. 제품을 전문화시키고 품질 향상에 힘쓴다면 빠르게 성장할 수 있을 것이다.

실제로 저장과 광둥에 있는 많은 기업들이 이 방법으로 좋은 성과를 거두고 있다. 그중 가장 대표적인 곳이 바로 루관추魯冠球 사장이 이끄는 항저우유니버설조인트이다. 1980년대에 루관추 사장은 자동차 부품인 유니버설 조인트를 생산하는 데 주력했다. 그의 경영이념은 '생산의 전문화와 관리의 현대화, 제품의 시리즈화'였다. 창업 당시 직원 7명에 자산이 7000위안에 불과했던 이 작은 업체는 루관추의 정확한 경영이념과 부단한 노력에 힘입어 오늘날 수억 위안의 자산 규모를 자랑하는 대기업으로 성장했다. 2003년, 루관추는 54억 위안의 재산으로 중국의 부호 가운데 4위를 차지했다.

애덤 스미스는 분업의 장점으로 다음의 3가지를 꼽았다.

• 근로자의 숙련도가 향상되면 생산성도 제고된다.
• 교체작업으로 인한 시간 낭비를 막을 수 있다.
• 한 가지에 주의력을 집중시킬 수 있기 때문에 전문화에 도움이 된다.

분업에 대한 스미스의 관점은 산업화 초기 프레더릭 테일러의 관리이론의 근거가 되었으며 모든 산업의 기초가 되었다.

1880년대에 테일러는 미국의 미드베일철강회사에서 기술자로 일하면서 철강 운반, 사철과 석탄 채굴, 금속 절삭에 관한 3가지 실험을 실시하고 근로자들의 작업과정을 몇 가지 부분으로 나누었다. 거기서 얻은 결론을 바탕으로 최상의 작업 방법과 도구를 선택하여 작업과정을 표준화하고 표준화된 동작과 시간을 정했다. 그의 이런 연구는 생산현장에 과학개념을 도입시킨 위대한 업적으로 평가되었으며, 이로써 그는 '과학적 관리의 아버지'로 추앙받게 되었다.

테일러의 과학적 관리기법이 발표된 후, 일련의 현대적이고 과학적인 관리이론들이 연이어 나오면서 분업에 대한 연구가 활성화되었다. 그렇지만 현대 경영학의 세분화도 현장의 현대화된 생산과 작업과정의 세분화를 따라가지 못하고 있다. 현대화된 생산은 광범위하고 세분화되어 있으며 기술적 요구 또한 매우 높다. 예컨대 트랙터 한 대를 생산하는 데만도 5000~6000개의 부품이 필요하고 수십 개의 공장이 함께 협력해야 한다. 자동차를 생산하는 데는 이보다 훨씬 많은 수만 가지의 부품이 필요하기 때문에 수백 개의 기업이 공조해야 한다. 일본의 혼다자동차는 80%가량의 부품을 다수의 중소기업을 통해 공급받고 있다. 미국에서 아폴로 우주비행선을 만들 때에는 2만여 개의 업체가 생산에 참여했다고 한다. 이 모든 과정에 얼마나 많은 기술표준과 관리표준이 필요했을지는 일일이 말할 필요도 없을 것이다.

어떤 일이나 시스템이든 무수히 많은 세분화된 과정이 서로 유기적으로 얽혀서 이루어지기 때문에 아주 작은 부분이라도 절대 소홀히 할 수 없다. 중국에서 몇 년 전 아오싱澳星로켓 발사에 실패했던 것도 역시 디테일한 부분의 결함 때문이었다. 배전기에서 알루미늄 물질 0.15밀리미터가 초과되었던 것이다. 단 0.15밀리미터의 차이가 로켓을 폭발에 이르게 한 것이다.

한마디로, 분업의 세분화와 전문화가 점점 더 심화되면서 관리도 더욱 정밀해져야 하는 시대가 온 것이다.

실패는 디테일에서 나오고, 성공은 시스템에서 결정된다.
—빌 매리어트, 매리어트인터내셔널 회장

2
팔아도 남는 게 없다?
박리다매 시대의 성공 비결

세계적으로 경제의 글로벌화가 가속화하면서 전통적 산업은 물론 IT산업까지도 제품의 수익률이 하락하고 있다. 기업계 인사들은 입을 모아 사업하기가 힘들다고 하소연하고 있다.

- 1979년, 11%에 달했던 석유화학산업의 투자수익률이 1998년에는 3%까지 하락했고, 정유산업의 수익률은 이미 0에 근접했다.
- 1988년, 대만에서 린바이리林百里가 설립한 광다廣達컴퓨터는 지금은 세계적인 노트북 설계 및 제조업체로 발돋움했다. 하지만 창업 당시에 15%였던 수익률이 2003년에는 5%로 떨어졌다.
- 중국의 유명 컴퓨터 업체인 칭화퉁팡清華同方은 2003년 상반기 매출액이 1억4000만 위안에 달했지만 수익률은 6.31%에 불과했다. 순수익률 역시 2002년 같은 기간에 비해 45.04%나 하락했다.

• 2003년 중국의 핸드폰 생산업체들은 순수익률이 3.5%선이었고, 일부 업체의 순수익률은 2%에도 못 미쳤다.

오늘날의 기업들은 치열한 경쟁에 숨 가쁜 하루하루를 보내고 있다. 컴퓨터 한 대에 2~3만 위안씩 받고, 핸드폰 한 대를 팔면 수천 위안이 남는 화려했던 과거를 회상하기도 한다. 그러나 그건 그야말로 과거의 이야기일 뿐이다. 이제는 시장경쟁이 날로 치열해지면서 수익의 여지가 축소되고 전반적으로 수익률이 매우 낮은 박리다매의 시대가 되었다. 기업의 경영자들은 너나없이 전반적인 수익 감소에 큰 압박감을 느끼고 있다. 차츰 시장의 규범이 바로잡혀가고 동종 업계 내부의 경쟁이 과열되면서 '단숨에 백만장자가 되는' 꿈같은 이야기는 이제 거의 실현 불가능한 시대가 된 것이다. 게다가 어떤 업종이든 이익을 낼 수 있다고 하면 순식간에 대량의 자금이 몰려들기 때문에 경쟁은 금방 치열해지고 수익률도 급락하게 된다.

이런 박리다매의 시대에 경영자는 어떤 마인드를 가져야 할까?

나는 경영자들에게 부의 창출에 대한 기존의 사고방식과 관념을 서둘러 조정하고 변화시켜야 하며, 창출하는 방식 또한 바꿔야 한다고 건의한다. 영국의 한 기업가는 자신의 경험을 근거로 현 시대의 특징과 결부시켜 박리다매 시대에 돈을 벌 수 있는 비결을 '예측', '차별화', '혁신'이라는 세 단어로 정리했다. 이 3가지는 박리다매의 시대에 승리할 수 있는 무기이자 창업자가 돈을 벌 수 있는 황금열쇠다.

과학적 예측이 수익을 창출한다

'어떤 일이든 예측하면 뜻을 이루고 그러지 못하면 실패한다'는 말이 있다. 지금 같은 박리다매의 시대에는 이 말이 더욱 중요해졌다. 정보 산업이 고도로 발달하고 있기는 하지만 시장의 형태는 끊임없이 변화한다. 따라서 종합적이고 광범위한 정보만으로는 국지적인 시장상황이나 소비동향을 제대로 포착하기가 어렵다. 경영자들은 어떤 프로젝트에 대한 투자 여부를 결정하기에 앞서 시장 전체의 관점에서 손익을 예측하고 조망하는 것은 물론, 여러 지역의 시장을 세심하게 관찰하고 판단해야 한다. 정확한 예측과 판단 그리고 독특한 경영기법만이 경쟁자들을 제압하고 승리할 수 있는 비결이다.

KFC가 중국 시장에 처음 진출할 때의 일이다.

KFC는 중국 시장에 진출하기로 결정한 다음 곧바로 중국에 직원을 파견하여 구체적인 시장조사를 벌였다. 파견된 직원은 베이징의 번화한 거리에서 변변치 못한 옷차림을 하고 있는 중국인들이 인산인해를 이루고 있는 모습을 보고 본사에 이렇게 보고했다.

'중국에서 프라이드치킨이 폭넓은 소비층을 형성할 수는 있겠지만, 수익률이 그다지 크지는 않을 것이다. 중국의 소비수준이 너무 낮기 때문에 먹고 싶어도 돈이 없어서 사먹지 못할 것이다.'

그는 자세한 정보도 수집하지 않고 직감과 경험에 따라 주먹구구식으로 예측한 결과를 내놓았고, 이 때문에 본사로부터 질책을 당하고 직위가 강등되는 징계를 받았다.

KFC는 다시 다른 직원을 보내 현지조사를 실시했다. 이 직원은 스톱워치를 들고 베이징의 번화한 거리에서 사람들의 통행량을 정확하게 계산하고, 각 연령층과 직업군에 속하는 500명의 중국인들을 대상으로 프라이드치킨을 시식하게 한 후 맛과 가격, 매장 인테리어 등에 대한 의견을 수집했다. 뿐만 아니었다. 그는 베이징에서 닭과 기름, 밀가루, 소금, 채소 등을 구매할 수 있는 경로와 베이징의 닭 사료업계에 대해 면밀하게 조사했다. 그러고 나서 KFC가 베이징에 진출한다면 수익률이 크지는 않아도 소비층이 두터워 박리다매 형식으로 큰 수익을 거둘 수 있을 것이라는 결론을 내렸다. 과연 그 후 베이징에 처음으로 문을 연 KFC는 개업한 지 300일도 안 되어 250만 위안이 넘는 이익을 올릴 수 있었다.

차별화가 승리를 가져온다

제품과 서비스가 나날이 평준화되면서 남과 다른 차별화의 중요성이 더욱 커지고 있다. 또한 시장이 포화 상태에 이르고 공급과잉 현상이 나타나면서 소비자가 칼자루를 쥐게 된 시대에 기업의 경영환경만 계속 악화되고 있는 것처럼 보이기도 한다. 그러나 알고 보면 사실은 소비자와 기업 모두 비슷한 고민을 안고 있다. 기업들은 제품이 팔리지 않는다고 푸념하고 있는 데 반해 소비자들은 원하는 물건을 찾을 수 없다고 불만을 토로하고 있다.

이런 기현상이 나타나는 주요 원인은 경영자들이 소비자들의 개성적인 요구를 제대로 파악하지 못했기 때문이다. 시장을 세분화하고 틈새시장을 찾아 제품과 서비스를 개성화하려고 노력하지 않기 때문에 시장에는 고만고만한 제품들 일색이고, 따라서 소비자들이 좀체로 지갑을 열지 않는 것이다. 소비자들이 각자의 다양한 욕구를 끊임없이 표출하고 있는 지금, 기업들은 '남에게는 없는 것', 혹은 '남보다 훨씬 뛰어난 것'을 창조하는 데 역점을 두어야 한다. 차별화로 시장을 개척해야 소비자들을 유혹할 수 있다.

와타나베라는 일본인 근로자가 있었다. 일용직으로 일하면서 몇 차례나 주인에게 부당해고를 당한 그는 스스로 가게를 열기로 결심했다. 처음에는 도쿄에 작은 상점을 열 생각이었다. 하지만 조사를 해보니 도쿄에는 이미 너무 많은 상점들이 치열한 경쟁을 벌이고 있어 더 이상 진입의 여지가 없었다. 그러던 어느 날, 신문에 이런 기사가 실렸다. 미국인 가운데 4분의 1, 일본인의 6분의 1, 그리고 영국인의 7분의 1이 왼손잡이라는 것이었다. 이 기사를 읽는 순간, 그의 눈이 번쩍 뜨였다. 왼손잡이를 위한 전문점을 열어보자!

당시 일본에는 대부분의 제품이 오른손잡이를 위해 설계된 것들이었고 왼손잡이를 특별히 배려한 제품은 거의 없었다. 그래서 그는 왼손잡이 전용제품을 개발하고 생산할 공장을 물색한 뒤 전문 판매점을 개업했다. 자동차 핸들과 테니스 라켓, 골프채 등 생활 속에서 찾을 수 있는 왼손잡이 전용제품 관련 아이템은 무궁무진했다. 그의 상점은 개업하자마자 왼손잡이 고객들로부터 큰 호응을 얻었고, 머지않아 도쿄 최대의 매출액을 자랑하는 상점이 되었다.

혁신만이 살길이다

시장경쟁이 날로 치열해지면서 시장에서 환영받지 못하는 제품과 수익을 내지 못하는 기업들은 하루아침에 퇴출당하고 있다. 기업들은 이제 생존하고 발전하기 위해 부단한 혁신을 꾀할 수밖에 없다. 혁신만이 기업에 활력을 불어넣을 수 있고 부족한 점을 보완하고 이익을 창출할 수 있다.

중국이 시장경제체제를 도입한 것은 그리 오래된 일이 아니지만 벌써부터 '수익률 0'의 상황이 벌어지고 있다. 이제 몇몇 독점업종을 제외하고는 수익을 창출하기가 쉽지 않다. 얼핏 보면 기업 입장에서는 매우 비관적인 상황이다. 그렇다고 좌절하여 두 손 놓고 있을 수는 없는 일이다. 그러기엔 아직 이르다. 단언컨대, 디테일한 관리에 세심한 주의를 기울이고 원가절감과 기술혁신, 신제품 개발 등을 위해 노력하기만 한다면 어느 기업이든 새로운 수익의 여지를 발견할 수 있다. 그것이 곧 이른바 '블루오션'을 개척하는 길이다. 다음 이야기는 이 사실을 여실히 보여준다.

1990년, 초등학교 학력이 전부인 쓰촨四川성의 농민 저우싱허周興和가 기술박람회에서 특허기술을 사들여 작은 건축재 생산업체를 차렸다. 그렇지만 특허기술의 수준이 낮아 생산된 제품의 질이 떨어지는 바람에 장기간 적자에서 벗어날 수 없었다.

이대로 그만둘 수 없다고 생각한 저우싱허는 기술혁신을 통해 돌파구를 찾기로 했다. 그는 농촌에서 흔히 구할 수 있는 볏짚을 원료로 고급 건축재를 만들 수 있는 방법을 강구하기로 했다. 1997년, 저우싱허는 3년간에 걸친 연구 끝에 새로운 건축재를 개발하는 데 성공했다. 이 방법을 사용하면 농촌에서 볏짚을 태워서 생기는 여러 가지 문제점을 해결할 수도 있었기 때문에 현지 정부도 그에게 전폭적인 지지를 보내주었다. 1998년에 그는 이 기술로 국제발명품대회에서 상을 받았고, 1999년에는 '볏짚을 이용한 벽판'이 청두成都 한 곳에서만 3000만 위안에 달하는 매출을 올렸다.

기술혁신을 통해 파산 직전에 있던 회사를 살리고 국제시장으로 제품의 판로를 확대했던 것이다.

3

남들도 금방 따라온다

동질화에는 인성화로 대처하라

시장경쟁이 과열되어 있는 요즈음, 시장의 주체들은 경영의 글로벌화라는 난제에 부딪혀 있다. 글로벌화로 인해 제품이나 서비스가 점점 동질화되고 있는 것이다. 예컨대 컬러TV, 냉장고, 에어컨, 세탁기 등의 가전업계에서 어느 한 기업이 기술상의 진보를 이룩하면 다른 기업들도 어느새 따라잡아 기술과 품질 면에서 엇비슷해지면서 제품 간의 구별이 어려워진다.

제품과 기술, 원가, 설비 등의 분야에서 기업들 사이의 동질성이 심화되면서 격차가 점점 좁혀지자 자연스럽게 시장경쟁의 장이 점점 디테일한 부분으로 옮겨가고 있다. 생산업체들은 각기 '서비스'라는 깃발을 높이 들고 경쟁우위를 차지하기 위해 각축전을 벌이고 있다.

중국의 가전업체인 춘란春蘭의 '큰 서비스', 하이얼의 '스타급 서비스'와 '맞춤형 밀착 서비스' 그리고 룽스다榮事達의 '붉은 카펫 서비스'에 이르기까지 가전업체들은 저마다 자사의 독특한 서비스 이념을 내세워 대대적인 홍보작전을 펼치고 있다. 최근 들어 그 어느 때보다도 서비스가 중시되고 서비스 개념이 신속하게 진보하면서 모든 기업들이 완벽한 서비스 시스템 확립과 서비스 개선을 위해 더 많은 정력과 자금을 쏟아붓는 단계에 이른 것이다.

제품이나 기술과 마찬가지로 서비스에서도 특정 기업이 영원한 우위를 차지할 수는 없으며 언젠가는 동질화에 직면하게 된다. 가전업체들을 예로 들어보자. A라는 업체가 구매 후 1년을 품질보증기간으로 설정하면 B라는 기업은 3년간 품질을 보증해준다. 또 C라는 기업이 24시간 내 배달 서비스를 실시하면 D라는 기업은 12시간 내 배달보장 서비스를 실시한다. 큰 호텔에서는 로비에 있는 재떨이에 담배꽁초가 3개를 넘어서는 안 되며, 고객들을 위해 프런트에 놓인 사탕바구니에는 사탕이 반드시 절반 이상 담겨 있어야 한다. 뿐만 아니라 직원들은 미소를 지을 때 반드시 8개의 치아가 보이도록 해야 하고, 몸을 45도 각도로 굽혀 인사해야 한다. 이 모든 것이 서비스 기준으로 규정되어 있다. 서비스가 표준화되면 자연히 동질화된다.

나날이 동질화되는 시장경쟁에서 남들보다 두각을 나타내기 위해서는 반드시 인성화人性化를 실현해야 한다. 제품과 서비스의 경쟁력을 기르고 소비자의 입장에서 생각하며 세심하게 서비스하는 기업만이 경쟁에서 승리할 수 있기 때문이다.

고급 레스토랑에 가면 좌석마다 냅킨이 놓여 있는 걸 볼 수 있다. 그런데 냅킨을 목에 두르면 흘러내리고 무릎 위에 올려놓으면 자기도 모르는 사이에 바닥으로 떨어지기 일쑤다. 옷에 음식이 묻는 것을 방지하는 냅킨 본래의 기능을 제대로 하지 못하는 것이다. 그래서 사람들은 냅킨을 그냥 테이블에 올려둔 채로 식사를 하거나 심지어 엉덩이 밑에 깔고 음식을 먹기도 한다.

그런데 칭다오青島에 있는 둥라이순東來順이라는 음식점에서는 이 점에 착안하여 특별히 냅킨의 한쪽 끝에 단추구멍을 만들어놓았다. 이 단추구멍을 여름에는 티셔츠의 앞에 달린 단추에 끼우고 겨울에는 외투의 앞단추에 끼우면 냅킨이 흘러내릴 염려가 없게 된다. 또 계절에 따라 단추구멍의 크기에도 차이를 두었다. 이 음식점을 찾는 손님들은 대부분 냅킨에 신경을 쓰지 않아도 되기 때문에 매우 편리하다는 반응을 보이며, 음식점의 서비스가 세심하다고 칭찬한다. 냅킨에 단추구멍을 뚫는 아주 단순한 방법으로 손님들로부터 인정을 받은 덕에 이 음식점은 연일 문전성시를 이룬다.

발전이라는 관점에서 보면 '가장 좋은 것은 없으며 더 좋은 것이 있을 뿐'이다. 그러므로 전보다 개선된 디테일을 끊임없이 선보여야 한다. 제품이나 서비스 역시 부단한 진보를 추구해야만 발전하고 성장할 수 있다.

우리 회사는 거래업체와 회의가 있을 때 회의에 참석한 거래업체의 대표들에게 주는 선물 위에 받을 사람의 이름을 써넣는다. 그래야 선물이 뒤바뀌는 것을 피할 수 있기 때문이다. 아무것도 아닌 일인 것 같지만 회의 참석자들은 이런 작은 것에서 주최 측의 배려를 실감한다. 페인트협회 총회를 개최했을 때에는 참석들에게 주는 선물에 실크 스카

프를 하나씩 넣어 아내나 여자친구에게 선물하도록 했다. 이렇게 사람 냄새가 느껴지는 서비스가 바로 인성화된 서비스다.

서비스의 인성화에서는 서비스의 하드웨어적인 부분보다 소프트웨어적인 부분이 더 중대한 역할을 한다. 사실 하드웨어적인 부분은 기업마다 별 차이가 없다. 소비자를 진정으로 감동시키고 소비자가 차이를 느끼게 만드는 것은 바로 직원들의 자질과 교양, 서비스 의식 같은 소프트웨어적인 부분이다.

스승인 상종이 병을 앓게 되자 노자가 문병을 갔다. 상종이 입을 벌려 노자에게 보여주며 물었다.

"내 혀는 아직 그대로 있느냐?"

노자가 대답했다.

"그렇습니다."

상종이 다시 물었다.

"그러면 내 치아는 있느냐?"

"없습니다."

상종이 다시 물었다.

"이게 무슨 까닭인지 너는 알고 있느냐?"

"혀가 아직 그대로인 것은 그것이 부드럽기 때문이라고 생각합니다. 그러나 치아가 빠지고 없는 것은 그것이 너무 단단하기 때문입니다."

상종은 노자의 대답을 듣고 웃으며 말했다.

"그렇다. 세상의 모든 일이 바로 이와 같으니라."

이 이야기는 제품과 서비스가 동질화되어가는 오늘날의 시장에서 경쟁하는 기업들에게도 시사하는 바가 크다. 부드러운 것, 소프트웨어적인 것'이 기업의 생명력을 더욱 강화해줄 수 있다.

4
치열한 경쟁에서 살아남는 비결은?

디테일에 목숨을 걸어라

︾

중국 경제는 WTO 가입, APEC 정상회의 개최, 2008년 베이징올림픽 유치 성공 등 일련의 굵직한 사건들을 겪고 나서 국제화의 발걸음이 더욱 빨라졌으며 국내적으로도 많은 기업들이 인수합병 등을 통해 새 판을 짜고 있다.

치열한 시장경쟁에서 살아남고 승리하는 것은 모든 기업의 가장 중대한 목표이다. 나는 앞으로의 경쟁은 디테일의 경쟁이 될 것이라고 과감하게 단언한다. 디테일을 중시하고 디테일에서 우위를 점하는 기업만이 오래 살아남을 수 있다.

회사의 제품이나 서비스의 어떤 디테일한 점이 개선될 경우 소비자에게는 1%의 편리함을 증대시켜줄 뿐이지만, 시장점유율에서는 이 1%의 편리함이 몇 배의 차이를 가져올 수 있다. 원인은 간단하다. 소비자들이 두 가지 상품을 놓고 비교할 때, 동일한 성능이 모두 상쇄되고 나면 1%의 디테일한 부분이 부각되기 때문이다. 소비자들은 디테일에서의 1% 우세를 근거로 제품을 선택하기 때문에 1%가 100%를 좌우하는 셈이 된다.

일본의 소니와 JVC가 VTR 시장에서 표준경쟁을 벌였을 때, 소니가 약간 먼저 VTR를 출시했을 뿐 두 업체의 기술수준에는 눈에 띄는 차이가 없었다. 두 업체가 생산한 VTR의 가장 큰 차이점이라고 해봤자 JVC의 비디오테이프가 2시간짜리인데 비해 소니의 비디오테이프는 1시간짜리라는 것뿐이었다. 소니제품으로 영화를 볼 때에는 테이프를 한 번 갈아 끼워주면 그만이었다. 하지만 이 작은 불편함 때문에 소니의 VTR은 시장에서 밀려나야 했다.

기업계의 신화적 존재인 MS는 'Microsoft'라는 그 명칭에 걸맞게 경영에서도 '미세함Micro' 속에서 큰 것을 보고 '부드러움Soft' 속에 강함을 지니고 있다. 미세함은 '지극히 작은 것'을 가리키지만 MS는 제품이 일단 출시되면 전 세계에 널리 퍼질 정도로 '거대한' 회사이다. 또한 부드러움 속에 품은 강함으로 경쟁업체들을 제압하고 업계 최강의 자리에 올라섰다. MS는 매년 수십억 달러를 투자하여 모든 제품을 업그레이드한다. 그 이유가 무엇일까? 바로 업계에서의 우위를 유지하고 경쟁자들에게 추격을 허용하지 않으려는 것이다.

디테일의 시대에 남보다 앞서가려는 기업들의 노력은 비단 MS에 그치지 않는다.

• 세계적 유명 브랜드인 폴로에는 바느질을 할 때 1인치에 반드시

여덟 땀을 떠야 한다는 규정이 있다. 이런 세심함으로 폴로는 20년이 넘도록 업계의 주도권을 놓치지 않고 있다.

- 독일 지멘스의 2118 핸드폰은 대만의 인기 그룹 F4의 사진이 그려진 컬러 케이스를 장착하여 역시 F4처럼 소비자들로부터 사랑을 듬뿍 받았다.
- 닝보寧波시의 부시장은 비행기에서 홍콩 바이어의 안경을 주워 준 것을 계기로 거액의 투자를 유치할 수 있었다.

우리는 지금 '디테일 경제'의 시대에 살고 있다. 디테일은 이미 기업들의 가장 중요한 경쟁방식이 되었다.

5

제아무리 큰 일도
디테일에서 시작된다

먼저 마인드를 바꿔라

1
총리 노릇이
이장 노릇보다 쉬울까

∨

오늘날엔 사람들의 지적 능력이 향상되면서 개개인의 자아에 대한 자신감도 커지고 있다. 그만큼 사회 전체가 진보했다는 증거일 것이다. 그러나 이와 함께 전과 다른 현상도 나타나고 있다. 자신감이 도를 넘어서 세상 모든 것을 가볍게 보는 경향이 생겨난 것이다.

사람이 고등동물이라는 것은 의심할 바 없는 사실이다. 사람의 지능은 숫자, 감각, 공간, 언어, 기억, 귀납, 표현이라는 7가지 요소로 구성되어 있다. 이것은 사람에게 대뇌라는 신비한 기관이 있기에 가능한 일이다. 아무리 성능이 뛰어난 컴퓨터라 해도 사람의 머리를 따라올 수는 없다. 사람의 뇌세포는 그 수가 약 1조 개에 달하며 세포 하나하나가 마치 한 그루의 나무처럼 복잡하게 이루어져 있다. 한쪽 눈에 들어 있는 시세포(빛을 수용하는 감각세포: 옮긴이)만 해도 그 수가 무려 1억3000만 개에 달한다고 하니 수정체 전체 구조의 복잡함은 두말할 필요도 없을 것이다.

한번은 베이징대학에서 강연을 하다가 '왕중추식 2.18점 이론'에 대해 설명하게 되었다. 왕중추식 2.18점 이론이란 무엇인가? 사람의 지능은 크게 지력智力과 비지력非智力으로 나뉘는데 사람의 일생에 미치는 영향을 따져본다면 지력이 40%를 차지하고, 지력은 다시 지식과 기능으로 나뉘는데 이 가운데 지식이 40%를 차지한다는 것이다. 지식은 다시 학문적 지식과 사회적 지식으로 나뉘고, 학문적 지식이 실제 생활에서 응용되는 비중은 40%이다. 그러므로 한 학생이 시험에서 85점의 성적을 거두었다고 할 때, 그 가운데 학문적인 지식에 의해서 얻은 점수를 계산해보면 85 × 40% × 40% × 40% × 40% = 2.18이라는 계산이 나온다. 결과적으로 85점 가운데 학문적 지식에 의지해서 얻어낸 점수는 고작 2.18점에 불과한 셈이다.

물론 사람의 지식이나 지능을 이렇게 단편적인 방법으로 평가할 수는 없을 것이다. 그럼에도 불구하고 이런 계산방식을 사용한 것은 학생들에게 한 가지 중요한 사실을 깨우쳐주기 위함이다. 그것은 바로 베이징대학의 모든 학생들이 인재가 될 수는 있지만, 단순히 책 속의 내용을 남들보다 좀더 많이 알고 어려운 수학문제를 풀 줄 안다고 해서 자신이 인재라고 생각하면 큰 오산이라는 사실이다.

남들보다 우수한 인재가 되고 싶다면 아무리 작고 사소해 보이는 일이라도 최선을 다해야 한다. 책을 읽는 것은 누구나 할 줄 알지만 남들보다 더 빠르고 정확하게 읽기 위해서는 남다른 훈련과 노력이 필요한 것과 같은 이치다. TV 뉴스의 앵커들이 기사를 읽어 내려갈 때의 평균

속도가 1분당 120자이고 보통 사람들의 묵독 속도는 1분당 200자라고 한다. 반면에 속독법을 배운 사람들은 1분에 300자를 읽을 수 있다고 한다. 속독을 훈련할 때에는 먼저 묵독을 연습한다. 목소리가 내용을 이해하는 데 지장을 주지 않도록 하기 위해서다. 그 다음에는 목차와 제목을 먼저 읽어 전체 글과 각 단락의 중심주제를 파악한 후 카메라로 글의 내용을 찍어내듯 단번에 몇 줄씩 훑어보는 훈련을 한다. 그리고 마지막으로 중심단어를 골라내고 단락의 내용을 파악하는 훈련을 하면 속독법이 완성되는 것이다.

청나라 말기의 정치가였던 증국번曾國藩은 자식들에게 천 조각 하나, 실오라기 하나까지도 모두 일정한 원칙에 따라 정리하도록 시켰다고 한다. 인재를 양성하고 이용하는 데 탁월한 능력을 발휘했던 그가 아무런 생각 없이 그러지는 않았을 것이다. 사소한 것 하나라도 제대로 챙기는 습관의 중요성을 그는 깊이 인식하고 있었다.

중국의 6대 사건

몇 년 전 한 잡지에서 「인류 역사의 100대 사건」이라는 글을 본 적이 있다. 인류 역사에 영향을 미친 100가지의 중대한 사건들이 열거되어 있었는데, 그 가운데 중국과 관련 있는 사건은 다음의 9가지였다.

- 유가와 도가의 형성: 공자가 창시한 유가는 '인仁'을 강조했고, 노자가 창시한 도가는 '도道'를 강조했다.

- 칭기즈칸 제국의 번성: 유라시아 대륙에 걸친 거대한 제국을 건설했다.
- 화약의 발명과 개량: 중국에서 화약이 발명되어 유럽으로 전파되었다.
- 인쇄술의 발명: 11세기 중국에서 필승畢昇이 활자인쇄술을 발명했고, 15세기에 독일의 구텐베르크가 이를 개량했다.
- 홍군紅軍의 대장정: 중국공산당 홍군이 1934년부터 1935년까지 총 2만 5000리를 행군했다.
- 루거우차오盧溝橋사건: 1937년, 베이징 교외의 루거우차오에서 훈련 중이던 일본군 부대가 정체 미상의 총격을 받은 사건으로, 중일전쟁의 발단이 되었다.
- 중화인민공화국 수립: 제2차 세계대전 후 세계 정치무대에서 발생한 가장 중대한 사건으로, 국제 정세의 판도를 바꿔놓았다.
- 전쟁 후의 인구 증가: 지금까지 세계인구는 60억으로 증가했으며, 이로 인한 문제가 심화되었다.
- 심각한 환경오염: 환경오염이 인류의 생존을 위협하고 있으며, 생태계의 균형 유지가 가장 시급한 과제로 떠올랐다.

위의 9가지 사건 가운데 온전히 중국과 관련 있는 것은 6가지뿐이다. 물론 이 6가지 외에 중국 역사상 일어났던 다른 일들은 하찮은 것이었다고 할 수는 없을 것이다. 그렇지만 관점을 달리해서 보면, 어느 나라든 중대한 사건으로 불릴 만한 일은 그리 많지 않았다는 것을 알 수 있지 않은가.

일반 사람들은 대부분의 시간을 작은 일을 하는 데 쏟아붓는다. 그런데도 그 작은 일조차 제대로 처리하지 못하는 경우가 비일비재하다는 것이 문제다. 더 큰 문제는, 작은 일은 무시하고 하늘에서 거창한 임무가 뚝 떨어져 자신의 놀라운 능력을 과시할 수 있기만을 바라는 사람들이 의외로 많다는 것이다. 그들은 현재의 위치에서 자신에게 주어진 모든 일을 성공적으로 해내는 것이 얼마나 어려운지 알지 못한다.

총리 노릇이 동네 이장 노릇보다 하기 쉽다고 생각한다면 그건 큰 오산이다. 직위가 높으면 그만큼 책임이 따르고, 책임이 크면 그만큼 걱정할 것도 많은 법이다. 게다가 책임과 직무를 다하지 못하면 자리를 온전히 지킬 수도 없다. 중요한 것은, 작더라도 현재 자기 앞에 놓인 일을 제대로 처리하는 것이다. 성공이란 평범함 속에서 남다른 인내심을 발휘하는 사람에게 돌아간다는 사실을 명심해야 한다.

이미 『세일즈맨의 자기 세일즈』란 책에서 한 페인트회사의 금연사례에 대해 언급한 바 있다. 얼핏 생각하면, 사장이 '○월○일부터 사내금연을 실시한다. 위반자에게는 ○○위안의 벌금을 부과한다'고 발표한다면 훨씬 더 간단하게 금연을 실현할 수 있을 것 같다. 하지만 사장을 포함한 전체 직원의 3분의 1과 매일 회사를 드나드는 300명의 고객 가운데 절반이 골초라는 현실을 고려하면, 사장의 지시 한마디로 문제가 단숨에 해결되기는 불가능하다. 이런 일은 인내심을 가지고 치밀하게 접근해야 비로소 '연착륙', 즉 결실을 보게 된다.

당시에 내가 취한 조치는 대략 이러한 것이었다.

1단계: 처음 열린 경영진 회의에서 이렇게 선포했다.

"저 왕중추는 오늘부터 담배를 끊을 것입니다. 하지만 여러분께 금연을 강요하진 않겠습니다. 우선 제가 담배를 끊어서 본보기를 보여드리겠습니다. 바로 이 순간부터 대학 때부터 피워온 담배를 완전히 끊겠습니다."

이렇게 공개적으로 선언했으니 이젠 모두가 나의 금연 감시자가 되는 셈이었다. 하지만 다른 직원들의 흡연에 대해서는 어떤 제재도 가하지 않았다. 아니, 아직은 간섭하지 않기로 했다.

2단계: 얼마 후, 공장의 전 직원을 대상으로 금연을 지지하는 단체서명 운동을 벌였다.

공장 정문에 '너도나도 불조심, 우리 모두 금연'이라고 쓰인 커다란 현수막을 내걸자, 총 300여 명의 직원들 가운데 거의 200명에 달하는 직원들이 현수막에 자유롭게 서명했다. 또 정문에서 2미터가량 떨어진 지점에 눈에 잘 띄게 황색선을 긋고 '화재 예방, 흡연 엄금'이라는 검은 글씨를 크게 써 넣었다. 왜 황색선을 정문에 긋지 않았을까? 정문에 선을 그으면 심리적으로 경고의 강도가 훨씬 강해지기 때문이었다. 그때까지만 해도 제1공장과 제2공장 사이의 통로에 버려진 담배꽁초들이 수북했다.

3단계: 흡연구역을 정하고 아무 곳에서나 담배를 피우지 못하도록 했다. 공장 내에서는 단 3곳에서만 담배를 피울 수 있었는데, 하나는 사장실이었고 다른 하나는 고객만을 위한 흡연실이었으며 나머지 한 곳은 화장실이었다.

4단계: 공장 내 전면 금연을 실시하고 근무수칙에도 금연을 포함시켰다. 회사를 방문하는 고객 역시 예외가 아니었다.

기업 전체에 대한 관리라는 측면에서 보면 금연은 그리 큰일이 아니다. 하지만 실제로 직원들이 금연하게 하고 이를 효과적으로 관리하는 것은 결코 쉬운 일이 아니다. 작은 일이지만 큰일 다루듯 해야 하는 것이 바로 이 금연이다. 점진적으로 강도를 높여가면서 금연을 추진해야 직원들도 천천히 적응해가면서 따라올 수 있다.

2004년 1월 18일, 신화넷新華網, www.xinhuanet.com에서 '네티즌과의 대화'라는 행사를 가졌는데, 당시 많은 사람들이 내게 이런 질문을 했다.

"쑨원孫文 선생께서는 '높은 관직에 오르기를 꿈꾸지 말고 큰일을 하겠다는 뜻을 세우라'고 말하셨지만, 높은 관직에 오르지 않고 어떻게 큰일을 할 수 있습니까?"

이 질문에 나는 저우언라이周恩來 전 총리의 이야기를 들려주었다. 총리는 한 나라에서 결코 낮은 관직이 아님에도 그가 늘 강조하던 말은 '작은 일에 최선을 다해야 큰일도 이룰 수 있다'는 것이었다. 그는 자신의 비서와 수행원들에게 언제나 일의 세부적인 면까지 최대한 신경을 써야 한다고 당부했으며, '대충', '아마도', '그럴 수도 있다' 따위의 말을 가장 듣기 싫어했다. 한번은 베이징호텔에서 외빈 초청 만찬이 있었는데, 준비상황을 보고받던 그가 이렇게 물었다.

"오늘 저녁 딤섬에는 어떤 소가 들어가는가?"

"아마 해산물이 들어갈 것입니다."

수행원이 대답했다. 곧 저우언라이의 호통이 이어졌다.

"아마 들어갈 것 같다는 말이 도대체 무슨 뜻인가? 그렇다는 말인가,

아니라는 말인가? 외빈들 중에 해산물 알레르기가 있는 사람이 있어서 문제라도 생기면 누가 책임을 질 건가?"

저우언라이가 외국 손님과의 만찬에 앞서 자주 주방을 찾았던 이유는 준비상황을 알아보려는 것 말고도 또 있었다.

보통은 주방까지 행차해서 하는 첫마디가 "어이, 주방장. 국수 한 그릇 말아주게"였다. 처음에는 주방에서 일하는 사람들도 이를 몹시 의아하게 생각했다. '조금 있으면 정성껏 준비한 맛난 연회 음식을 드실 텐데, 갑자기 웬 국수를 달라고 하실까?' 그래서 하루는 한 사람이 용기를 내어 물었다.

"총리 각하, 식전에 국수는 왜 찾으십니까?"

"귀한 손님을 불러놓고 내가 배고프면 어떡하나. 그러면 먹는 데만 급급하게 될 것 아닌가."

자신은 먼저 국수로 간단하게 요기하고 실제 연회에 나가서는 대충 먹는 시늉만 하면서 손님이 식사를 잘 하는지 정성껏 챙기려는 것이었다.

저우언라이가 아직도 중국인은 물론 외국인들에게까지 존경을 받을 수 있는 이유는 바로 이런 세심함 때문일 것이다. 미국의 닉슨 대통령도 "저우언라이는 아무리 큰 일도 작은 일부터 시작해야 한다는 격언을 몸소 실천한 사람이었다. 그는 나무 한 그루 한 그루를 직접 가꾸면서도 숲을 전체적으로 조망할 줄 알았다"고 그를 평가했다.

닉슨이 중국을 방문했을 때의 일이었다. 방문 세 번째 날, 베이징에 눈이 제법 많이 내렸다. 그날 저녁 일정은 탁구경기 관람이었다. 탁구경기 도중에 저우언라이가 슬쩍 자리에서 일어나더니 어딘가로 갔다.

얼마 후 돌아온 저우언라이에게 어디에 다녀왔느냐고 닉슨이 물었더니, 저우언라이는 다음 날 일정인 만리장성 유람을 위해 만리장성으로 가는 길에 쌓인 눈을 미리 치워놓도록 지시하고 왔다고 대답했다.

누구보다 디테일을 중시했던 저우언라이의 태도는 우리에게 살아 있는 가르침으로 다가온다. 높은 자리에 올라야만 큰일을 해낼 수 있다고 생각하거나 작은 일은 시골마을의 이장들이나 하는 것이라고 치부해버리는 사람은, 큰일은 말할 것도 없고 작은 일조차도 해낼 수 없을 것이다. 또 '관직이 높으면 일하기가 더 수월하다. 지시만 내리면 옆에서 보좌하는 사람들이 뭐든지 다 해주니까'라고 생각하는 사람도 있는데, 이런 사람은 설사 높은 관직에 올라가도 제대로 해내지 못할뿐더러 오래 버티지도 못할 것이다.

> 디테일한 부분을 무시하는 기업은 거친 자갈 속에 발이 묶여 발전할 수 없다.
> ―마쓰시타 고노스케, 일본 마쓰시타전기 창업주

2

닭을 잡을 때에도
소 잡는 칼을 써라

⌄

장루이민 회장이 이끄는 하이얼은 중국은 물론 해외에서도 높이 평가받는 대기업이다. 하지만 원래 하이얼은 장루이민이 회장으로 영입되기 전만 해도 경영상황이 이루 말할 수 없을 정도로 엉망이었다. 장루이민이 하이얼의 책임자가 된 다음 첫 번째로 내린 지시가 '아무 곳에나 대소변을 보지 말 것'이었다는 사실만 보더라도 당시 하이얼의 상황이 어땠는지 짐작할 수 있다.

1985년, 본격적인 내부관리에 착수한 장루이민은 「품질보증지침서」를 만들어 121개 항의 관리표준과 49개 항의 업무표준 그리고 1008개 항에 달하는 기술표준을 확립했다. 지금의 하이얼이 이룩한 괄목상대할 만한 성과는 이처럼 장루이민이 기업 내부의 질서 수립을 위해 모든 정력과 자금을 쏟아부은 결과다.

비슷한 경우는 월마트에서도 찾아볼 수 있다. 세계적으로 소매업체

들의 매출이 떨어지고 일본의 야오한백화점 같은 대형 유통업체들이
줄줄이 도산하던 시기에도 유독 월마트만은 승승장구하며 줄곧 세계 1
위의 아성을 지켰다. 2001년 세계적인 대기업들의 총매출 가운데 월마
트를 통한 매출이 차지하는 비중은 다음과 같았다.

Gitano 26%

Haggar 10%

Mr. Coffee 21%

Rubbermaid 11.1%

Royal Appliance 26.5%

Procter & Gamble 11%

Scott 26%

사람들은 성공한 기업의 빛나는 모습에는 선망의 눈길을 보내지만,
그들이 디테일한 부분에 얼마나 많은 노력과 관심을 쏟는지에 대해서는
간과하는 경향이 있다. 월마트는 세계 각국에 20여 개의 물류센터를 건
립하고 이들 물류센터를 통해 4000여 개의 지점에 제품을 공급하고 있
다. 월마트의 각 지점에서 판매하는 상품 수는 무려 2만 가지가 넘는다.

그런데 이 모든 제품들이 주문에서 입고, 진열에 이르기까지 모든 과
정을 소화하는 데 걸리는 시간이 48시간을 넘지 않는다. 본사에 설치
된 고속 컴퓨터가 각 물류센터와 지점으로 연결되어 있어 세계 모든 지
점의 계산대에서 상품이 계산되는 즉시 자동으로 본사의 컴퓨터에 보

고된다. 또한 6개 채널을 갖춘 위성시스템을 통해 모든 지점과 동시에 화상회의를 열 수 있도록 되어 있다. 월마트는 이런 컴퓨터 위성시스템을 구축하기 위해 7억 달러를 투자했다. 이 시스템은 세계 최대의 민간용 데이터베이스로서 미국의 전화사업자인 AT&T의 데이터망보다도 그 규모가 더 크다. 하지만 우리 기업들 가운데는 월마트 같은 큰 경쟁상대가 나타나는 것을 두려워하면서도 정작 월마트 서비스의 디테일한 부분, 그리고 그들이 그런 디테일한 부분에 얼마나 많은 노력을 쏟아붓는지에 대해서는 진지하게 알아보려는 기업이 별로 없다.

노키아의 예는 또 어떤가. 노키아는 3~4년에 한 번씩 시장의 변화와 자사의 핵심경쟁력 수준에 따라 새로운 목표를 수립한다. 1992년에는 '전기통신을 중심으로 집중하고 글로벌화하고 가치를 높인다'는 목표를 세웠고, 1996년에는 '통신시장의 점유율 1위 달성'을 목표로 삼았다. 1999년에는 다시 '이동정보통신 분야에서 리더의 위치를 확고히 하고 브랜드 가치를 높인다'는 당면목표와 '인터넷을 모든 사람의 호주머니 속에 집어넣는다'는 향후목표를 수립했다. 그들의 목표는 원대했지만 고객에 대한 서비스는 매우 세심했다. 노키아의 고객서비스 이념은 바로 '최선을 다하는 서비스'다. 노키아는 2000년 말, 중국에서만 250개의 특약서비스센터를 운영하고 특약서비스센터가 관할할 수 없는 지역에 대해서는 이동서비스 차량을 운행했다. 그리고 매달 대도시별로 '서비스의 날' 행사를 열어 고객들을 대상으로 현장 무료검사와 수리를 실시했으며, 고객서비스 핫라인을 개통하여 24시간 상담서비스를 실시했다. 뿐만 아니다. 2000년 말에는 '1시간 이내 핸드폰 수리서비스'라는 새로운 기준을 마련해 고객들의 편의를 도모하기도 했다. 고객서비스에 있어서 '인간 중심의 과학기술'이라는 개념을 확실히 실천한 것이다.

고객서비스에 대해 이야기할 때 '역피라미드형 조직'으로 유명한 미국의 유명 백화점 노드스트롬을 빼놓을 수 없다. 1963년에 설립된 노드스트롬은 8개의 의류판매점으로 이루어져 있었다. 이 회사가 작은 구두점에서 시작하여 일류 백화점으로 우뚝 설 수 있었던 것은 저렴한 가격이 아니라 서비스 지향의 경영전략 덕분이었다.

노드스트롬의 남다른 고객서비스를 보여주는 몇 가지 일화가 있다.

- 중요한 회의에 참석해야 하는 고객을 위해 셔츠를 다림질해준 일
- 탈의실에서 옷을 입어보고 있는 고객을 위해 먹을 것을 준비해준 일
- 고객이 찾는 제품이 품절되자 다른 매장에서 그 제품을 정가에 사다가 30% 저렴한 가격으로 판매한 일
- 추운 날씨에 고객을 위해 미리 자동차를 따뜻하게 덥혀놓은 일
- 심지어 고객을 위해 교통범칙금을 대신 내준 일도 있다

노드스트롬에서는 사장은 물론 전 직원들이 '고객을 위한 배려'를 가장 중요한 원칙으로 삼고 있다. 창업자인 존 노드스트롬 사장은 백화점에 고객이 가장 많은 시간대에는 각 층을 오갈 때 엘리베이터 대신 계단을 이용했다. 자신이 엘리베이터를 타지 않으면 고객이 한 명이라도 더 탈 수 있다는 생각 때문이었다.

한번은 또 어느 기업의 임원으로 있던 고객이 출장을 가기에 앞서 양

복 두 벌을 수선해달라고 맡긴 일이 있었다. 그 고객이 출장을 위해 공항으로 가기 전에 백화점에 들렀을 때 양복은 아직 수선이 끝나지 않은 상태였다. 그 고객은 어쩔 수 없이 양복을 찾지 못하고 출장길에 올랐다. 그런데 그가 출장지에 도착해 호텔에 투숙했을 때, 그에게 특급우편물이 배달되었다. 우편물을 풀어 보니 그 안에는 수선이 끝난 양복과 함께 사과의 뜻으로 25달러짜리 넥타이가 들어 있었다.

노드스트롬의 직원들은 스스로를 '노드스트롬가家의 사람'이라고 부른다. 우리 주변에서도 투철한 고객서비스 정신을 가지고 있는 사람들을 종종 만날 수 있다.

우한武漢시에는 1917년에 지어진 6층짜리 서양식 건물이 있다. '징밍러우景明樓'라는 이름의 이 건물이 세워진 지 정확하게 80년째 되던 해의 어느 날, 이 건물을 설계했던 영국의 한 건축사무소로부터 한 통의 편지가 도착했다.

편지에는 '징밍러우는 저희 건축사무소에서 1917년에 설계한 건물입니다. 당시 사용기한을 80년으로 잡아서 설계했습니다. 이제 곧 기한이 만료되오니 건물주께서 각별히 주의하시기 바랍니다'라고 적혀 있었다.

유사한 일화가 또 있다.

대만에 사는 한 박사가 이탈리아의 유명 제화점에서 마음에 드는 구두를 골랐다. 그런데 그의 발에 맞는 치수는 모두 팔리고 없었다. 하는 수 없이 그는 구두란 신다 보면 조금 늘어나게 마련이라는 생각에 한 치수 작은 신발을 구입하려고 했다. 그런데 구두매장의 직원이 한사코 팔기를 거부했다. 그가 신발을 신어볼 때의 표정이 별로 탐탁지 않았기 때문이라는 것이었다. 그래도 그는 구두를 사겠다고 고집했지만, 직원은 "고객님이 사고 나서 후회할지도 모르는 구두는 팔 수 없습니다"라고 말하며 기어코 팔지 않았다.

1992년에 미국에서 국가품질서비스상을 받은 리츠칼튼호텔은 세계 각 지점과 연결된 자사의 데이터베이스에 24만 명이 넘는 고객들의 개인정보를 상세하게 기록해놓았다고 한다. 이 역시 성숙한 고객서비스의 단면을 보여주는 좋은 예다.

중국 기업들 가운데 가장 먼저 수준 높은 고객서비스 정신을 구현한 분야는 가전이다. 그중에서도 대표적인 기업이 샤오톈어小天鵝와 룽스다榮事達이다.

샤오톈어가 처음 내세운 고객서비스 방침은 '1, 2, 3. 4, 5' 원칙이었다. 여기서 '1'은 AS직원들이 고객의 가정을 방문할 때 전용 슬리퍼 한 켤레를 가지고 가는 것을 의미하고, '2'는 고객의 집에 들어서면서 "저는 샤오톈어의 서비스 직원 ○○○입니다"라는 말과 서비스가 끝난 후 "앞으로도 문제가 있으면 언제든 불러주십시오"라는 두 마디 말을 반드시 하겠다는 약속이다. 또 '3'은 제품을 바닥에 내려놓을 때 바닥에 까는 깔개와 제품을 닦는 수건 그리고 손을 닦는 수건을 반드시 가지고 있어야 한다는 것이고, '4'는 고객과 부딪치지 말고, 고객에게 먹을 것이나 마실 것을 요구하지 않으며, 고객에게 선물을 받지 않으며, 또 비용을 멋대로 받지 않는다는 '4불不 원칙'이다. 마지막으로 '5'는 5년간 제품을 보증하고 무상수리해주겠다는 약속이다.

롱스다는 1997년 소비자의 날인 3월 15일에 '레드 카펫' 서비스를 발표하고 고객들에게 열정과 온정, 깊은 정 그리고 정성을 다해 서비스할 것을 선언했다. 롱스다는 이 목표를 실현하기 위해 서비스 언어와 서비스 행동, 서비스 기술에 대한 규범을 정했다. 서비스 행동의 규범에는 '3대 규칙'과 '8대 지침'이 있는데, 3대 규칙이란 '고객과 충돌하지 말 것', '고객에게 음식을 대접받지 말 것', 그리고 '고객이 주는 선물을 받지 말 것'이고, 8대 지침이란 '방문시간을 준수할 것', '사과의 편지를 전달할 것', '전용 슬리퍼를 휴대할 것', '붉은 카펫을 깔고 수리할 것', '수리 후 제품을 깨끗이 닦을 것', '고객이 보는 앞에서 사용해보고 수리가 잘 되었는지 확인할 것', '고장 원인을 설명하고 사용수칙을 알려줄 것', 그리고 '친절한 태도로 서비스할 것'이다.

기업은 고객서비스는 물론이고 광고에도 세심한 주의를 기울여야 한다. 마케팅 직원들은 광고가 반드시 필요한 것이기는 하지만 역효과를 낼 수도 있다는 사실을 잘 알고 있다. 소비자들이 점점 광고에 주의를 기울이지 않는 추세인 데다 광고매체가 지나치게 많아 광고의 어려움이 더욱 가중되고 있기 때문이다. 칸국제광고제의 위원장이었던 마이클 콘래드는 "중국의 광고는 너무 많은 정보와 말을 담고 있고 과다한 기교를 구사하고 있으며 부가적인 요소와 과학적 내용이 지나치게 많다. 그런데 열정은 너무 적다"고 따끔하게 충고했다. 심지어 기업의 광고 가운데는 '수술은 성공했는데 환자는 사망했다'는 말처럼 전혀 예기치 못한 결과가 나오는 경우도 있다.

광고가 그만큼 어렵고 조심스러운 것이기 때문에 광고업계 종사자들은 광고카피의 한 단어, 한 구절도 심혈을 기울여 만들어내고 작은 것 하나라도 놓치지 않으려고 무진 애를 쓴다. 특히 작은 매체를 최대한 활용하는 문제가 광고계에서 큰 주목을 받고 있다. 중국의 중소기업 수가 2930만 개로 전체 기업수의 95%를 차지하고 있고 TV나 라디오를 통한 광고가 거액의 비용을 요하는 상황에서 작은 매체의 역할이 그 어느 때보다 커진 것이다.

이와 관련하여 참고가 될 만한 이야기를 소개한다.

예전에 산시陝西성의 웨이난渭南이라는 작은 도시에서 페인트 판매점을 운영하는 류劉 선생을 만난 적이 있다. 작은 상점들이 대부분 그렇듯이 그도 광고에 거액을 쓸 여력이 없었다. 그는 고등학교 중퇴의 학력에다 광고에 대해 무엇 하나 제대로 배운 적이 없었지만, 나름대로 고민한 끝에 남들이 주목하지 못한 매우 효과적인 광고수단을 발견해냈다. 바로 삼륜 오토바이였다. 웨이난에서는 택시 외에 150대의 삼륜 오토바이가 대중교통 수단으로 애용되고 있었다. 일반 삼륜 오토바이에 천막을 친 것으로, 요금은 2~3위안이었다. 류 선생은 이 삼륜 오토바이를 광고수단으로 활용하기로 했다.

그는 매달 오토바이 한 대당 10위안씩을 지급하고 오토바이의 천막에 '×××페인트를 사러 가실 때에는 무료로 태워드립니다'라는 문구를 적어

넣었다. 150대의 오토바이에 매달 10위안씩 3개월간 총 4500위안의 광
고비가 소요되었다. 그리고 오토바이 운전사가 페인트를 사려는 고객을
태우고 오면 그때마다 특별요금을 지불했는데, 그 비용이 매일 100위안
가량 되었다.

광고업계에서는 그의 이런 방법을 놓고 하찮고 구태의연한 광고수법이
라고 무시했지만, 얼마 후에 나타난 효과는 기대 이상이었다. 웨이난의 인
테리어업계 종사자들 가운데 그의 상점을 모르는 사람이 없게 되었고, 또
그의 상점을 찾은 고객들은 ×××페인트가 아니더라도 반드시 무언가를
사서 돌아갔다. 3개월 동안 그가 광고에 사용한 비용은 총 1만5000위안
이었다. 만약 이 돈으로 옥외광고를 했다면 2개월밖에 할 수 없었을 것이
고, 신문광고를 했다면 단 2차례밖에 할 수 없었을 것이다.

자신의 직업을 사랑하는 사람에게 작은 일이란 없다. 그리고 작고 간
단한 일이라고 해도 하기 쉬운 것은 아니다. 그러므로 아무리 작은 일
이라도 전력을 다하고 세심한 주의를 기울이는 노력이 필요하다.

일전에 전문팀을 이끌고 모 페인트회사의 시장보고서를 작성한 적
이 있었다. 그때 5명이 꼬박 40일 동안 야근까지 해가며 매달렸는데도
아래의 기초업무 10가지를 겨우 끝낼 수 있었다.

- 시장상황에 근거한 제품 구성 및 가격 조정
- 홍보 및 판촉용 제품과 포장재 개선
- 4가지 사항에 대한 전문 조사연구

- 5개 시장 취재, 조사
- 홍보활동 계획 및 실시
- 광고 설계 및 광고물 설치광고판, 버스 등을 이용한 광고
- 소규모 홍보행사 주관
- 페인트기술자연합회, 소매상연합회, 인테리어디자이너협회 등을 대상으로 한 전문회의 개최
- 6가지 교육책자 발간(전문점용, 매장유치용, 소매점용, 홍보용, 사원교육용, 대리점용)
- 18시간 과정의 직원교육 실시

옛말에 '닭 잡는 일에 어찌 소 잡는 칼을 쓰랴'라는 말이 있다. 작은 일을 경시하는 말이다. 하지만 나는 '닭을 잡을 때에도 반드시 소 잡는 칼을 쓰라'고 말하고 싶다. 작은 일이라도 많은 노력을 들여 세심하게 처리해야만 제대로 완수할 수 있는 것이다. 그런데 현실은 어떤가. 아이디어는 좋을지 몰라도 작은 일 하나를 완벽하게 처리하거나 그러기 위해 노력하는 사람을 찾아보기 힘들다. 이것이 지금 우리 사회가 안고 있는 커다란 병폐다.

3
작은 차이가
큰 차이를 낳는다

나의 졸작 『세일즈맨의 자기 세일즈』에서도 이미 이 문제에 대해 자세하게 언급했지만, 디테일에서도 이 문제를 빼놓을 수 없다.

TV나 영화에서 무술 장면을 촬영할 때에는 시청자나 관객들에게 볼거리를 제공하기 위해 연기자들의 손짓과 발짓 등 행동 하나하나를 미리 계획한 후에 촬영한다. 그러므로 이런 장면이 현실에서도 똑같이 재현되기란 거의 불가능하다. 하지만 아직 현실적 판단력이 미숙한 청소년들은 영화 속에서 미화된 장면을 현실과 동일시하려는 경향을 보인다. 결국은 현실에서 벌어지는 실제 난투극을 직접 보고 나서야 싸움이란 것이 생각한 것만큼 멋지지 않으며, 아무리 내공이 깊은 무술의 달인이라도 화려한 필살기로 단번에 상대를 제압하기가 쉽지 않다는 것을 깨닫게 된다.

본래 무술에 필살기가 없듯이, 실제 생활이나 일에서도 문제를 해결하고 시장전략을 세우고 기업을 관리하는 데 어떤 특별한 비법이 있는 것은 아니다. 거의 모든 일들이 잡다하고 복잡하며 세세한 일의 반복이라고 보면 거의 틀리지 않는다. 대개 이런 일들은 제대로 처리하더라도 성과가 금방 눈에 띄지 않는다. 그렇지만 제대로 처리하지 못했을 경우에는 다른 업무나 다른 사람의 일까지 그르치고, 심지어는 사업 전체를 망치기도 한다. 그럼에도 이런 사실을 깊이 새겨 행동하는 사람은 많지 않다.

언젠가 모 대학의 경제학부 학생들을 대상으로 특강을 하면서 휴식시간을 이용해 간단한 테스트를 한 적이 있다. 특강에 참여한 4학년 50명의 학생들에게 부가가치세 영수증을 작성해보라고 했다. 50명 가운데 영수증을 정확하게 작성한 학생은 고작 2명뿐이었다. 학생이라면 10여 개의 항목 가운데 한두 가지를 잘못 작성해도 70~80점의 점수는 받을 수 있을 것이다. 하지만 기업의 직원이 그런 실수를 저질렀다면 그 영수증은 전혀 쓸모없는 것이 되고 만다. 0점인 셈이다. 게다가 실수를 즉각 발견하지 못했다면 상황이 자못 심각해질 수도 있다. 내 회사의 경리직원이 자주 이런 실수를 범한다면 책임자인 나는 얼마 못 가 해고당할 것이 뻔하다.

내 부하직원들은 내가 매우 엄격하다고 생각한다. 내가 늘 두 가지 원칙을 강하게 요구하기 때문이다. 하나는 맡은 일은 반드시 정해진 시간 안에 정해준 기준에 맞춰 끝내야 한다는 것이고, 다른 하나는 이미 끝낸 일이라도 스스로 검토하여 문제점이 없다고 확신할 수 있을 때 보고하라는 것이다.

언젠가 비서에게 이런 말을 한 적이 있다.

"아무리 사소한 일이라도 자네 일을 알아서 처리하지 않으면 결국 내 차지가 되네. 자네가 완벽하게 처리하지 못했을 경우에도 내가 다시 처리해야 하지. 그것은 회사의 입장에서 볼 때 큰 낭비네. 회사는 자네에게 주는 임금의 10배를 주고 날 고용했네. 그러니까 내가 1시간 만에 처리할 수 있는 일을 자네가 하루 동안 처리했다면 기업 입장에서는 그리 손해될 일은 아닌 셈이지. 같은 원리로, 자네가 1시간 동안 처리해서 나에게 보고한 일에서 내가 부족한 점을 발견하고 보완하는 데 30분이 걸렸다면, 회사로서는 수지타산이 맞지 않게 되겠지. 결국 자네가 작은 일이라도 세심하게 처리해주어야 내 업무효율이 향상될 수 있다는 얘기일세. 요컨대 자네가 꼼꼼하게 일을 처리할수록 내 업무도 순조롭게 처리될 수 있다네."

얼마 전 어느 페인트회사의 대리점들을 둘러보면서 내가 발견한 문제들도 대부분 사소하고 세부적인 것들이었다. 하지만 그런 작은 일이라도 계속해서 쌓이다 보면 시장에 막대한 영향을 미치게 된다. 당시에 발견한 작은 문제들이란 이런 것들이다.

- 녹색인증, 환경마크 등 각종 인증을 통과해서 받은 마크가 17개나 되는데, 이것들을 모두 포장지에 표시할 것인가, 아니면 두세 가지만 부각시킬 것인가.
- 페인트가 담긴 통과 각종 홍보자료에 표시된 내용이 왜 통일되지 않았는가.

- 왜 배포되지 않은 홍보물들이 대리점마다 가득 쌓여 있는가.
- 홍보물과 판촉용품이 충분히 공급되지 않았을 때, 대리점들이 스스로 알아서 마련하도록 하는가. 만약 그렇다면 홍보문구나 기업로고의 디자인을 어떻게 처리하는가.
- 고객들이 민원을 제기할 때 통일된 양식을 사용하도록 했는데, 이 양식을 받지 못한 고객들은 어떻게 해야 하는가.
- 회사에서 대리점에 수시로 보내는 서류와 자료의 전달 여부를 누가 확인하는가.
- 시안西安고객센터의 명함에 주소가 '옌타이烟臺'라고 잘못 표기되어 있는데, 이 책임은 누가 져야 하는가.
- 고객에게 970위안 상당의 제품을 판매하면서 배송비가 368위안이나 들었는데, 배송비를 더 절약할 수 있는 방법은 없는가. 이에 대한 고객들의 평가는 어떤가.

또 한번은 몇 년 동안 CICorporate Identity책자를 발행해오면서도 특별한 성과를 보지 못한 기업에 컨설팅을 해준 적이 있었다. 조사 결과, 그 기업이 CI를 제대로 활용하지 못한다는 결론이 나왔다. 그래서 나는 우선 그 기업에 VIVisual Identity의 활용범위를 알려주는 데 주력했다. 이를 테면 아래와 같은 것들이다.

- 사무용품: 명함, 편지봉투(국내용, 국제용), 편지지, 서류철, 서류봉투, 팩스용지, 계약서, 스티커, 프린트용지, 업무일지, 증명서, 표

창장

- 광고·판촉 용품: 회사안내서, 초대장, 제품설명서, 축전, 탁상용 달력, 신문·잡지 광고, 포장지, 쇼핑백
- 실내·외 광고: 대형 네온사인, 세로형 광고판, 공공장소 표지판, 사무실 명패, 무대 및 회의실
- 깃발: 회사기, 휘장
- 복장: 흰 칼라의 남녀의류 춘하복, 감색 칼라의 남녀의류 춘하복, 넥타이, 넥타이핀 등의 장신구
- 차량: 제품 수송차량의 3면, 버스의 양 옆면, 여객·화물 겸용 차량의 양 옆면
- 각종 포장재
- 사은품: 열쇠고리, 펜, 노트, 명함지갑

일본인들은 디테일한 면에 세심하게 신경을 쓰는 것으로 유명하다. 그들은 중국에서 다칭大慶유전을 개발할 때에도 역시 디테일한 부분을 놓치지 않았다.

다칭유전의 위치가 아직 공개되기도 전인 1966년 7월, 「중궈화바오中國畫報」라는 잡지에 유전을 개발하고 있는 왕진시王進喜의 사진이 실린 적이 있었다. 왕진시는 당시 중국에서 가장 뛰어난 유정굴착 기술자였는데, 일본인들은 사진 속의 왕진시가 두터운 털모자를 쓰고 있는 것을 보고 유전이 추운 지방인 중국 둥베이東北지역에 있을 것이라고 판단했다. 또 원유 운송 열차에 묻은 재의 두께에서 유전과 베이징의 거리를

계산하여 유전이 하얼빈哈爾濱과 치치하얼齊齊哈爾의 중간 지점에 있을 것이라고 추정했다. 그리고 1966년 10월의 「런민중궈人民中國」에 실린 왕진시의 인터뷰 기사에서 '마자야오馬家窯'라는 지명이 나온 것을 보고 유전이 안다安達역 부근에 위치해 있을 것이라고 확신했다. 뿐만 아니었다. 그들은 위먼玉門유전에서 일하던 왕진시가 1959년 10월 초의 국경일 행사에 참석한 이후로 공개석상에 모습을 드러내지 않는 것을 눈치 채고, 유전개발이 1959년 9월경부터 시작되었을 것이라고 단정했다.

작은 실마리들을 가지고 유추한 것이지만 일본인들의 판단은 매우 정확했고, 그 후 일본은 이러한 판단을 근거로 중국과의 석유설비 협상에서 주도권을 차지할 수 있었다. 일본인들이 암암리에 이런 노력을 기울여왔다는 것을 모르는 사람들은 일본인들이 분명 어떤 특별한 비법을 가지고 있을 것이라고 생각했다.

마케팅에 대해 이야기할 때마다 내가 빼놓지 않고 하는 말이 있다. "결코 제가 마케팅의 고수라서가 아니라 여러분이 단순하고 평범한 일을 제대로 처리하지 않기 때문입니다"라는 말이다. 시장보고서를 작성하는 것만 보더라도 수집할 수 있는 모든 통계치를 동원하여 장문의 보고서를 작성하기는 하지만, 통일된 기준이 없이 통계숫자들을 나열하고 마는 경우가 대부분이다. 그에 비해 내가 작성한 시장보고서를 본 고객들은 매우 유용하다는 반응을 보인다. 그것은 내게 어떤 특별한 능력이 있어서가 아니다. 단지 일정한 기준을 가지고 작성했던 것이다.

유통에서의 중간마진을 취하려고 대리점을 개설하는 기업들도 개설준비에 따르는 기준과 절차를 제대로 갖고 있지 않거나 소홀히 하여 막상 대리점 개설을 앞두고 헤매는 경우가 허다하다. 그 결과는 고스란히 개설 이후에 기대 이하의 효과로 되돌아온다.

　몇몇 고객들은 내가 제공한 「대리점 운영매뉴얼」을 보고 큰 도움이 되었다며 감사를 표해오기도 했는데, 그 안에 어떤 대단한 비법이 담겨 있는 것은 결코 아니다. 마케팅 컨설턴트라면 누구나 알고 있는 너무나 간단한 것들이 대부분이었다.

> 이른바 '필살기'란 작은 동작을 꾸준히 연마하는 과정에서 나오는 것이다.

4
일은 세심하게
생각은 대범하게

⌄

중국이 개혁개방을 실시한 지 어느덧 25년이 흘렀다. 격동의 세월을 거치면서 중국 사회의 모습은 물론 중국인들의 사고방식에도 엄청난 변화가 일어났다. 평범하고 단조로웠던 세상이 갑자기 오색찬란한 신천지로 바뀐 것이다. 서문에서도 지적한 것처럼, 요즘은 어딜 가나 뜨거운 열기로 가득 차 있지만 조금만 세심하게 살펴보면 사람들이 온통 들뜬 나머지 무슨 일이든 대충대충 처리해버린다는 것을 알게 된다. 여기서는 이에 관한 구체적인 사례들을 소개한다.

정말로 대학졸업생이 넘쳐날까?

1998년부터 대학들이 입학생 규모를 크게 늘리자 대학생 숫자가 일시에 급증했다. 이 학생들이 대학을 졸업하고 사회로 진출하면서 자연히 취업 경쟁이 치열해졌고, 급기야 '졸업이 곧 실업'이라는 말까지 유행하게 되었다.

「신원저우칸新聞週刊」이라는 잡지에 이런 기사가 실렸다. 2003년 7월 6일 교육부의 발표에 따르면, 졸업과 동시에 취업한 학생의 비율이 대학원 졸업생의 80%, 대학 졸업생의 60%, 전문대학과 직업고등학교 졸업생의 30%에 불과하며, 106만 명에 달하는 대학 졸업생들이 졸업 후에 일시적으로 일자리를 구하지 못하고 있는 것으로 나타났다. 게다가 이것은 전년도에 졸업해서 아직 미취업 상태에 있는 대졸 구직자는 포함하지 않은 숫자이다. 학교와 정부가 취업률을 높이기 위해 노력하고 있지만, 대학생 수가 2003년에 212만 명, 2004년에 260만 명, 그리고 2005년에는 320만 명으로 급속히 늘어나기 때문에 실업문제는 더욱더 심각해질 것이다.

그런데 한번 곰곰이 생각해보자. 중국에 정말로 대학생이 남아돌까?

2003년 11월, 허난河南성 안양安陽시의 초청으로 안양의 한 기업에서 마케팅교육을 실시한 적이 있었다. 당시 중견기업의 사장이 이런 말을 했다.

"우리 회사는 얼마 전 60만 달러가 넘는 거액을 주고 세계적인 수준의 설비 2개를 사들였습니다. 그런데 기술자들의 수준이 낮아 최신 설비를 도입한 효과를 별로 보지 못하고 있습니다."

"어떤 수준의 기술자들이 설비 가동을 담당하고 있습니까?"

"전문대학 졸업자들입니다. 그런데 설비를 판매한 미국 회사에서는 그 설비를 제대로 활용하려면 적어도 석사 이상의 학력과 의사소통이

가능한 정도의 영어 실력, 그리고 강한 책임감을 가지고 있어야 한다고 당부했습니다."

"그런데도 왜 석사나 학사 학력을 가진 기술자를 채용하지 않는 거죠?"

그가 난처하다는 표정으로 대답했다.

"안양 같은 작은 도시에서는 대학원 졸업자는커녕 대학 졸업자를 구하기도 하늘의 별 따기랍니다."

중국 전체를 놓고 보면 안양은 그리 작은 도시가 아니다. 허난성의 중심도시 가운데 하나다. 그런데도 대학 졸업생들이 모두 베이징이나 상하이, 광저우 같은 대도시로만 몰려들어 중소도시에서는 쓸 만한 인재를 찾기가 여간 힘들지 않다고 한다. 이런 현상이 나타나는 것은 대학생들의 사고방식과 관련 있는 것이 아닐까?

대학생들에게 단도직입적으로 묻고 싶은 것이 있다. 대도시와 소도시, 대기업과 중소기업 등의 문제는 차치하고 진정으로 밑바닥에서부터 시작하고 싶은 생각이 있는지, 그리고 자신의 진정한 몸값이 얼마나 되는지를 아는가 하는 것이다.

최근 몇 년 동안 갑자기 MBA 열풍이 불어닥치면서 MBA를 고소득이나 명예와 동일시하는 현상이 나타나고 있다. 하지만 이제는 기업들이 MBA를 이성적인 관점에서 바라보기 시작하면서 MBA 출신들의 몸값도 점점 하락하고 있다.

과연 이 같은 현상을 단순히 취업시장의 침체 때문이라고만 말할 수 있을까? 아니면 기업이 유능한 인재를 제대로 알아보지 못하는 것일까? 반드시 그런 것만은 아니라는 게 내 솔직한 생각이다. 대학 졸업생이나 MBA 출신자들의 '경박함'과 '허영심'이 더 큰 문제가 아닐까.

2002년, 광화光華 MBA 취업서비스센터의 왕야페이王亞非 책임자가 유명 담배회사인 홍타紅塔그룹을 방문했을 때의 일이다. 당시 홍타그룹의 인력자원팀장이 그에게 이렇게 물었다.

"귀 센터의 MBA 출신들이 오래 버티지 못하고 모두 퇴사했습니다. 이유가 무엇인가요?"

왕야페이는 그 자리에서 아무런 대답도 하지 못했다.

또 가전업계의 대기업인 스카이워스SkyWorth그룹의 왕다쑹王大松인사담당 이사도 "2001년에 전국에서 8명의 MBA 출신자들을 채용했지만 1년도 되기 전에 모두 퇴사했다. MBA라고 해서 별다를 것이 전혀 없었다"며 한숨을 지었다. 왕다쑹은 또 베이징에서 MBA 출신들을 대상으로 한 취업설명회에서 최소한 2천 위안 이상의 월급을 약속하겠다고 말하자 객석에서 웃음소리가 터져 나오는 바람에 당황했던 일을 소개하기도 했다.

스카이워스의 임금수준이 원래 그렇게 낮은 것일까? 결코 그렇지 않다. 스카이워스 경영진의 경우 연봉이 30~50만 위안에 달하고 마케팅 사원들도 모두 5만 위안이 넘는 연봉을 받고 있다. 그런데 그런 기업이 MBA 출신들에게 기대 이하의 낮은 임금을 제시한 이유는 무엇일까? 그것은 바로 그들의 능력을 과대평가하지 않기 때문이다.

사실 많은 기업의 인사담당자들이 MBA 출신들의 실제 업무능력에 대해 회의적인 시각을 갖고 있다. 게다가 그들은 '주제파악을 못한다',

'진중하지 못하다'는 등의 말로 MBA 출신자들에 대한 악평을 서슴지 않는다. 그들은 이구동성으로 이렇게 말한다.

"왜 밑바닥부터 시작하려고 하지 않는가?"

부화뇌동하는 기업은 오래 못 간다

통계에 따르면 세계 500대 기업들의 평균수명이 40~50년이라고 한다. 미국에서는 해마다 50만 개의 기업이 탄생하는데, 이 가운데 4%만이 10년 후까지 존속한다. 일본에서는 신생기업 가운데 18.3%가 10년 넘게 생존한다. 하지만 중국 기업들의 평균수명은 7~8년에 불과하며, 특히 중소기업의 경우에는 평균 2.9년 만에 사라져버린다. 이것은 우리가 반드시 직시해야 할 냉엄한 현실이다.

세상에 빨리 사라지고 싶은 기업이 어디 있을까? 오늘날 기업계에서 규모 확장과 경쟁력 강화를 위해 애쓰고 있는 것도 따지고 보면 모두 오래도록 살아남기 위한 것이다.

그러한 노력에도 불구하고 오래 버티는 기업이 많지 않은 이유는 따로 있다. 바로 시장에 대한 기업의 태도이다. 과연 우리 기업들 가운데 진지하게 시장을 연구하고 신제품을 개발하고 기술혁신과 인력관리에 총력을 기울이는 곳이 얼마나 되는가? 한마디로 경박함을 거부하고 있는가 하는 것이다.

흔한 예로, 신제품이 개발되면 동종 업계의 기업들이 금방 유사한 제품을 만들어내는 일이 비일비재하다. 자연 가짜 상품이 시장에서 판을

치게 된다. 또 기업들마다 너도나도 황금시간대를 이용하여 CCTV에 광고를 내보내려고 혈안이 되어 경쟁한다. 하지만 이 같은 현상은 어떤 기업도 이익을 얻지 못하는 결과로 이어진다. 이 모두가 기업들이 신중하지 못해서 벌어지는 현상들이다.

기업들이 경솔하게 움직이면서 벌어지는 현상은 이 밖에도 여러 가지가 있다. 2000년 8월만 해도 단 3곳의 기업에서만 사용하던 나노기술이 불과 반년 만에 업계의 화두가 되었고, 지금은 300개가 넘는 기업들이 너도나도 나노기술을 내세우고 있다. 또 어떤 기업들은 창업 초기부터 아주 거창한 청사진을 만들어 자랑하듯 내놓곤 한다. 수년 내에 자산을 수천만 위안까지 늘릴 것이라는 등, 경영의 다각화를 통해 자산을 다시 수억 위안까지 확대한 후 세계무대에 진출할 것이라는 등 실로 휘황찬란한 계획들이 대부분이다. 하지만 그들은 그럴싸한 목표에 마음을 뺏기고 있는 동안 내부에서 리스크가 점점 커지고 있다는 사실은 깨닫지 못하는 것 같다.

'로마는 하루아침에 이루어진 것이 아니다'라는 서양의 격언을 중국식으로 바꾸면 '만리장성도 하루아침에 쌓은 것이 아니다'라는 말이 되지 않을까?

세계 500대 기업 가운데 부동의 1위 자리를 지키고 있는 월마트나 중국의 대기업인 하이얼 등은 모두 착실함과 집중을 무기로 성장한 기업이다. 경박하고 충동적인 태도를 버리고 착실하고 이성적인 태도로 기업을 경영하는 것이야말로 기업이 성장하기 위해 반드시 지켜야 할 철칙 중 철칙이다.

'국제적인 대도시'가 182개나 필요할까?

경박함은 오늘날 사회 전반에 만연한 현상이다. 이러한 현상이 당분간 지속된다면 중국의 개혁개방은 심각한 위기에 봉착할 수 있다. 중국은 이미 '대약진운동(1958~1960년에 중국 정부의 주도로 실시된 고도성장정책: 옮긴이)'의 실패를 통해 '경박함+자만심'이 얼마나 큰 부작용을 낳는지를 뼈저리게 겪은 바 있다. 지금은 정부의 정확한 방향 제시가 그 어느 때보다도 필요한 시점이다. 하지만 일부 공직자들은 여전히 겉으로 보이는 높은 성장률에 도취되어 디테일한 부분에 세심한 주의를 기울이지 않고 있다.

2003년 말, 중국 정부는 '국제적 대도시' 182곳을 건설하겠다는 야심찬 목표를 제시했다. 목표가 실현되기도 쉽지 않겠거니와 설사 실현된다 해도 무슨 의미가 있을까? 182개라면 총 667개에 이르는 중국 전체 도시의 27%를 차지하는, 결코 적지 않은 숫자다.

이들 도시의 정책 입안자들에게 이렇게 묻고 싶다.

- 세계에서 국제적인 대도시라고 불릴 만한 도시가 과연 몇 곳이나 있는가?
- 국제적인 대도시의 기준은 무엇인가?
- 현재 가용자금과 투자능력이 얼마나 되는가?
- 국제적인 대도시를 만들기 위한 방안은 무엇이며 구체적으로 어떤 조치를 취할 것인가?

• 이런 조치들을 통해 어떤 효과를 거둘 수 있는가?

국제적인 대도시 건설은 고층 빌딩 몇 개를 짓는다고 해서 해결될 일이 아니다. 더군다나 아직까지 국제적인 대도시의 정의조차 확립되지 않은 상태다. 다만, 일부 전문가들이 제시하는 국제적인 대도시의 판단 기준 8가지는 다음과 같다.

• 지역의 중심
  자국 및 세계적인 경제블록에서 중요한 역할을 수행한다.
• 인재의 중심
  국제적인 인재들이 모여든다.
• 국제회의의 중심
  매년 최소한 150차례 이상의 국제회의가 열린다.
• 국제기구의 소재지
• 완벽한 서비스체계
  서비스업이 국민총생산GNP에서 차지하는 비중이 70%를 넘는다.
• 국제 창업의 중심
• 국제 문화 및 대중매체의 중심
• 오랜 역사와 문명

중국에서 위의 8가지 조건을 이미 충족시키거나 혹은 노력하면 충족시킬 수 있는 도시가 과연 몇 개나 될까? 주룽지朱鎔基 전 총리는 "20년 후에는 상하이가 홍콩을 따라잡을 것이다"라고 말했다. 중국에서 가장 발달했다는 상하이도 그럴진대 다른 도시들은 도대체 얼마나 더 노력을 해야 국제적인 대도시라고 떳떳하게 말할 수 있게 될까? 이 사실만으로도 중국 경제가 앞으로 얼마나 더 멀고 험한 성장의 길을 가야 할지 짐작할 수 있다.

CBDCentral Business District, 즉 '중심업무지구'라는 개념은 1920년대 미국에서 생겨난 후로 미국과 유럽, 일본 등지에서 한창 대도시가 개발되던 1950~60년대에 국제적인 대도시임을 알리는 상징적인 개념으로 받아들여지게 되었다. 중국에서는 1990년에 이르러서야 베이징과 상하이 등에 CBD가 생겨나게 되었다. 그런데 불과 10년 남짓 지난 지금, 40여 개 도시에 CBD를 건설하겠다는 야심찬 목표가 세워졌고, 이것은 이미 도시설계와 건축의 중심이 되어버렸다. 과연 현실적인 구상일까? 미국의 뉴욕 같은 대도시에서도 맨해튼에 직경 1킬로미터도 안 되는 CBD를 만드는 데 무려 20년이나 걸렸다고 한다.

"발전은 결국 가야만 할 길이다"라는 덩샤오핑鄧小平의 말처럼 발전은 거스를 수 없는 대세다. 고속성장도 누구나 바라는 일이다. 하지만 그보다 더 중요한 것은 이를 어떻게 실천해나갈 것인가 하는 점이다. 처세든 업무처리든 관리든 반드시 착실하고 진지한 태도로 임해야 한다는 것이 나의 지론이다. 현실에서 출발하고 작은 일부터 시작하며 경박함을 거부해야 한다. 요컨대 일을 할 때는 큰 것을 탐하지 말고 처세에서는 작은 것에 연연하지 않아야 한다.

국제적인 대도시로의 도약을 꿈꾸는 도시의 고위 공직들에게 꼭 전하고 싶은 충고가 있다. 현실성 없는 구호를 외치기보다는 작은 일부터 착수하여 국민들을 위해 실질적인 일을 해달라는 것이다.

사람을 힘들게 하는 것은 먼 곳에 있는 높은 산이 아니라 신발 안에 있는 작은 모래 한 알이다.

5
개인의 자질이 높아져야
전체의 수준이 향상된다

꩜

"이것은 나 한 사람에게는 작은 발걸음이지만, 인류 전체로 볼 때는 위대한 도약이다!"

미국의 아폴로 11호가 달에 착륙했을 때 우주인 암스트롱이 남긴 유명한 말이다. 지난 25년간 매스컴에 가장 자주 등장했던 단어는 아마도 '자질', '수준'이라는 말일 것이다. 사실 그동안 중국의 경제력과 국민들의 생활수준이 크게 향상된 것만은 분명하다.

그렇다면 '자질'은 얼마나 향상되었을까? 경제발전 수준에 걸맞는 수준을 갖추게 되었을까? 아무리 후하게 평가한다 해도 그렇게 말하기는 어려울 것이다. 선진국에서 공부하고 돌아온 사람들 가운데 열에 아홉은 중국인들의 낮은 수준을 개탄한다. 요즘은 심지어 '자질이 없다', '수준이 떨어진다'는 등의 말이 중국인들끼리 서로를 헐뜯는 새로운 유행어가 된 듯하다.

2003년 12월, 베이징에 출장을 갔다가 한 친구의 집을 방문하게 되었다. 친구의 집 근처 식당에서 식사를 하고 있는데, 식당 앞으로 아우디 승용차 한 대가 지나갔다. 열린 차창 사이로 아버지와 딸인 듯한 두 사람의 모습이 보였다. 그런데 차에 타고 있던 소녀가 갑자기 차창 밖으로 손을 내밀더니 과자봉지를 바닥에 휙 버리는 것이었다. 그 광경을 지켜보던 내 친구가 내뱉듯이 말했다.

"정말 수준 이하군!"

그 일은 나의 뇌리 속에서 한참 동안 잊히지 않았다. 그 자리에서 차를 세우고 그 아버지에게 아이 교육 좀 똑바로 시키라고 따끔하게 충고하고 '여기가 네 집이라면 바닥에 쓰레기를 함부로 버리겠느냐?'고 아이를 야단치지 못한 것이 후회되기도 했다.

2003년 말에 베이징의 자동차 보유량은 이미 200만 대를 넘어섰다. 하지만 고급 외제차를 탄다고 해서 그 사람의 신분과 수준이 덩달아 상승하는 것은 결코 아닐 것이다.

미국과 캐나다에서 3년 반 동안 살다가 귀국한 어느 친구는 그들 나라의 깨끗함과 국민들의 공공의식을 입에 침이 마르도록 칭찬하곤 한다. 미국과 캐나다의 대학생들은 자신의 기숙사는 제대로 정리하지 않아도 공공장소에서는 그렇게 매너 있게 행동할 수가 없더라는 것이다. 또 3년 반 동안 함부로 바닥에 침을 뱉는 사람을 한 번도 본 적이 없으며, 침을 뱉더라도 늘 가지고 다니는 휴지에 뱉어 쓰레기통에 버린다고 했다.

이에 반해 중국인들의 모습은 전연 딴판이다. 중국에서는 어딜 가나 새로 지은 집들을 볼 수 있고 누구나 자신의 집만큼은 먼지 하나 없이 깔끔하게 청소하지만, 밖에만 나가면 언제 그랬느냐는 듯 함부로 쓰레기를 버리고 침을 뱉는다.

함부로 침을 뱉지 말자는 이야기는 벌써 몇 년 동안이나 강조되어 왔지만 여전히 고쳐지지 않고 있다. 하루에 아무 곳에나 뱉어지는 침이 베이징에서만 무려 3톤이라고 한다. 이 통계의 정확성 여부를 따지기 전에 적어도 주변에서 이런 경우를 수없이 접한다는 것만은 분명한 사실이다.

언젠가 한번은 날씨가 좋아 베이징 거리를 천천히 산책하고 있었다. 본래 '작은 것'을 관찰하기를 좋아하는 성격인지라 길을 걸으면서 간단한 '조사'를 해보았다. 얼마나 많은 사람들이 거리에 침을 뱉는지를 지켜보고 나름대로 통계를 내본 것이다. 20분 동안 지켜본 결과 침을 뱉는 사람을 14명이나 보았다. 그중 13명은 바닥에 그냥 뱉었고 오직 한 사람만 휴지에 싸서 쓰레기통에 버렸다. 무의식적인 행동에서 사람의 자질이 더욱 확연하게 드러나는 것을 생각하면, 이런 현실은 정말 절망스러운 것이었다.

며칠 전에는 후허하오터呼和浩特에 사는 멍즈젠孟志堅이라는 중학생이 쓴 글을 아주 인상 깊게 읽었다. 그 학생의 글은 대강 이런 내용이었다.

후허하오터에 무인매표소가 생겼는데 그 첫해에 무려 5만 위안의 손실이 발생했다. 사람들이 동전이 아니라 금속조각이나 반 장짜리 지폐, 혹은 러시아나 몽골 지폐를 놓고 표를 가져갔던 것이다. 만약 제대로 표를 사지 않은 사람들을 한 줄로 쭉 세워놓는다면 줄의 길이가 무려 50킬로미터나 이어질 것이라는 계산이 나온다.

어린 학생의 글이지만 우리 어른들을 반성시키기에 충분하다. 다시 한번 강조하지만, 제도가 미흡한 것이 아니라 우리가 그것을 지키지 않는 것이다.

강한 기업은 직원 개개인의 자질이 다르다

언젠가 이런 이야기를 들은 적이 있다

미국의 기업 대표단이 중국 기업을 견학하기 위해 방문했다. 하루는 대표단이 어느 국유기업을 방문했다가 직원 식당을 보자고 했다. 식당을 보고 난 그들이 미간을 찌푸리며 이렇게 말했다.

"직원들에게 이런 식사를 제공하다니 다들 일하기를 싫어하겠네요."

하지만 그게 다가 아니었다. 대표단은 공장에서 근로자들이 일하는 것을 보고 화가 난 표정으로 이렇게 말했다.

"이렇게 일을 하는데도 밥을 주는 겁니까?"

이 이야기가 과연 사실인지는 모르겠으나 전혀 근거가 없지는 않을 것이다. 미국 대표단이 직원들이 열심히 일하지 않는 것은 제공되는 식사가 부실하기 때문이라고 했다지만, 그들이 난징南京 관성위안冠生園에서 1년 전에 만든 월병月餠(중국에서 추석 때 먹는 전통 과자: 옮긴이)의 소를 이용해 새로 월병을 만드는 장면을 보았더라면 뭐라고 말했을지 궁금하다. 그들이 그것을 보았더라면 중국 식품류의 미국 수출이 큰 타격을 입었을 것이 뻔하다.

중국이 시장경제 체제를 도입한 후 10여 년간 비약적인 경제성장을 이룩했다지만, 그만큼 기업의 관리자와 직원들의 자질도 더불어 향상되어야 한다는 숙제를 여전히 안고 있다.

컴퓨터업계의 대기업인 렌샹聯想에는 간부회의를 열 때마다 지각하는 사람들은 10분간 서서 회의를 해야 한다는 규칙이 있다. 류촨즈柳傳志 회장도 이 벌칙을 받은 적이 있다고 한다. 이처럼 제도나 규칙은 일단 정해지면 회장이든 말단사원이든 대상을 막론하고 엄격하게 집행되어야 한다. 불가피하게 처벌이 필요할 수도 있다. 선별적인 적용이 아니라 신분에 관계없이 일률적으로 적용되어야 하는 것이다.

무엇보다 중요한 것은 우리의 마음가짐이다. 마음가짐이 한 사람의 운명을 결정하듯, 기업의 관리자와 직원들의 마음가짐이 기업의 운명을 좌우한다. 관리자와 직원들이 적극 나서서 규율을 준수하고 자신의 일을 중히 여긴다면 자연 직원들의 자질도 높아질 것이고 기업은 강한 경쟁력을 보유하게 될 것이다.

「징지관리經濟管理」라는 경제전문지의 자오잉趙英 사장이 일본학자를 방문했을 때의 일이었다. 도중에 막 출장을 다녀오는 연구원을 만났는데, 출장에서 돌아와 시간이 4시밖에 되지 않은 것을 보고는 집으로 가지 않고 곧장 버스를 타고 30분 거리에 있는 회사로 가는 것을 보았다.

일본에서는 퇴근시간이 6시였던 것이다.

중국인 가운데 이렇게 할 수 있는 사람이 몇 명이나 될까? 이것이 바로 중국인과 일본인의 본질적인 차이점이다. 비약적인 성장을 일군 중국이라고 하지만 여전히 일본과는 큰 격차가 있다. 중국의 국내총생산 GDP은 일본의 4분의 1밖에 되지 않고 1인당 국민소득은 일본의 35분의 1~40분의 1에 불과하다. 사실 이런 통계수치상의 차이는 그리 무서운 것이 아니다. 정말 무서운 것은 관리자와 직원들의 애사심과 책임감의 차이다.

이와 관련하여 하이얼그룹의 장루이민 회장이 정곡을 찌르는 발언을 했다.

"일본인 직원들에게 매일 책상을 6번씩 닦으라고 하면 그들은 절대로 잔꾀를 부리는 법이 없이 그대로 실천한다. 하지만 중국인 직원들은 첫날과 둘째 날은 6번씩 닦지만, 셋째 날은 5번만 닦고 넷째 날은 4번만 닦는다. 이것이 바로 중국 기업들이 최신 설비를 도입해놓고도 질 낮은 제품을 생산하는 이유이자, 우리가 생산한 제품의 질이 세계 일류 수준이라도 수출가격은 다른 나라 제품의 10분의 1, 심지어 수십 분의 1에 불과한 이유이기도 하다. 유럽 시장에서 중국산 제품의 가격이 높아질 수 없는 원인 역시 여기에서 찾을 수 있다."

무엇으로 경쟁할 것인가

세계적으로 저명한 학자들은 '이미 제3차 세계대전이 시작되었다'고 말한다. 그들이 말하는 '제3차 세계대전'의 전쟁터는 바로 초·중·고등학교의 교실이다. 이 전쟁에서는 교육에 대한 원대한 안목을 가진 나라가 승리한다. 덩샤오핑은 "10년 동안 우리가 가장 잘못해온 분야가 바로 교육이다"라고 말했다.

상식적인 이야기지만 교육의 궁극적인 목표는 바로 인재 양성과 국민들의 자질 향상이다. 세계경제포럼이 발표한 「2003~2004년 세계경쟁력 보고서」에 따르면 중국의 성장경쟁력은 102개 국가 가운데 44위를 차지하여 지난번 조사 때보다 4단계나 하락했고, 경제경쟁력은 95개국 가운데 46위로 7단계나 추락했다.

중국의 종합적인 국력이 향상되었음에도 불구하고 국제적인 경쟁력이 하락한 원인은 무엇일까? 바로 국민들의 자질 때문이다.

• 권위 있는 국제기구가 세계 각국의 경쟁력을 평가한 바에 따르면, 중국인들의 자질은 세계 35위를 기록했다.
• 중국에는 7000만에 달하는 기술인력이 있지만, 그 가운데 고급 기술인력의 수는 3.5%에 불과하다. 선진국의 경우에는 이 비율이 40%를 넘는다.
• 중국인들의 1인당 평균 노동생산성은 일본의 26분의 1, 그리고 미국의 25분의 1이다.

그렇다면 중국이 국제경쟁력을 높일 수 있는 방법은 무엇일까? 디테일한 부분을 잘 처리하고 국민들의 자질을 높이는 것이다. '일류의 노동력을 양성한다'는 독일의 교육목표가 중국에도 좋은 본보기가 될 수 있다.

국민들의 자질은 어떻게 향상시킬 수 있을까? 교육만이 유일한 방법이다. 리란칭李嵐淸 전 부총리도 『리란칭 교육대화록』이라는 책에서 "배우고자 하는 모든 사람들에게 교육기회를 주어야 한다"고 주장했다.

망원경을 통해 세상을 바라보는 것도 좋지만 동시에 돋보기를 가지고 자신을 면밀하게 돌아보고 자신의 장단점을 정확하게 파악해야 한다는 점을 잊어서는 안 된다. 암스트롱의 말을 빌리자면, '개개인의 자질 향상은 국민 전체를 놓고 보면 커다란 도약이다.'

6
전략은 디테일로 시작해서
디테일로 끝난다

2004년 1월 18일, 신화넷의 초청으로 '디테일이 성패를 좌우한다'는
주제를 가지고 네티즌과 대화를 나눈 적이 있다. 그때 많은 네티즌들이
'전략'이 운명을 좌우한다는 생각을 밝혔다. 하지만 나는 '전략도 디테일
로 시작해서 디테일로 끝난다'고 생각한다.

세심한 준비가 정확한 전략을 낳는다

전략의 대가로 유명한 하버드대 경영대학원의 마이클 포터 교수는 "전
략의 본질은 바로 선택과 평가, 그리고 모든 것을 적재적소에 배치하는
것이다"라고 말했다.

이른바 '선택'과 '평가'는 전략 수립 과정에서 최종 결정을 내리기 전
의 조사와 연구를 의미하며, '적재적소에 배치하는 것'이란 전략이 결정

된 후의 구체적인 실천과정을 가리킨다.

　미국의 유명한 컨설팅기관인 랜드RAND연구소는 세계 10대 싱크탱크 가운데 부동의 1위 자리를 고수하고 있다. 이 연구소에는 1000명가량의 직원이 있는데, 이중 절반인 500명이 각 분야의 내로라하는 전문가이다. 랜드연구소는 현재 미국의 정치, 경제, 군사, 외교 등 각 분야의 중요한 정책 결정을 좌지우지하고 있다.

　1950년 한국전쟁이 발발한 직후, 랜드연구소는 중국의 태도를 예측하기 위해 막대한 자금과 인력을 투입하여 연구를 진행했다. 그리고 '중국은 한국전쟁에 참전할 것이다'라는 결론을 내렸다. 연구 결과는 당시에 최신 전투기 한 대를 살 수 있는 금액에 상당하는 500만 달러에 미국의 대중정책연구소로 넘겨졌다. 이 간단한 연구보고서에는 380페이지에 달하는 자료도 첨부되어 있었는데, 중국의 상황을 세밀하게 분석한 것이었다. 첨부자료에서 내놓은 또 하나의 결론은 '중국이 참전하면 미국은 한국전쟁에서 패배할 것이다'였다.

　보고서를 받아본 대중정책연구소 관리들은 랜드연구소가 터무니없는 주장을 늘어놓으며 사기를 치고 있다고 치부해버렸다.

　이후에 한국전쟁이 끝나고 귀국한 맥아더 원수는 "우리의 가장 큰 실수는 수백억 달러의 비용과 수십만에 달하는 미군의 생명을 희생시키면서도 전투기 한 대 가격인 보고서를 사는 일에 너무 인색했던 것이다"라고 개탄했다고 한다.

　훗날 미국 정부는 200만 달러를 주고 때 지난 그 보고서를 다시 사들였다.

'중국은 한국전쟁에 참전할 것이다'라는 단 한 줄의 결론과 380페이지에 달하는 자료를 작성하기 위해 랜드연구소는 디테일한 문제를 얼마나 많이 분석하고 연구했을까? 군사전략이든 기업의 사업전략이든 마찬가지다. 단 하나의 결론을 얻기까지 수많은 디테일한 문제들을 수집하고 분석해야 한다.

중국에서 맥도날드는 지점이 생기는 곳마다 끊이지 않는 사람들의 발길로 거액의 매출을 올리고 있다. 이를 보는 다른 패스트푸드점들의 마음이 편할 리 없다. 맥도날드의 성공을 부러움과 질투의 시선으로 바라보고 있다.

반면에 맥도날드가 그런 성과를 거두기까지 얼마나 많은 조사와 연구를 실시했는지를 알고자 하는 이들은 별로 없다. 맥도날드는 중국에 진출하기 5년 전부터 이미 중국 소비자들의 소득수준과 소비행태 등 중국 시장에 대한 치밀한 조사를 실시했으며, 4년 전에는 둥베이지역과 베이징 교외에 감자를 시험 재배하기도 했다. 그뿐만 아니다. 중국인들의 체형에 가장 알맞은 계산대와 테이블, 의자의 높이를 연구하고, 홍콩 맥도날드에서 제품을 공수하여 베이징 사람들에게 시식하게 하고 입맛을 분석했다. 그리고 맥도날드 1호점 개점을 위해 베이징 시내 5곳을 후보지로 선정한 후 반복적으로 조사, 비교하고 나서야 최종 입지를 결정했다. 이것이 바로 디테일의 매력이다. 중국의 음식업체들 가운데 개업 전에 이렇게 철저하게 시장조사를 하는 곳이 있을까?

또 한 가지 예를 들어보자.

1990년대 중반, 베이징과 톈진, 산둥, 광둥, 후난에서 동시에 5개의

에틸렌 설비가 착공되었다. 각 설비마다 80억 위안이 투입되어 총투자액이 400억 위안에 달하는 초대형 프로젝트였다. 하지만 이들 설비는 완공되자마자 적자에 시달렸고 심지어는 가동을 중단해야만 했다. 400억 위안을 고스란히 날린 셈이다. 이유가 무엇이었을까? '전략상의 착오'라는 간단한 말로 설명될 수 있을까?

이유는 바로 규모에 있었다. 에틸렌 설비는 최소한 연간생산량이 30만 톤 이상은 되어야 채산성이 있는데, 이들 5개 설비의 생산규모는 모두 합쳐봐야 15만 톤에 불과했던 것이다.

만약 전략을 결정한 부서에서 400억 위안의 1000분의 1, 심지어 1만분의 1만큼이라도 투자하여 랜드연구소처럼 시장조사를 했더라면 이런 손실은 막을 수 있지 않았을까?

좋은 전략, 디테일한 실행

내가 늘 강조하는 말이 있다.

'지금 우리에게 부족한 것은 웅대한 뜻을 품은 지략가가 아니라 바로 꼼꼼한 관리자이며, 각종 관리제도가 부족한 것이 아니라 제도를 엄격하게 집행하는 실행력이 부족한 것이다.'

아무리 좋은 전략이라도 세부적으로 적용되어야 그 역할을 다할 수 있다는 말이다. 이 말은 마이클 포터가 말한 '적재적소에 배치하는 것'과도 일맥상통하는 말이다.

크게는, 먼저 우리 사회가 오랜 기간 동안 자질교육을 강조해왔지만 정작 자질이 얼마나 향상되었는지 깊이 반성해봐야 할 것이다. 정부는 언제나 안전을 강조하지만 실제로 생산현장에서 안전사고가 줄어들었을까? 구두선처럼 부채의 악순환을 청산하자고 외치지만 과연 부채가 줄어들었을까? 이 점은 아마도 기업들이 제일 잘 알고 있을 것이다. 또 정부가 근로자들의 임금체불 문제를 해결하기 위해 앞장서고 있다지만 얼마나 효과를 봤을까? 2003년 말 전국에서 체불된 임금은 1000억 위안에 달했다.

작게는, 하이얼과 롄샹이 중국의 전통산업과 IT산업을 주도할 수 있었던 원인이 무엇인지 생각해봐야 한다. 핵심은 바로 이 두 기업의 중견간부와 일반직원들이 회사의 전략을 정확하게 실천했기 때문이다.

그리고 더 작게는, 우리 개인들이 자신의 위치에서 맡은 바 임무를 다해야 한다. 그렇게 했을 때 비로소 개인과 개인이 속한 조직, 더 나아가서는 기업과 국가 전체의 전략이 이상적으로 실현될 수 있다.

요컨대 전략과 전술, 거시와 미시는 서로 상반된 개념이지만, 전략은 디테일로 시작하여 디테일로 끝나고, 거시적인 것 역시 미시적인 것에서 시작되어 미시적인 것에서 끝난다.

6

디테일한 것이 모여
위대한 성과를 이룬다

작은 일부터 시작하라

1
목표는 경쟁업체가 아니라 고객이다

목표의 디테일

기업의 제품과 서비스는 궁극적으로 사람을 위한 것이며 사람들의 생활을 더욱 윤택하게 만들기 위해 창조되는 것이다. 하지만 이 목표는 세부적인 부분까지 실현되지 않으면 공허한 것이 되고 만다. 하이얼에 이런 말이 있다. '한 기업이 시장에서 도태되는 것은 경쟁업체에 의한 것이 아니라 바로 고객에 의한 것이다.'

중국은 물론 세계적으로 성공한 기업들의 경영방식을 살펴보면 기업의 규모와 관계없이 무슨 일을 처리하든 영세업체와 같은 세심함을 유지한다는 공통점이 있다. 기업의 규모는 크지만 '작은 경영'을 실천하고 언제나 고객들을 만족시키기 위해 노력하는 것이다. 이것은 바로 오늘날의 시장이 고객이 주도하는 공급과잉의 시장이기 때문이다.

시장에는 귀천의 차별이 없고 고객도 등급의 구분이 없다. 안목을 갖춘 경영자는 고객 하나하나를 모두 '소중한 고객'으로 생각하고 세심한 서비스를 제공한다.

어떤 젊은 청년이 벤츠 매장에 가서 자동차 한 대를 사겠다고 했다. 매장에 전시된 100대의 차 전부를 둘러보고도 청년은 마음에 드는 차가 없다고 말했다. 그가 원하는 것은 회색 바탕에 검은 테두리가 있는 자동차였다. 영업사원은 청년에게 그런 자동차는 없다고 말했다. 그의 상사인 영업팀장이 이 사실을 알고는 영업사원에게 크게 화를 내며 말했다.

"자네가 회사 문을 닫게 하려는 건가?"

팀장은 어렵사리 그 청년에게 연락해서 이틀 후에 원하는 자동차를 구해놓겠다고 약속했다. 약속한 이틀이 지나 청년이 다시 벤츠 매장을 찾았을 때 정말로 회색 바탕에 검은 테두리가 있는 자동차가 자신을 기다리고 있었다. 그렇지만 역시 마음에 들지 않았다. 이번에는 배기량이 문제였다. 노련한 팀장은 참을성 있게 청년에게 물었다.

"어떤 배기량의 차를 원하시나요? 제가 책임지고 구해드리겠습니다."

3일 후, 이 청년은 드디어 자신이 원하던 디자인과 배기량의 자동차를 만날 수 있었다. 그런데 한 바퀴 시승을 하고 돌아온 청년은 팀장에게 또 다른 요구를 했다

"자동차에 라디오를 장착했으면 좋겠는데요."

당시는 라디오가 발명된 지 얼마 되지 않은 때였다. 또한 많은 사람들이 자동차에 라디오를 장착하면 운전할 때 정신이 산만해져 교통사고율이 높아진다고 여기고 있던 터라 라디오가 기본적으로 장착되어 있지 않았다. 잠시 무언가를 생각하던 팀장은 그 청년에게 오후에 다시 와달라고 부

탁했다.

그날 오후 이 까다로운 청년은 드디어 자신의 마음에 쏙 드는 자동차를 구입할 수 있었다. 그는 팀장에게 이렇게 말했다

"친절하고 세심한 서비스에 감사드립니다. 팀장님 같은 직원이 있으니 벤츠는 아마 크게 발전할 것입니다."

벤츠가 세계적인 자동차회사로 성공한 것은 품질에 대한 세심한 관리 외에도 고객을 만족시키기 위해 정성을 다하는 서비스 정신과 신속한 반응이 더해졌기 때문에 가능한 일이었다.

미스 반 데어 로에가 위대한 건축가로 불리게 된 것도 역시 그가 고객에 대한 세심한 서비스 정신을 가지고 있었기 때문이다.

미스 반 데어 로에는 독일 출신의 유명한 건축가로서 20세기 최고의 건축가 4인 가운데 한 사람이다. 누군가 성공 비결을 물으면 그는 언제나 "신은 디테일 속에 있다"는 말로 대답을 대신했다. 그는 늘 아무리 거대한 규모의 설계라도 디테일한 부분이 잘못되면 좋은 작품이라고 할 수 없다고 강조했다. 디테일한 부분이 정확하고 생동적으로 설계되어야만 위대한 작품으로 불릴 수 있고, 디테일한 부분이 잘못되면 설계 전체를 그르칠 수도 있다는 말이다.

현재 미국에서 최고의 극장이라고 불리는 곳 가운데 로에의 손길이 미치지 않은 곳은 거의 없다. 그는 극장을 설계할 때마다 모든 좌석과 음향, 무대와 객석의 거리, 그리고 거리의 차이로 인해 생겨날지 모르는 청각적·시각적 차이까지 정밀하게 예측하고, 어떤 자리에서 오페라

의 진수를 제대로 감상할 수 있는지, 어떤 자리가 교향악을 감상하기에 가장 좋은지, 또 좌석을 어느 방향으로 조정해야 발레 공연의 시각적 효과를 극대화할 수 있는지를 고려했다. 더욱 대단한 것은 그가 모든 좌석에 직접 앉아보고 각각의 좌석에서 가장 적당한 방향과 크기, 경사도, 심지어는 나사못의 종류까지도 세심하게 선택했다는 사실이다. 관객을 위한 이 같은 배려가 그를 위대한 건축가로 만들어준 것이다.

기업들 가운데 아직도 디테일한 부분에 대한 인식이 부족한 경우가 많다. 시장이 고도로 발달하기 이전의 시기에는 수익 창출의 여지가 워낙 많아서 누구든 사업을 하겠다는 생각과 대담함만 있으면 돈을 벌 수 있었다. 예전의 중국이 그랬다. 하지만 지금은 전혀 다른 상황이 되었다. 경제가 발달하고 물자가 풍부해지고 생활의 질이 개선되면서 제품에 대한 소비자들의 요구도 더욱 높아지고 까다로워졌다. 이제는 명실공히 소비자들이 기업의 흥망을 좌우하는 시대가 되었다. 소비자에게 외면받는 기업은 더 이상 살아남을 수 없게 된 것이다.

드높아진 소비자들의 요구와 감각을 만족시키기 위해서는 반드시 디테일한 부분을 완벽하게 처리해야 한다. 세계 각국의 쟁쟁한 기업들과 무한경쟁을 벌여야 하는 환경에서 엉성한 관리로는 도저히 기업을 지탱해나갈 수 없다. 한마디로 기업의 생존과 성공은 디테일한 부분을 얼마나 부단히 개선해나가느냐에 달려 있다.

그리고 그 개선방향과 절대목표는 바로 '인간 중심'에 있다. 어떤 기업 활동이든 반드시 인간 중심적으로 이루어져야 하고, 인성화人性化가 제품과 서비스의 마지막 목표가 되어야 하는 것이다. 재삼 강조하지만,

개선을 거부하고 디테일한 부분에서 노력하기를 거부하는 기업은 예외 없이 경쟁에서 탈락한다.

그런데 아직 우리 주변에서는 제품이나 서비스가 제대로 되어 있지 않은 경우가 심심찮게 발견된다.

얼마 전 베이징에 갔을 때의 일이다. 어느 유명한 4성급 호텔에 묵었는데, 아침 식사를 하려고 레스토랑을 찾는 데에만 한참의 시간을 허비해야 했다. 레스토랑으로 가는 도중에 안내하는 종업원은 물론 표지판 하나도 없었다. 식사를 하는 중에도 함께 간 동료가 음식을 다 먹기도 전에 웨이트리스가 와서 접시 두 개를 가지고 가버렸다. 그녀의 표정으로 판단하건대 화가 났거나 다른 이유가 있었던 것도 아니었다. 그저 무의식중에 한 행동이 분명했다. 고객에 대한 최소한의 예의와 배려가 없는 것이다.

이런 현상이 나타나는 근본적인 원인은 오직 하나다. 어설픈 서비스와 제품으로도 아직은 수익을 낼 수 있기 때문이다. 그러나 그것도 잠시뿐일 것이다. 시장경쟁이 더욱 치열해져서 업계의 수익성이 악화된다면 이런 호텔은 결코 살아남지 못할 것이다.

> 우리가 성공할 수 있었던 것은 경쟁업체의 경영진이 직원들을 세심하게 관리하지 못하고 디테일에 대한 세심한 배려가 부족했기 때문이다.
> —프레드 터너, 전 맥도날드 회장

2
문제는 언제나 디테일에서 비롯된다
정책 결정의 디테일

∨

널리 알려진 우화가 있다.

고양이에게 괴롭힘을 당해온 쥐들이 대책을 마련하기 위해 회의를 소집했다. 쥐들은 서로 지혜를 짜내어 고양이가 오는 것을 미리 알아내는 방법을 궁리했지만 뾰족한 방법이 없었다. 그때 조그만 생쥐 한 마리가 좋은 생각이 있다면서 앞으로 나섰다. 고양이 목에다 방울을 달아놓으면 고양이가 움직일 때마다 방울 소리가 날 것이므로 미리 피할 수 있지 않겠느냐는 것이었다. 쥐들은 모두 좋은 생각이라고 감탄하며 기뻐했다.

그때 나이가 가장 많은 늙은 쥐가 말했다.

"좋은 의견이야. 그런데 누가 고양이 목에 방울을 달지?"

그 말에 쥐들이 갑자기 조용해졌다.

'신은 디테일 속에 있다'는 말이 있다. 아무리 정확한 전략이나 훌륭한 정책도 디테일한 부분을 소홀히 하면 효과를 낼 수 없을 뿐 아니라 심지어 큰 부작용을 낳을 수도 있다는 말이다.

미국의 통신정책이 잘못되어 각 가정에 브로드밴드, 즉 광대역 인터넷망을 구축하는 사업이 지연된 것은 그 전형적인 예다.

미국은 인터넷혁명의 주도자이지만 각 가정의 브로드밴드 보급률은 15%에 지나지 않는다. 대부분의 인터넷 사용자들이 아직까지 전화선을 통해 인터넷에 접속하고 있는 형편이다. 통계에 따르면 한국에는 3분의 2의 가정에 브로드밴드가 구축되어 있고 평균 전송속도가 1초당 3MB에 달한다고 한다. 일본 역시 2003년 말 현재, 브로드밴드 보급률이 40%에 달하고 속도는 무려 1초당 12MB에 이른다.

미국의 브로드밴드 보급이 이렇게 더뎌진 이유는 인프라가 제대로 갖추어지지 못했기 때문이다. 80~90%의 미국인이 브로드밴드 네트워크가 구축된 지역에 살고 있지만, 지역마다 구축된 네트워크를 가정으로 연결하는 '마지막 1마일'의 개통이 지연되고 있는 것이다.

미국은 1996년에 통신법을 새롭게 개정하면서 이 '마지막 1마일'에 대해 각 지방전화사업자가 브로드밴드 사업자에게 네트워크를 공급해야 한다는 규정을 마련했다. ADSL 등 전화교환시스템 사업자들이 브로드밴드 분야의 경쟁에 적극적으로 참여하도록 하여 '마지막 1마일'의 연결 비용을 대폭 절감하려는 조치였다.

하지만 이 조치는 몇 가지 디테일한 부분을 무시한 것이었고, 이 때문에 오히려 브로드밴드 보급이 더뎌지는 결과를 초래하고 말았다.

한때 미국에서도 네트워크 구축 경쟁이 과열 양상을 띤 적이 있었다. 통신 사용량이 폭발적으로 증가할 것이라는 장밋빛 기대로 통신산업에 대한 투자가 활발하게 이루어졌던 것이다. 하지만 브로드밴드 사업은 그리 풍부한 수요층을 형성하지 못했고, 이는 다시 통신설비의 과잉이라는 부작용으로 이어졌다. 공급과잉으로 인해 수지타산이 맞지 않자 통신사업에 투자했던 업체들이 투자를 거두어들일 수밖에 없었고, 일부에서는 파산을 신청하는 업체들도 생겨났다.

결국 '마지막 1마일'에 대한 제한요건이 거액을 들여 구축한 브로드밴드가 가정으로 연결되는 데 발목을 잡은 격이다. 내로밴드협대역와 달리 브로드밴드가 각 가정으로 연결되려면 가정마다 따로 돈을 들여 설비를 구입해야 했고, 지역 전화업체들도 브로드밴드를 매설하는 데 적지 않은 돈을 투입해야 했다. 이런 문제점 때문에 브로드밴드가 빠르게 보급되지 않자, 브로드밴드 사업에 투자했던 사업자들은 적자에 시달리게 되었다. 게다가 때마침 IT업계의 거품이 빠지면서 산업 전체가 침체되어 브로드밴드 사업자의 투자 여력은 더욱 약해졌다. 설령 '마지막 1마일'의 문제가 해결된다 해도 브로드밴드 서비스와 콘텐츠 제공업체 사이에 또 다른 과제가 남아 있었다. 잘못된 정책으로 브로드밴드 사업 전체의 발전이 심각한 타격을 입은 것이다.

중국이 일본으로부터 처음으로 봉제용 바늘을 수입할 때의 일이다. 많은 사람들이 바늘 하나까지도 일본에서 수입해야 하느냐며 비난했다. 하지만 일본에서 수입한 바늘을 한 번이라도 써본 사람들은 수입해야 하는 이유를 금방 이해했다. 중국제 바늘은 바늘귀가 원형이지만 일본제 바늘은 바늘귀가 기다란 타원형이었다. 눈이 침침해서 바늘에 실을 꿰기 힘든 노인들을 위한 배려였다.

상하이의 내부순환도로는 1톤 이상의 화물차가 통행할 수 없도록 규정되어 있다. 순환도로가 개통된 지 한 달쯤 지나자 한 일본 업체가 상하이에서 0.9톤짜리 화물차를 판매하기 시작했다.

이 두 가지 예는 일본인들이 디테일한 부분에 얼마나 주의를 기울이는지를 단적으로 알려준다. 이것은 얼핏 생각하면 쉬울지 몰라도 실제로 실천하는 것은 그리 쉬운 일이 아니다. 영업부와 생산부, 물류부, 자재부, 연구개발부가 모두 협력해야만 이런 결과가 나올 수 있기 때문이다. 그렇지만 어렵다고 해서 디테일한 부분을 간과하거나 무시한다면 시장경쟁에서 도태되는 것은 불을 보듯 뻔한 일이다.

흔히 전략이나 정책이라고 하면 거시적이고 개략적인 것으로 간주하기 쉽다. 하지만 훌륭한 전략이나 정책은 실제 시행과정이나 시장에서의 반응, 적합한 타이밍, 일선조직 간의 공조체제 등 세부적인 측면을 면밀히 고려하여 수립되는 것이다. 그러한 요소를 감안하지 않은 전략이나 정책은 무용지물에 불과하거나 회복할 수 없는 부작용과 손실을 불러온다.

어떤 디테일도 놓치지 말라
—마쓰시타 고노스케

3
디테일을 한없이 사랑하라
리더십의 디테일

⌄

일상용품과 화장품을 파는 슈퍼마켓인 DM은 독일에서 가장 유명한 소매점이다. 창업자 괴츠 W. 베르너는 디테일을 중시하는 경영이념으로 회사를 이끌었는데, 때로는 '이상하다'는 평가를 들을 정도로 디테일을 중시했다.

한번은 DM의 매장으로 들어서던 베르너가 그 매장의 지배인에게 빗자루를 달라고 했다. 매장의 지배인이 어리둥절한 표정으로 빗자루를 건네며 말했다.

"사장님, 빗자루는 어디에 쓰려고 하십니까?"

베르너가 대답했다.

"매장 조명이 모두 바닥을 비추고 있지 않나. 그런데 바닥이 환해봐야 무슨 소용이 있는가?"

말을 마친 베르너는 빗자루 끝으로 천장에 달린 전등의 방향을 바꾸어 조명이 상품진열대를 비추도록 했다.

사장인 그가 이렇게 작은 부분까지 일일이 직접 챙기자면 체력이 남아나지 않았을 것 같다. 대규모 사업을 경영하기에는 부적합해 보인다. 하지만 그는 지금 1370개의 점포와 2만 명의 직원을 거느린 대기업의 총수가 되었고, 2002년 기준으로 26억 유로의 연간매출을 기록했다. 뿐만 아니라 베르너 자신도 독일에서 동종 업계의 기업인들 가운데 가장 많은 재산을 보유하고 있다. 2003년 초 그의 개인재산은 무려 9억 5000만 유로에 달했다.

그는 자신이 디테일을 중시하는 이유를 이렇게 설명한다.

"이렇게 하는 것은 부하직원들에게 말로 지시하는 것보다 더 강한 인상을 줄 수 있기 때문이다. 물론 내가 매일 전 매장을 돌며 모든 디테일한 부분을 일일이 챙길 수는 없다. 하지만 비즈니스의 대가인 브루노가 말했듯이 '기업가는 정확한 경영이념과 디테일에 대한 무한한 애정을 가지고 있어야 한다.'"

베르너의 경영이념은 직원들이 독립적이고 자주적으로 고객들을 대할수록 기업이 더욱 기업다워진다는 것이다. 그런데 역설적이게도 DM은 능력과 실적에 따른 부의 차등 분배라는 자본주의사회의 기본원칙을 따르지 않고 있다. DM 직원의 연봉 수준은 동종 업계 최고지만 인센티브나 상여금은 전혀 없다. 이에 대해 베르너는 이렇게 설명한다.

"나는 직원들에게 인센티브를 지급하는 것이 옳지 않은 방법이라고 생각한다. 인센티브를 준다는 것은 경영자가 직원을 신뢰하지 못한다는 증거다. 실적에 따라 직원들에게 인센티브를 준다고 할 때 사장의 마음속에는 직원들이 본래 더 잘할 수 있는데도 부가적인 동기부여가 없기 때문에 하지 않고 있다는 생각이 깔려 있는 것이다.”

직원들에 대한 베르너의 관심은 직원들의 자존심과 가치를 지켜주는 것으로 표현된다. 그는 자신의 경험을 바탕으로 '오묘함은 모두 디테일한 부분에서 나온다'는 신념을 갖고 있다.

기업의 업무절차를 연구하는 조 페퍼드와 필립 로랜드는 “관리자와 근로자의 사고방식이 생산을 결정한다”고 말했다.

기업의 경영자는 모든 일을 직접 할 수도 없을뿐더러 또 그럴 필요도 없다. 하지만 디테일한 부분에 대해서는 반드시 남들보다 더 세심하게 살펴야 한다. 가장 좋은 것은 베르너처럼 직원들에게 직접 모범을 보이는 것이다. 경영자가 세심한 모습을 보여주면 직원들도 어영부영 일을 처리할 수 없고, 그래야만 진정한 디테일의 묘미를 살릴 수 있다.

기업의 이사로 있을 때 나는 언제나 디테일한 부분을 제대로 처리하지 못해 업무에 차질이 생기지 않을까 매사에 신중을 기했다. 내 스스로 깜냥이 변변치 못하다는 사실을 잘 알고 있었기에 부지런함으로 부족한 재능을 보완하는 것밖에는 다른 도리가 없었다. 다이어리에 스케줄표를 작성하기 시작한 것도 그래서였다. 미국 대학에서 MBA 과정을 졸업한 친구가 있는데, 그 친구가 내게 매일, 매주, 매월, 매분기, 반기별로 그리고 1년 동안 해야 할 일을 빼곡히 적은 다이어리를 보여준 적이 있었다. 그때부터 나도 다이어리에 스케줄표를 작성해놓고 게을러지지 않도록 언제나 스스로를 단속한다(부록 1 「경영자가 꼭 해야 할 일」 참조).

내 경험에 비추어 보건대 일을 확실하게 처리하고 디테일한 부분을 세심하게 관리하는 방법으로 가장 효과적인 것은 바로 자기 약속과 표 작성법 그리고 구두 반복이다. 자기 약속이란 언제까지 어떤 일을 완료할 것인지를 종이에 기록하고 기준을 마련하는 것이고, 표 작성법이란 잡다한 일들을 표로 작성하여 담당자와 일정 등을 정리하는 방법이다. 그리고 구두 반복이란 구두로 지시를 받으면 그 자리에서 지시 내용을 직접 구두로 반복하는 것이다. 상사가 자신에게 언제까지 어떤 일을 완료하라고 지시했을 때, 그 자리에서 그 내용을 다시 반복해서 상사에게 확인을 받는 것이다. 이렇게 하면 전달 과정에서 생기는 오류를 막을 수 있다.

4
1분 1초를 통제하라
실행의 디테일

⌄

　베이위밍貝聿銘은 유명한 화교 건축가이다. 그는 자신이 설계한 건축물 가운데 최대의 실패작으로 베이징에 있는 샹산香山호텔을 꼽는다. 심지어 이 호텔을 일생일대의 실패작이라고 여겨 호텔이 완공된 후로 단 한 번도 그곳을 찾지 않았다고 한다.

　사실 샹산호텔을 설계할 때만 해도 베이위밍은 호텔의 안팎을 흐르는 하천의 흐름과 물살, 기울기 등을 자세하게 조사하고, 돌의 무게와 크기와 종류를 세심하게 선택하고, 호텔 내에 무슨 꽃을 어떻게 심을 것인지, 계절과 기후의 변화에 따라 어떤 색깔의 꽃이 피도록 할 것인지 등을 충분히 고려했다.

　그런데 시공과정에서 기술자들이 그의 이런 세심한 구상들을 완전히 무시해버렸다. 그들은 정원의 수로에서 물이 흐르는 방향과 돌다리의 배치, 꽃의 색깔 등 호텔 구석구석에 어느 것 하나 건축가의 혼이 담기지 않은 것이 없다는 사실을 전혀 헤아리지 못하고, 제멋대로 물의 흐름을 바꾸고 바위의 무게와 형태를 선택하여 아무 곳에나 배치했다. 자신이 심혈을 기울인 설계와 전혀 다른 완성품을 본 베이위밍은 가슴을 도려내는 것 같은 아픔을 느꼈다.

어떤 계획이든 그것의 성패를 결정하는 데는 설계도 중요하지만 실행과정도 그에 못지않게 중요하다. 설계도를 따르지 않고 시공하면 아무리 훌륭하게 설계된 건축물이라도 그림의 떡이 되어버리고 만다. 실행의 중요성을 강조하는 이유가 바로 여기에 있다. 물론 실행과정에서 가장 중요한 것도 역시 디테일이다.

같은 이치로 마케팅에서 마케팅전략이 기대한 효과를 낼 수 있는지의 여부는 바로 실행과정에서의 디테일한 부분이 좌우한다.

도요타자동차의 창업주인 도요타 에이지 전 회장도 기업경영에서 가장 힘든 일은 자동차의 연구개발이나 기술혁신이 아니라, 생산과정에서 기술자들로 하여금 정해진 규정에 따라 한 치의 오차도 없이 부품을 조립하도록 하는 일이라고 말했다.

내가 잘 아는 유제품회사의 마케팅 담당 부사장은 제품의 홍보전략에 대해 이렇게 말했다.

"우리는 홍보효과를 매우 중요하게 생각한다. 매일 새벽 도시를 가로지르는 산뜻하게 디자인된 100대의 우유배달 차량, 사람들의 눈을 사로잡는 브랜드 로고, 그리고 통일적인 자동차 색상이 바로 살아 움직이는 광고다. 그래서 나는 직원들에게 우유배달 일이 없어도 차를 몰고 도시 곳곳을 달리라고 말한다. 이 방법은 매우 효과적인 홍보수단이지만 다른 기업들은 쉽게 지나쳐버린다."

그가 강조한 홍보에 힘입어 그 도시에서는 이 회사의 우유를 마시는 사람들이 제일 많았다. 그런데 초기에 높은 매출고를 올리던 우유 판매가 날이 갈수록 떨어졌다. 조사 결과, 매출 감소는 뜻밖에도 배달차 때문이었다. 운행 초기엔 깨끗하던 차들이 어느 정도 시간이 지나면서 여기저기에 먼지와 흙이 묻고 칠이 벗겨져 지저분해졌다. 하지만 어느 누구도 세차를 하거나 유지보수를 하려고 들지 않았다. 그러니 사람들이 지저분한 배달차를 매일같이 보면서 당연히 그 안에 담긴 우유 역시 불결할 것이라고 여기게 되었던 것이다.

이 홍보방법을 고안해낸 광고업체도 홍보의 성공과 실패가 우유 배달차의 청결도에 좌우되리라곤 미처 예상하지 못했다. 요컨대, 우유 배달차의 청결이라는 디테일한 부분을 무시한 탓에 창의적이고 독특한 홍보방법이 그만 실패로 돌아가고 말았다.

이와 비슷한 사례는 기업들의 마케팅 부문에서 쉽게 찾아볼 수 있다. 많은 기업들이 마케팅에 문제가 생기면 마케팅전략이 잘못되었다고만 생각할 뿐, 그 전략을 엄격하고 정확하게 실천하지 않아서라고는 전혀 생각지 않는다.

마케팅전략을 실천하는 과정에서 디테일은 독특한 아이디어보다 훨씬 더 중요하다. 특히 어떤 전략을 전국적으로 여러 지역에서 동시에 전개할 때에는 디테일한 부분이 전략 전체의 성패를 가름한다고 해도 과언이 아니다. 어느 한 부분에서만 착오가 생겨도 전략 전체가 수포로 돌아갈 수 있다. 학교시험과는 전혀 다른 것이다.

베이징대학에서 강연을 할 때 이런 예를 든 적이 있다. 학교시험에서는 1점짜리 문제 하나를 틀리면 99점을 받을 수 있다. '100-1=99'라는 공식이 성립되는 것이다. 하지만 비즈니스 현장에서는 전략이나 계획을 실천할 때 한 가지만 잘못되어도 0점이 될 수 있다. '100-1=0'인 것이다. 예를 들어, 부가가치세 영수증을 작성한다고 치자. 10~20개의 항목 가운데 하나만 틀려도 그 영수증은 전혀 못 쓰게 된다. 이 정도로 끝난다면 그나마 다행일지 모른다. 실수로 초래되는 손실이 영수증 한 장으로 그치기 때문이다. 하지만 사람의 생명과 직결되는 일인 경우에는 상황이 달라진다.

2003년 2월 1일, 미국의 우주비행선 컬럼비아호가 우주비행을 마치고 지구로 귀환하던 중 갑자기 폭발하여 우주선에 타고 있던 7명의 비행사가 모두 사망하는 사고가 발생했다. 전 세계를 경악케 한 사고였다. 미국의 NASA는 곧장 비행계획의 책임자를 직위해제시켜버렸다. 그는 NASA에서 26년간이나 근무하고 4년 동안 비행계획 업무를 책임져온 사람이었다.

사고를 수습한 후 원인을 조사해보니 원흉은 뜻밖에도 연료탱크에서 떨어져나간 발포단열재 조각이었다.

2003년 1월 16일, 컬럼비아호가 발사된 지 80초가량 되었을 때 연료탱크에서 떨어져 나간 발포단열재 조각이 비행선의 왼쪽 날개에 부딪혔다. 이미 오래전에 안전을 위협하지 않는 단순한 현상이라는 평가를 받았던 사고여서 NASA의 관제본부는 그냥 넘어갔다.

그런데 그것이 화근이었다. 결국 컬럼비아호는 귀환을 얼마 남겨놓지 않은 상태에서 조각에 부딪힌 날개 부위의 과열로 공중에서 사라지고 말았다.

비행선의 전체 성능을 포함한 다른 기술표준들은 모두 완벽했다. 컬럼비아호의 표면에는 총 2만여 개의 단열재가 있어 3000도가 넘는 고온에도 버틸 수 있게 설계되었다. 비행선이 대기권으로 진입할 때 표면이 고온에 녹아내리지 않도록 한 것이다. 하지만 떨어져나간 작은 조각 하나가 막대한 가치를 지닌 비행선과, 무엇과도 바꿀 수 없는 7명의 고귀한 생명을 앗아가버린 것이다. 드러나지 않은 작은 문제 하나가 순식간에 전체를 파멸로 이끌 수 있다는 사실을 다시 한번 확인시켜주는 예이다.

한편 실행단계에서는 설계나 계획을 철저하게 준수해야 하는 것은 물론 독특함과 창의성도 함께 강구해야 한다.

유독 감기가 극성을 부린 어느 해 겨울이었다. 제약회사마다 약국에 영업사원을 파견하여 자사의 감기약을 홍보하느라 열심이었다.

그중에서도 A라는 회사는 다른 회사들보다 한 발 빠르게 움직였다. 전문지식이 풍부한 300명의 의과대학 여대생들을 고용하여 단정한 옷차림에 똑같은 배지를 달게 한 후 약국마다 한 명씩 배치했다. 다른 회사의 영업사원들 틈에 이 여대생들이 끼어 있으니 훨씬 더 눈에 띌 수밖에 없었다. 게다가 여대생들은 전문적인 의학지식을 갖추고 있었기 때문에 소비자들에게 더 자세한 설명을 해주고 건강상담까지 제공했다.

그럼 이 회사는 300명의 여대생을 고용하는 데 거액의 돈을 썼을까? 그렇지 않다. 학생들은 이것이 사회 경험을 쌓을 수 있는 기회로 생각하고 작은 보수에도 기꺼이 응했다.

다시 말하지만, 실행과정에서의 디테일은 계획과 규정을 엄격하게 준수하는 것이 무엇보다 중요하다. 그렇게 하지 않으면 계획이나 전략이 아무리 훌륭해도 무용지물이 되어버리기 때문이다. 경영자는 물론이고 사원들도 실제 업무의 진행과정이 한 치의 오차도 없이 계획에 따라 진행되고 있는지를 항상 염두에 두고 살피고 살피고 또 살펴야 하는 이유가 여기에 있다.

> 나는 항상 디테일의 중요성을 강조한다. 훌륭한 경영자가 되려면 반드시 가장 기본적인 일부터 완벽하게 챙길 줄 알아야 한다.
> —레이 크록, 맥도날드 창업자

5

모든 관리를 데이터화하라

관리의 디테일

∨

복어 요리는 일본인들이 가장 좋아하는 음식 가운데 하나다. 복어는 육질이 연하고 맛이 좋지만 치명적인 독을 가지고 있어 자칫 잘못하여 중독되면 목숨을 잃을 수도 있다. 중국에서는 복어를 먹고 병원에 실려 가거나 사망하는 사람의 수가 한 해에만 수천 명에 이른다. 이에 반해 중국보다 복어를 더 즐겨 먹는 일본에서는 복어를 잘못 먹어 사망하는 사고가 거의 발생하지 않는다. 도대체 어디에 차이가 있는 것일까?

일본에서는 복어를 요리하는 과정이 매우 엄밀하게 이루어진다. 최소한 2년 이상의 정식 교육을 받고 전문적인 시험에 합격한 사람만이 복어를 요리할 수 있다. 복어 한 마리를 요리할 때 독을 제거하기 위한 절차만 해도 30가지나 되며 숙련된 요리사라도 20분은 걸려야 이 모든 절차를 마칠 수 있다고 한다. 그에 반해 중국에서는 복어를 요리하는 과정이 다른 해산물을 요리하는 것과 별반 다르지 않다. 이 정도면 중국에서 복어를 먹고 피해를 당하는 사람이 많은 이유를 이해할 수 있을 것이다.

그런데 복어의 독을 제거하는 절차가 29가지도, 31가지도 아니고 왜 하필 30가지일까? 나는 이 30이라는 숫자가 우연히 나온 것이 아니라고 생각한다. 분명히 과학적인 실험을 거쳐 도출된 결과일 것이다. 일본인들 가운데 복어를 먹고 사망한 사람이 없는 것만 봐도 알 수 있지 않은가. 이런 점에서 볼 때 세심한 관리는 표준화된 관리이자 엄격한 절차를 거친 관리이며, 과학적인 관리란 모든 관리절차를 수치화하는 것이다.

맥도날드에서는 햄버거에 들어가는 고기가 구워진 후 20분 내에 판매되어야 하며 20분이 지나도 판매되지 않은 고기는 모두 폐기하도록 규정하고 있다. 이것이 바로 표준이다. 겉으로만 보면 아주 간단해 보이는 이 표준에 다다르기 위해서 얼마나 많은 디테일한 작업들이 요구되는지 생각해보자. 예를 들어, 고객이 많아 고기를 제때 구워낼 수 없다면 고객을 기다리게 해야 한다. 그러나 세상에 인내심이 강한 고객은 없다. 반대로 고객이 적어서 고기가 너무 많이 쌓여 있으면 어쩔 수 없이 버려야 하므로 비용이 올라가는 결과를 낳는다. 그러므로 손님을 기다리지 않게 하면서 고기가 많이 남아서 버리는 일이 없도록 하려면 고객의 수요를 상세하게 분석하고 예측하여 고객 수와 고기 양을 합리적인 비율로 맞출 수 있어야 한다. 그래야만 고객을 만족시키면서도 비용의 낭비를 막을 수 있다. 고기 굽는 것뿐만이 아니다. 맥도날드는 다른 음식과 서비스에서도 가장 적합한 수준에서 표준화된 규정을 실천하고 있다.

요즘은 WTO의 규정에 맞추기 위해 SOP표준작업지침서를 작성하는 기업들이 늘고 있다. 샤먼厦門항공의 여객기가 비행 중에 고장을 일으킨 적이 있었다. 이륙한 후에 비행기의 승강키(비행기가 뜨고 내릴 때 비행기를 안정되게 유지하는 키: 옮긴이)가 작동하지 않은 것이었다. 사건이 가까스로 수습된 후 샤먼항공은 모든 조작규정에 표준을 마련하기로 결정했다. 물론 여기에는 안전핀을 잊지 않고 뽑을 수 있게 하는 방법도 상술해놓았다. 지난번에 승강키가 작동하지 않았던 원인이 바로 안전핀을 뽑지 않은 데 있었기 때문이다. 또한 유지보수가 실시되고 있는 부분에는 반드시 붉은 테이프로 표시하도록 했다. 그 밖에 조종사의 수신호 요령까지도 자세하게 알려주는 등 그 어떤 문제라도 SOP를 펼쳐 보면 찾을 수 있게 되어 있다.

기업의 표준화관리를 위한 ISO국제표준화기구 관리시스템에서도 중국과 독일 기업은 디테일한 부분에서 차이가 난다. ISO 관리절차 서류를 보면 기업과 고객의 계약에서 반드시 평가와 심의를 거쳐야 한다는 항목이 있다. 만약 심의과정에서 심사원이 계약서에 고객의 서명은 있지만 해당 기업 영업이사의 서명이 빠져 있는 것을 발견했다면, 관리절차 서류의 규정에 따라 이 계약은 부적합 판정을 받게 된다. 이럴 경우에 중국 기업이라면 심사원이 '수정조치' 항목에 서명이 없는 곳에 서명을 해야 한다는 코멘트를 써넣을 것이고 그런 다음 계약서에 영업이사가 서명하면 별 문제 없이 심의를 통과할 수 있다.

하지만 같은 경우라도 독일에서 발생했다면 처리방법이 완전히 달라진다. 서명이 없는 것이 발견되면 서명을 하지 않은 사람의 서명이 추가되어야 하는 것은 물론, 서명이 누락된 원인까지도 모두 조사하고 분석해야 한다. 그리고 만약 분석과정에서 서명을 해야 할 영업이사가 출장 중이어서 서명이 누락된 것으로 밝혀지면, 계약서에 영업이사의 서명을 추가하는 것 외에 관리절차 서류 자체도 수정에 들어간다. 영업이사가 부재중일 경우 누가 대리로 서명해야 하는지에 대한 규정을 보완하는 것이다.

똑같은 상황이지만 사고방식과 처리방법이 다르므로 일의 결과 또한 달라진다. 전자의 경우에 책임자는 영업이사이지만, 후자의 경우에는 관리절차 서류의 작성자가 책임자가 된다. 또한 전자는 현재 벌어진 상황만을 수습하지만, 후자는 관리절차 서류를 수정하고 이와 비슷한 미비점이 또 있는지 다시 한번 검토한다. 만약 미비점이 없다면 그 단계에서 끝나지만 미비점이 발견되면 또다시 관리절차 서류를 수정하게 된다.

이렇게 철저하고 꼼꼼한 독일인들의 업무태도가, 독일이 다임러 크라이슬러나 지멘스, 폭스바겐 등 세계적인 대기업과 작지만 강한 경쟁력을 갖춘 중소기업들을 낳을 수 있었던 비결이다. 나아가 세계적으로 'Made in Germany'가 품질보증의 대명사처럼 여겨지고 있는 것도 여기에서 비롯한 결과다.

기업경영에서 디테일을 추구하는 것은 끝이 없는 일이다. 그래도 평가는 가능하다. 평가의 잣대는 그에 상응하는 표준과 규범이다. 다시 말해서 표준과 규범을 수립하여 디테일을 수치화하고 가장 적합한 표준에 도달하기 위해 노력해야 한다. 규범과 표준이 정립되지 않은 기업은 관리가 제대로 이루어질 수 없다. 이런 인식을 바탕으로 나는 거래업체회의를 주관하면서 규범에 관한 서류만 32가지나 작성했다.

모든 기업들이 해마다 적어도 한 차례씩은 대리점을 비롯한 거래업체들과의 전체 회의를 개최하는데, 회의를 준비하는 일은 아무리 세심해도 과하지 않다. 칭화淸華대학에서 EMBA과정을 밟고 있는 한 학생이 내가 주도적으로 준비했던 LF페인트회사의 거래업체회의를 토대로 「프로젝트 관리」라는 논문을 발표했는데, 그 논문 가운데 일부를 여기에 소개한다.

프로젝트의 배경

LF페인트는 외국과의 기술 합작으로 설립된, 고급 건축용 페인트와 가구용 페인트, 인테리어용 페인트, 접착제 등 화학제품을 연구하고 생산, 판매하는 기업이다. 페인트업계에서 2위 그룹 수준의 규모인 이 기업은 9년이라는 비교적 긴 역사를 가지고 있으며, 현재 광둥성 중산中山시 최대의 페인트 공장을 보유하고 있다. 또한 시장에서 어느 정도의 지명도와 170곳의 안정적인 거래처를 확보하고 있고 제품에 대한 평가가 양호하며, 전국 8000여 개의 페인트업체 가운데 인테리어용 페인트 매출액에서 15~20위를 차지하고 있다.

LF페인트에 2003년은 내부관리와 인력구조 면에서 중대한 조정이 이루어진 매우 특별한 해였다. LF페인트는 구조조정으로 인한 적지 않은 부담과 어려움을 극복하고 시장에서 양호한 실적을 거두었다. 그들

246

은 고객과의 교류와 협력을 확대하고 회사의 향후 발전 방향과 브랜드 전략, 시장모델 등에 대해 거래업체들과 공감대를 형성하기 위해 거래업체회의를 개최했다.

따라서 이번 거래업체회의는 LF페인트에 중차대한 의미를 띠고 있었다. LF페인트는 이 회의를 계기로 기업 내부는 물론 외부의 거래업체들로부터 신뢰를 유지하기 위해 사장을 중심으로 회의준비관리팀을 구성하고 회의에 필요한 모든 준비작업을 해나갔다.

프로젝트 범위

회의준비관리팀은 7월 2일 회의 계획이 발표됐을 때부터 7월 26일 거래업체 대표들이 참가등록을 마칠 때까지 총 25일간 다음과 같은 업무를 완료했다.

- 본사 1층에 2개의 주력 브랜드 전시장을 만들어 고객들을 위해 견본품을 전시했다.
- 2개의 주력 브랜드 제품을 홍보하기 위한 기념품을 제작했다.
- 기업의 향후 3년 계획과 하반기 마케팅 계획을 수립했다.
- 기업 전체의 브랜드 계획과 홍보 및 판촉용 제품 제작 계획을 수립했다.
- 정부, 은행, 협회, 언론사 등과 밀접한 관계를 유지하여 회사가 사회 각계로부터 인정받고 있다는 것을 보여주었다. 특히 은행의 적극적인 지원은 회사의 자금 사정이 해결될 수 있다는 신호로 받아

들여졌다.

- 회의를 개최하면서 경영진의 자질과 능력, 특히 디테일한 부문에서의 처리 능력을 과시하여 사람들에게 작은 일도 꼼꼼히 처리하는 회사라는 인상을 심어주었다.
- 주요 책임자들이 세심하게 준비한 연설을 발표하여 고위 경영진에 대한 거래업체의 불신을 일소했다.

미국 실리콘밸리의 기업들은 매우 치열한 경쟁을 벌인다. 모든 기업들이 자신의 치명적인 약점을 찾기 위해 안간힘을 쓸 정도다.
모든 기업이 공존할 수 있는 방법은 기존의 자사 제품을 뛰어넘는 더 좋은 제품을 개발하는 것이다.

거래업체회의 준비에 필요한 서류

번호	명칭	번호	명칭
001	회의 준비업무 통보	017	기업홍보영상 소개서
002	초청장	018	제품 홍보자료 주문서
003	회의에 필요한 보조자료 준비	019	제품 포장 주문서
004	회의 안내 및 인원 배치	020	참가 거래업체 명단
005	전시장 설계방안	021	회의예산표
006	전시장의 물품주문서 및 전시장 내 홍보자료·판촉용품 주문서	022	회의기간 동안의 차량배치 계획서
007	전시장 예산	023	빠르게 증가하는 페인트 시장에 관한 주제연설
008	준비업무 보충 통보	024	2003~2005년 발전계획 (이사장의 발언)
009	회의 분담 배치표	025	사장의 주제 보고
010	회의일정표	026	브랜드 계획에 관한 주제발표
011	초청귀빈 명단	027	자동배색시스템에 관한 주제발표
012	회의 참가자들의 도착 현황표	028	페인트업계의 광고에 관한 주제발표
013	회의지침	029	지역별 성공모델 소개
014	회의 참가자 가족들을 위한 배려	030	수상업체 명단
015	회의 진행자의 진행 멘트	031	회의 준비 및 효과에 대한 설문지
016	언론보도용 원고	032	기업의 경영관리에 대한 설문지

6

창업은 누구나 할 수 있지만…

안정기의 디테일

˅

'개구리법칙'을 아는가.

개구리 한 마리를 끓는 물에 넣으면 개구리는 넣자마자 곧바로 튀어나
온다. 하지만 그 개구리를 찬물에 넣고 가열하면 개구리는 저도 모르게 서
서히 죽어간다.

이 개구리법칙은 기업경영에서 나타나는 일련의 문제점들을 설명해
주는 아주 좋은 비유이다. 창업 초기에는 어떤 창업자든 활력이 넘치고
시장 변화에 민감하게 반응한다. 한마디로 흥분된 상태다. 그런데 창업
에 성공하여 회사가 정상궤도에 진입하고 경영이 안정을 찾아가면 내
부에서 생기는 작은 문제점들에 좀처럼 주의를 기울이지 않게 된다. 디
테일한 문제들이 중시되지 못하고 계속 쌓이다 보면 언젠가는 그 폐해

가 너무 막대해져서 돌이킬 수 없는 재앙을 불러온다. 결국 기업은 문제해결 능력을 상실하고 끓는 냄비 속의 개구리처럼 자기도 모르는 사이에 생을 마감하는 것이다.

개혁개방 이후 우후죽순처럼 나타난 기업계의 풍운아들과 한 시기를 풍미했던 기업들도 알게 모르게 사라져갔다. 부신성步鑫生, 마성리馬勝利, 장싱랑張興讓 등 1987년 4월에 제1회 전국우수기업인 시상식에서 금상을 수상했던 20명의 기업인들 가운데 지금도 기업계에서 명맥을 이어가고 있는 사람은 단 3명뿐이다.

그뿐 아니다. 한때 기업계를 주름잡았다가 바람처럼 사라진 기업들도 적지 않다.

- 쥐런巨人그룹은 자본금 4000위안으로 시작해 2년 만에 자산규모 1억 위안을 달성했다.
- 싼주그룹은 30만 위안을 밑천으로 창업하여 3년 만에 매출액 80억 위안이라는 신화를 창조했다.
- 1992년 난더南德는 러시아에 화물열차 500량 분량의 캔과 가죽의류를 제공하고 그 대가로 TU-154 여객기 4대를 인수하였고, 이를 통해 8000만~1억 위안을 벌어들였다.

이들 풍운아들은 창업기에는 상상을 초월하는 활력을 보여주다가 사업이 안정궤도에 들어서고 나서는 급격히 매너리즘에 빠져들었다. 그 차이가 워낙 커서 탄식이 절로 나올 정도다.

원래 경제가 정상적으로 돌아가는 시기에는 더 이상 풍운아를 필요로 하지 않게 된다. 잘 돌아가는 기업은 조직의 세부 관리에 더 신경을 써야 하고 그런 세밀한 관리를 통해 이윤이 얻어지는 법이다. 시장이 성숙기에 접어들어 점점 이윤 폭이 줄어드는 상황에서는 더욱 그렇다.

피터 드러커는 『자기경영노트』라는 책에서 "관리가 제대로 이루어지는 기업은 대체로 단조로우며 사람의 마음을 자극하는 일들이 벌어지지 않는다. 발생할 수 있는 위기를 모두 예견하여 그것을 4지선다형 객관식 문제로 만들어놓았기 때문이다"라고 지적했다. 장루이민 하이얼 회장은 이 말을 하이얼 OEC방식*의 중심이념으로 삼았다. 그는 "사람의 마음을 자극하는 일이 거의 없다는 것은 기업의 경영이 정상단계로 진입했다는 뜻이다. 단, 이것은 매일, 매순간의 엄격한 통제를 통해서만 도달할 수 있는 단계다"라고 말했다.

월마트의 창업자인 샘 월튼은 1918년에 오클라호마주의 전형적인 농촌 가정에서 태어났다. 그는 대학을 졸업한 지 사흘째 되던 날부터 어느 작은 마을의 소매점에서 일을 시작했고, 그로부터 10여 년이 지나 자신의 상점을 차릴 수 있었다. 소매점의 말단 종업원에서부터 시작한 그는 바닥 닦기, 영수증 발급, 장부 기입, 계산대 관리, 화물 운반 등 소매점에서 이루어지는 모든 일을 직접 배워나갔고, 두 팔을 걷어붙이고 발로 뛰어다니면서 회사를 키워 자신의 제국을 건설했다.

---

* OEC Overall Every Control and Clear는 하이얼의 독자적인 관리방식. 직원 스스로가 주도하는 자주적인 관리를 강조하며 그날 일은 그날 끝낸다는 원칙을 견지함: 옮긴이

월튼의 자서전인『샘 월튼』(원제는 Sam Walton, Made in America: 옮긴이)은 한 사람의 단순한 생각에서 시작된 꿈이 어떻게 세계적인 대기업의 건설로 현실화될 수 있는지를 잘 보여준다. 그의 성공신화에는 웅대한 전략이나 우여곡절, 혹은 극적인 반전이 담겨 있지 않다. 왕성한 창업정신을 가진 사람이 제품을 입고하고 판매하는 지극히 단순한 일을 꾸준히 해나가는 현실적인 이야기가 담담하게 서술되어 있을 뿐이다.

샘 월튼은 근무시간 가운데 90% 이상을 비행기를 타고 각 지점을 돌아다니거나 직원이나 고객들과 교류하고, 재무제표를 검토하고, 토요일 주간회의를 열고, 각 매장의 구체적인 운영상황 등을 알아보는 데 쏟아부었다. 지금도 월마트의 고위 경영진들은 매주 2~3일을 전국의 매장들을 둘러보며 구체적인 문제점들을 해결하는 데 쓰고 있다. 월마트는 평범한 노력으로 기적을 이룬 대표적인 기업이다.

창업 초기의 열정이 지나가고 단조롭고 평범한 시기가 찾아왔을 때야말로 정말 본격적인 노력이 필요한 시기라고 할 수 있다. 어느 기업이든 이 안정기에 내실을 기하고 엄격한 관리를 지속하게 되면 세계적 대기업으로 거듭나는 것이 결코 꿈으로만 끝나지 않을 것이다.

7

관리는 물고기 요리하듯

공공관리에 지나친 것은 없다

1
안전관리에 사소한 것은 없다
예고된 대형 사고

안전관리를 강조할 때마다 언제나 하는 말이 있다. 세상에서 아무리 중요한 것도 사람의 목숨보다 더 중요하지는 않다는 것이다. 그러나 우리 주변에서는 여전히 안전사고가 자주 발생하여 사람의 가슴을 졸이게 하고 있다.

- 1994년 12월 8일, 신장新疆의 커라마이유이관克拉瑪依友誼館에서 대형화재가 발생해 325명의 사망자가 났다.
- 2001년 6월 5일, 난창南昌의 라디오방송국 유치원에서 큰 화재가 일어나 13명의 어린 생명을 앗아갔다.
- 2002년 6월 16일, 베이징 하이뎬海淀의 란지쑤藍極速 PC방에서 큰 불이 나서 24명이 사망했다.
- 2003년 11월 3일, 헝양衡陽에서 화재로 소방대원 20명이 순직했다.

• 중국에서는 석탄 100만 톤을 채굴할 때 사고로 인한 사망률이 러시아의 11배, 인도의 15배이며, 미국에 비해서는 무려 182배나 된다.

최근 발표된 통계에 따르면, 중국에서는 하루 평균 300명이 각종 사고로 목숨을 잃고 있으며, 해마다 사고로 인한 직·간접적 경제 손실이 싼샤三峽댐(양쯔강 중상류인 후베이湖北성 이창宜昌의 세 협곡을 잇는 세계 최대 규모의 댐: 옮긴이) 두 개를 건설할 수 있는 액수라고 한다.

국가안전생산감독관리국의 왕더쉐 王德學 부국장은 3년 동안 발생했던 대형 사고들을 조사한 후 "거의 모든 대형 사고는 피할 수 있는 것이었다"고 말했다.

헝양에서 대형 화재가 발생한 뒤 50일 만에 더 큰 참사가 일어났다. 2003년 12월 23일에 충칭重慶의 촨둥베이치川東北氣 천연가스전에서 대형 폭발사고가 발생한 것이다. 이 사고로 234명이 사망하고 900여 명이 부상했다.

이런 비극이 발생한 원인은 무엇일까? 관리감독체계가 부족했던 것일까? 그렇지 않다. 안전생산을 책임진 국가안전생산감독관리국은 전국 30개 성과 시, 구에 안전생산관리감독기관을 설치하고 각 현에도 감독기구를 설치해놓았다.

그렇다면 설비가 낙후되었기 때문일까? 그것도 아니다. 중국의 가스전 관리기술은 세계적인 수준이고, 사고가 발생한 지역을 관할하는 쓰촨석유관리국은 중국에서도 가스전 관리수준이 우수한 편에 속한다. 또한 해당 회사도 기술과 설비 수준이 우수한 가스전 개발회사였다. 쓰

쓰촨성은 천연가스전이 집중된 지역으로서 천연가스 생산기술과 설비의 수준이 매우 높다. 걸프전이 끝난 후 유정화재 진압을 위해 쿠웨이트에 파견되었던 지원단도 주로 쓰촨성 출신이었다.

관리감독 체계가 확립되어 있고 일류 수준의 기술과 설비를 보유하고 있는데도 왜 사상자가 1000명이 넘는 대형 사고가 일어난 것일까?

대형 사고는 어떤 나라에서든 일어나기 마련이다. 그런데도 왜 유독 중국에서만 대형 사고로 인한 사망률이 다른 나라에 비해 월등히 높은 것일까? 충칭의 천연가스전 폭발사고가 우리에게 시사하는 바는 무엇일까? 다음의 3가지 원인은 사회 각계와 언론매체의 분석 결과를 토대로 내가 정리한 것이다.

첫째, 일부 관리자들이 입으로만 '인간 중심'이라는 구호를 외치고 있다.

후진타오 국가 주석은 "국민의 이익과 관계된 문제에서 작은 일이란 없다"고 말했다. 정부의 각급 지도자와 기업가들이 진정으로 국민의 이익을 가장 중요하게 생각했다면 이런 사고는 일어나지 않았을 것이다.

둘째, 사고를 예방할 수 있는 조치가 미흡하고 유기적인 관리가 이루어지지 않고 있다.

충칭의 천연가스전 폭발사고가 일어났을 때 매스컴에서는 가스전 작업들이 사고 당시에도 사태가 더 악화되지 않도록 하기 위해 최선을 다했다고 보도했다. 작업반의 총책임자는 밸브를 잠그기 위해 노력했고 작업반 반장인 우빈吳斌도 분출되는 가스를 막기 위해 안간힘을 썼다고 했다. 당시 두 명의 근로자 외에는 부상자나 사망자가 없다는 발표도 있었으나 사실 우빈은 눈에 중상을 입었다.

그렇다면 실제로 당시에 사고를 둘러싸고 합당한 조치들이 취해졌는지 살펴보자.

천연가스는 위험한 물질이다. 그런데 당시 관리부서는 사전에 안전과 환경보호에 대한 평가를 실시했는가? 만약 평가했다면 관리부서가 그 평가 결과를 제대로 적용했는가?

전문가들은 천연가스전과 생산공장은 반드시 500미터 이상의 거리를 두고 있어야 하며, 천연가스전에서 반경 1킬로미터 이내에 주민거주지역이 있어서는 안 된다고 지적한다. 그런데 당시「중궈신원저우칸中國新聞週刊」기자가 조사한 바에 따르면, 가스전에서 불과 30미터 떨어진 곳에 민가가 6~7채 있었고, 반경 1킬로미터 안에는 수백 채의 민가가 있었다.

관리부서가 주변 지역의 주민들을 대상으로 안전교육이나 대피훈련을 실시했는가?

당시 대피한 주민들이 집에 두고 나온 돼지에게 여물을 주기 위해 봉쇄선을 넘어 집으로 들어갔다는 기사를 읽었다. 정말 위험천만한 일이다. 그렇다고 농민들의 무지만을 탓할 수는 없다. 그 사고로 피해가 가장 컸던 가오차오高橋진의 주민들은, 그들에게 가스전에서 사고가 발생할 수 있다는 사실과 사고가 발생했을 때의 행동요령 등을 알려주는 사람이 아무도 없었다고 증언했다.

정부의 관리부처와 현지 가스전과의 유기적인 교류와 의견 교환은 활발하게 이루어졌는가?

정부의 석유관리부처는 허가증 발급이나 세금징수 외에는 현지 회사와의 교류가 일체 없었다. 더군다나 사고를 알리는 통신설비도 부족했다. 즉시 사이렌이라도 울려 긴급상황임을 알렸다면 사망자 수가 그렇게 많지는 않았을 것이다.

셋째, 사후처리가 효과적으로 시행되지 않았다.

사전예방 조치가 미흡했더라도 사고 후에 정확한 긴급조치를 취했더라면 피해를 더 줄일 수 있었을 것이다. 당시 전문가들의 조사 결과에 따르면, 사후조치도 세부적인 부분에서 여러 가지 문제가 있었다.

- 가스정을 굴착할 때 주입한 시멘트액의 밀도가 기준보다 낮아 압력이 균형을 이루지 못했다.
- 톱 드라이브top drive가 제대로 제어되지 않아 가스 분출이 억제되지 못했다.
- 제때 불이 점화되지 않아 황화수소가 방출되면서 유독가스가 분출되었다. 가스정 점화는 말단 근로자들이 결정할 수 있는 사항이 아니므로 이는 당연히 관리체계상의 문제라고 볼 수 있다.
- 사고가 발생한 후 작업반에서 촨둥 본사에 상황을 보고했지만, 지방 정부 당국이 즉시 소식을 전달받지 못해 초기 진화 시기를 놓쳤다. 가오차오진의 한 주민은 "사고가 발생했다는 소식을 우리에게 신속히 알려만 주었더라도 대피 시간을 앞당겨 사상자 수를 훨씬 줄일 수 있었을 것이다"라고 말했다.

이 같은 간단한 분석에서도 사고와 관련하여 사전 예방과 사후 수습의 세부적인 부분이 제대로 이행되지 못했다는 것을 알 수 있다. 재난이 발생할 때마다 책임자들이 징계를 당하고 관련 기업체들이 처벌을 받지만, 그렇다고 무고하게 희생된 사람들을 되살릴 수 있는 것은 아니다. 또 사고로 부상을 당한 사람들이 평생 안고 살아야 할 고통을 덜어줄 수도 없다. 사상자 수를 줄일 수 있는 유일한 방법은 안전을 위한 세부적인 규정을 철저히 준수하는 것뿐이다.

미국에서도 1975년부터 1996년까지 208건의 황화수소 누출 사고가 발생했지만 이로 인한 사망자는 단 한 명도 없었다. 뿐만 아니라, 주요 석탄 생산국가 가운데 하나이면서도 매년 광산 사고로 목숨을 잃는 사람의 수가 평균 40명에 불과하고, 1976년 이래로 5명 이상의 사망자를 낸 광산 사고는 13건밖에 없었다. 평균 2년에 한 번 발생한 셈이다.

중국의 경우는 어떤가. 구이저우貴州성에서만 2003년 1월부터 5월까지 광산 사고가 무려 205건이나 발생했고 사망자 수도 398명이나 되었다. 정부의 관리자들이 미국과 중국의 차이점을 비교하고 미국의 관리 경험을 본받아야 한다고 내가 늘 주장하는 이유가 여기에 있다.

물론 중국 기업에도 여러 가지 규정과 제도가 수립되어 있긴 하다. 그러나 더욱 중요한 것은 관리자들이 얼마나 진지한 태도로 이 규정과 제도를 집행하느냐이다.

원자바오 총리는 "재난 속에서 잃은 것은 발전 속에서 보상받을 수 있다. 가장 중요한 것은 얼마나 정확하게 경험을 종합하고 교훈으로 삼느냐 하는 것이다"라고 말했다.

2
중복투자 도대체 언제까지?
정부 정책 결정의 디테일

︾

정책 결정 문제는 이미 6장의 '문제는 언제나 디테일에서 비롯된다'에서 설명했다. 여기에서는 정부의 정책에 내재한 디테일한 문제를 이야기하고자 한다.

그동안 중국은 산업 분야에서 3차례의 대규모 중복투자 사업을 벌였다.

먼저, 1980년대에 각지에서 컬러TV와 냉장고로 대표되는 가전제품 생산업체들이 우후죽순 생겨나면서 중복투자 현상이 나타났다. 10년 동안 전국에서 컬러TV 업체만 수백 개가 난립했고 총투자액이 280억 위안에 달했다.

두 번째 중복투자는 1990년대에 나타났는데, 자동차와 철강업계가 집중 투자 대상이었다. 1999년에 전국적으로 자동차 생산업체가 122개나 되었고 연간생산능력은 240만 대가 넘었다. 하지만 이 가운데 3

분의 1은 쓰지 못하고 방치되었다.

2000년에 시작되어 현재까지 이어지고 있는 세번째 단계에서는 IT 신소재, 바이오산업 등에 대한 중복투자가 이어졌다. 결과적으로 IT 분야에 대한 낮은 수준의 중복투자와 업체 간 경쟁이 심화되었으며, 설상가상으로 여기에 자동차 생산라인과 철강산업에 대한 중복투자가 다시 고개를 들고 있다.

여러 부문에 걸쳐 중복투자 양상이 도를 넘어서면서 각계의 우려가 날로 높아지고 있다. 통계자료에 따르면 「국민경제와 사회 발전을 위한 제10차 5개년 계획」(이하 '10.5계획') 가운데 집적회로와 나노소재, 컴퓨터 네트워크, 소프트웨어업계의 중복투자율이 각각 35%와 48%, 59%, 74%에 달한다고 한다.

중복투자 현상은 비단 산업 분야만이 아니라 다른 여러 분야에서도 광범위하게 나타나고 있다. 최근 들어서는 몇 년간에 걸친 공항 건설 중복투자를 우려하는 목소리가 높아지고 있다. 창장長江 삼각주(창장, 즉 양쯔강 하류에 형성된 삼각주지역. 상하이, 쑤저우蘇州, 우시無錫, 난징, 항저우, 닝보 등의 도시가 여기에 속함: 옮긴이)를 중심으로 앞다투어 공항이 건설되고 있는 것이 그 한 예다. '10.5계획'이 완료되는 2005년 말경이면 화둥華東지역에 총 36개의 공항이 완공될 예정인데, 이들 공항이 대부분 창장 하류지역에 집중되어 있다. 더욱이 2020년이 되면 이 지역에 무려 48개의 민간 공항이 생겨날 것으로 보인다. 계산해보면 공항이 400킬로미터마다 하나씩, 그리고 1만 평방킬로미터당 0.8개씩 들어설 것이라는 결과가 나온다. 이는 1만 평방킬로미터당 0.6개의 공항을 보유한 미국보다도 많은 수준이다.

공항은 투자규모가 매우 크고 투자회수 기간이 매우 긴 인프라 시설 가운데 하나다. 고객과 화물 운송률이 일정한 수준에서 유지되지 않으면 곧 적자에 허덕이게 된다. 그 한 예로 장쑤江蘇성 난퉁南通시에 공항이 들어섰을 때만 해도 현지에서는 신설 공항이 가져올 경제적 효과에 고무되어 크게 환영하는 분위기였지만, 막상 운영이 시작되어 지금까지 계속 적자를 면치 못하면서 현지 경제에 심각한 부담으로 작용하고 있다. 현재 화둥지역에서는 이미 3개의 공항이 운영을 중단했으며, 이 중 2개는 취항 항공편 부족으로 적자에 시달리다 결국 폐쇄된 것이다.

사실 과도한 공항 건설의 문제점은 일찍이 푸저우福州의 창러長樂공항 건설에서부터 제기되기 시작했다. 1997년 6월에 개항한 창러공항 건설에는 총 27억 위안이 투입되었다. 이자까지 합하면 총투자액은 32억2800만 위안에 달했다. 하지만 개항 이후 2001년 여객 및 화물 운송량이 공항 수용 규모의 3분의 1에도 못 미쳤고, 개항 5년 만에 11억 위안이라는 적자만 남겼다.

그런데도 왜 정부의 관련부처는 이를 타산지석으로 삼아 유사한 상황이 재연되는 것을 막지 못할까?

2001년 11월, 국가심계서國家審計署(우리나라의 감사원에 해당: 옮긴이)에서 이에 대해 감사한 후 '결정적인 과실로 국유자산이 심각한 손실을 입었다'는 결론을 내렸다.

국가심계서는 공항이 적자를 내게 된 원인을 다음과 같이 4가지로 분석했다.

첫째, 프로젝트의 결정이 과학적인 절차를 거쳐 이루어지지 않았다. 타당성 조사에서 충분한 시장 예측이 이루어지지 않았으며 기초 데이터 수집방식이 과학적이지 못했다.

둘째, 프로젝트 건설 규모가 너무 큰 나머지 과도한 대출이 이루어졌고 운영비용도 예상을 초과했다.

셋째, 프로젝트에 대한 체계적 관리가 이루어지지 못하고 건설 절차를 엄격하게 준수하지 않아 자금 손실과 자산 낭비가 심했다.

넷째, 공항 개항 후 운영에 대한 관리가 부실했다.

이 같은 국가심계서의 분석 결과는, 푸저우 창러공항이 건설 초기의 정책 결정은 물론 중기 건설과 후기 관리에 이르기까지 모든 절차가 허술하게 진행되었다는 것을 말해준다. 최근 창장 하류지역에서 나타나는 대대적인 공항 건설 붐을 보면서 과연 정부의 관련부처에서 얼마나 세심한 분석을 거쳐 정책을 결정한 것인지에 대해 의구심을 품지 않을 수 없다.

정책 결정은 정보 수집과 정책 입안, 평가방법 선택, 그리고 정책 결정 및 시행이라는 4단계를 거쳐 이루어진다. 정보수집 단계에서 충분한 정보가 수집되지 않거나 부정확한 정보를 수집했을 경우에는 정확한 정책 결정을 기대하기 어렵다. 과연 현재 정부가 이 단계의 중요성을 확실히 파악하여 실천하고 있는지 궁금하다.

앞서도 언급했지만 미국의 랜드연구소는 한국전쟁 발발 직후 '중국은 한국전쟁에 참전할 것이다'라는 단 한 문장으로 된 보고서를 제출했다. 그리고 이 보고서에 무려 380페이지에 달하는 자료를 첨부했다. 보고서 하나를 작성하기 위해 그들은 얼마나 많은 노력과 심혈을 쏟았을까. 지금의 우리 모습과 너무 대조적이지 않은가.

미국의 포드자동차 공장에서 기계가 고장을 일으켰다. 많은 기술자들이 3개월간 면밀히 조사했지만 수리는커녕 고장의 원인조차도 알아낼 수 없었다. 포드자동차는 어쩔 수 없이 독일인 전문가에게 수리를 의뢰했다.

이 전문가는 세심한 분석과 계산을 마치고 나서 분필로 기계 위에 선을 긋고는 "기계를 열고 이 선을 그은 곳의 코일을 16개로 줄이십시오"라고 말했다. 그의 말대로 했더니 과연 기계가 정상적으로 돌아가기 시작했다.

포드 사가 그에게 비용을 묻자 그는 1만 달러를 요구했다. 그의 말에 모두 입이 떡 벌어졌다. 선을 하나 그은 것에 대한 대가로 1만 달러를 요구한다는 것이 터무니없다는 반응이었다. 하지만 그는 이렇게 말했다.

"선을 그리는 것은 1달러의 가치밖에는 없지요. 하지만 어디에 선을 그어야 할지를 아는 것은 9999달러의 가치를 지니고 있습니다."

이 이야기는 본래 지식의 가치를 강조하는 사례로 자주 인용되는 것이다. 하지만 시각을 달리해서 보면, 결론은 간단하지만 그 결론을 내리기까지의 과정은 그야말로 복잡다단한 것이며 세심한 조사와 연구가 뒷받침되어야 한다는 사실을 분명하게 전해주고 있다.

정책 결정은 국민 생활 및 국가경제와 직결된 것이기 때문에 이를 책임지고 있는 정부는 정책을 결정하기 전에 반드시 광범위하고도 세밀한 조사를 실시해야 한다. 탁상공론으로는 실제에 부합하는 정책을 세울 수 없다.

3
정부는 과연 변화했는가
디테일에서 서비스의 질이 나타난다

﹀

중국이 WTO에 가입하면서 정부의 기능도 관리에서 서비스로의 전환이 요구되고 있다. 이것은 경제발전과 경쟁력 강화를 위해서도 꼭 필요한 일이다.

중국은 이미 정부의 기능 전환을 선언한 바 있다. 2003년 10월에 열린 중국공산당 제16기 중앙위원회 제3차 전체회의에서 통과된 「사회주의 시장경제체제의 몇 가지 문제점에 대한 중국공산당 중앙의 결의」라는 문건에서 '정부의 경제관리 기능을 전환한다'는 목표를 천명하고, 행정심의 제도의 개혁을 통해 정부의 경제관리기능을 시장 주체를 위한 서비스와 양호한 환경 조성 위주로 전환시키기로 했다.

정책상으로 정부의 기능 전환 문제가 수면 위로 떠오르게 된 것이다. 실제로도 2001년부터 상하이, 톈진, 난징, 청두 등을 포함한 각급 지방정부는 일련의 조치들을 통해 주요 도시에서 '서비스형 정부를 건설한다'는 구호를 내걸고 혼란스러운 법규를 가다듬는 한편, 정책 공개와 원스톱 서비스 등의 실현을 위해 노력해왔다.

예컨대 네이멍구(內蒙古)에서는 30여만 개에 달하던 정책과 법규를 정리했고, 후난성에서는 11만 가지에 달하는 불필요한 서류절차를 모두 폐지했다. 장쑤성에서는 지방법규 4건과 성정부 규정 26건, 그리고 규범성 문건 1136가지를 폐기했으며, 선전에서는 4개 항목의 지방법규 가운데에서 '선전에 상주하는 주민으로 제한한다'는 조항을 삭제하여 호적 제한을 취소했다.

정부의 기능 전환을 위한 일련의 조치들은 일단 긍정적인 효과를 내고 있는 것으로 평가되고 있다. 예를 들어, 2003년 10월 14일 광둥의 공안국에서 총23개의 민원절차를 간소화하거나 개선하여 현지인들로부터 호평을 받았다. 여기서 더 나아가 사회비용을 절감하는 플러스 효과도 기대되고 있다.

그렇지만 정부의 기능 전환이 정책 수립만으로 곧장 실현되는 것은 아니다. 이런 조치들이 정부의 입장을 반영하고 개혁의 방향을 잡았다는 점에서는 고무적인 일이지만, 실행하는 것은 쉬운 일이 아니다. 앞서 언급했던 금연의 예와 마찬가지다. 금연명령을 내리기는 쉽지만 직원들로 하여금 정말로 금연하게 하는 일은 결코 쉬운 일이 아니다. 디테일한 부분에 조금이라도 소홀히 하면 형식적인 금연에 그칠 수 있다. 정부의 기능 전환 역시 마찬가지다. 원칙과 구체적인 조치를 발표했더라도 형식적인 노력에 그친다면 문제를 해결할 수 없는 것은 물론이고, 오히려 정부의 권위를 실추시킬 수도 있다.

1998년 말, 중국전신총국과 정부 47개 부처의 정보담당 부서가 야심 찬 '정부 정보화' 계획을 발표했다. 하지만 5년이 지난 2003년, 한 기자가 어느 도시의 수십 개에 달하는 부처별 사이트에 대해 조사를 실시해 보니 정보화 수준은 여전히 기대 이하였다. 그 가운데 10개 사이트에 문의 메일을 보냈지만 5개 부서에서만 답장이 오고 다른 사이트에서는 감감무소식이었다. 게다가 5개 부서에서 보낸 답장 역시 구체적인 내용보다는 의례적인 말들이 많아 문의했던 내용에 대한 정확한 답을 얻을 수 없었다. 이런 사이트가 실질적으로 어떤 역할을 할 수 있을지 의문이다.

원자바오 총리는 "중국에는 13억의 인구가 있다. 아무리 작은 문제라도 13억을 곱하면 아주 커다란 문제가 되어버린다. 고위 관리자들은 언제나 이 점을 명심해야 한다"라고 말했다.

여전히 골칫거리인 베이징의 교통체증을 예로 들어보자. 차량 1대당 매일 길에서 낭비하는 시간이 평균 30분이라고 가정할 경우, 베이징에 있는 200만 대의 차량을 모두 합했을 때 매일 4만1667일이라는 천문학적인 시간이 길에서 낭비되고 있다는 결론이 나온다. 낭비되는 것은 시간만이 아니다. 낭비되는 연료의 양을 계산해도 천문학적인 숫자가 나올 것이다. 개별적으로 따지면 그리 크지 않은 문제도 합쳐놓으면 이렇게 어마어마한 결과가 나온다.

랴오양遼陽시는 실질적인 개선을 위해 시정부 주도하에 800평방미터 넓이의 사무용품 매장을 설립하고 시의 모든 직속기구는 사용할 사무용품을 반드시 이 매장에서 구매해야 한다는 규정을 만들었다. 사무용품 소모량을 줄이는 한편 구매와 관련한 일체의 부정부패를 차단하겠다는 의도였다. 통계에 따르면 이 매장의 설립으로 사무용품 구매에 들어가는 비용이 연간 750만 위안씩 절약될 수 있을 것으로 예상된다. 전국 각지의 지방정부가 이 방법을 본받아 실시한다면 얼마나 많은 비용이 절감되겠는가!

정부의 기능이 관리에서 서비스로 완전히 전환되기 위해서는 아직도 가야 할 길이 멀다. 의식은 물론 업무태도와 체제개혁 등 많은 부분에서 전환이 이루어져야 한다.

가오징화高京華박사는 Z-COM이라는 회사에서 일하고 있다. 유명한 무선네트워크 제품을 생산하는, 미국의 실리콘밸리에 위치한 이 회사는 '장쑤소프트웨어단지'에 진출해 있다. 가오징화 박사는 실리콘밸리에서 10년 동안 일한 경험을 바탕으로 소프트웨어기업들의 생존환경을 실리콘밸리와 비교한 흥미로운 결과를 발표했다. 그는 중국의 하드웨어적인 환경에 대해서는 대체로 만족감을 표했지만, 금융, 보험, 물류 등 소프트웨어적인 분야와 정부의 서비스는 매우 뒤떨어진다고 평가했다. 그는 중국에서 기업을 경영하는 일은 '너무 피곤한 일'이며 '무의미한 노동이 너무 많다'고 말했다. 그는 이를 다음의 두 가지 예를 들어 설명했다.

첫째는, 기업의 임금 지급과 보험료 납부 비용이다.

실리콘밸리에서는 이 두 가지 일을 처리하는 데 드는 비용이 25달러에 불과하다. 미국중앙은행인 연방준비제도이사회FRB 산하에 ADP라는 전문서비스회사가 있는데, 계약을 체결하고 이 회사에 임금 지급을 일임하면 관련된 업무를 이 회사에서 대신 처리해준다. 미국의 임금구조는 중국보다 훨씬 복잡하지만 ADP에서 일괄 처리해주기 때문에 별 문제가 없다. 이 회사는 임금 지급 외에도 세금과 보험료 납부 등을 서비스한다. 매달 그 회사에 직원들에게 지급할 임금액수의 변동 유무를 알려주기만 하면 된다. 통지가 없을 때에는 이 회사에서 직접 전화를 걸어 확인하는데, 그럴 때에도 통화시간이 10초를 넘지 않는다. 중국에서는 이런 일을 대신해주는 곳이 없기 때문에 자주 번거로운 문제가 발생하곤 한다. 그러나 기업이 이런 잡다한 일에 시간과 인력을 쏟는 것은 큰 낭비다. 기업은 이런일 대신 경영과 신제품 개발에 치중해야 한다.

다음으로, 소프트웨어 수출환급세 제도에서도 차이가 있다.

2003년 초, 중국 정부가 소프트웨어에 대한 수출환급세 제도를 발표했다. 나는 곧바로 비서에게 수출환급세 신청을 지시했다. 그 비서는 난징대학을 졸업한 유능한 재원이었다. 그가 2개월 동안 이곳저곳을 뛰어다닌 끝에 성의 경제무역위원회 데이터센터에 2800위안을 내고 신청을 마쳤다. 네트워크 등록비라는 명목이었다. 그런데 1년이 지난 지금도 수출환급세가 지급되지 않고 있다. 2800위안의 등록비는 물론 우수한 인력을 쓸데없이 낭비한 셈이다.

이 두 가지 일 모두가 현지 정부의 잘못 때문이라고 단정할 수는 없겠지만, 난징에서 '서비스형 정부'를 수립하겠다고 선언한 것은 전국적으로도 널리 알려진 사실이다. 일이 제대로 추진되지 않았을 경우 그로 인한 이미지 실추는 모두 난징 시정부가 떠안아야 한다.

노자는 "큰 나라를 다스리는 것은 작은 물고기를 요리하듯 해야 한다"고 말했다. 물고기를 요리할 때에는 양념과 불의 세기가 적당해야 제대로 맛을 낼 수 있다. 불의 세기가 맞지 않거나, 양념의 조화가 잘 이루어지지 않거나, 초조한 마음에 물고기를 자꾸 뒤집으면 살이 모두 부스러지고 만다. 세심함과 신중함이 필수적으로 요구되는 일이다.

디테일한 부분에서 공무원들의 자질과 서비스 수준이 드러나고 서비스형 정부 역시 디테일한 부분에 따라 성공 여부가 좌우된다는 사실을 잊어서는 안 된다.

> 커다란 문제 속에는 언제나 작은 문제들이 있다.
> —H. 하울리, 미국 경영학자

4

투자자의 눈은 어디를 향하는가

도시 경쟁력을 키워라

2002년 11월, 인터넷상에서 「누가 선전을 버렸는가」라는 글이 큰 반향을 일으키면서 도시 경쟁력이 화두로 떠올랐다. 경제발전이라는 대명제하에서 어느 도시를 막론하고 도시의 경쟁력 강화가 정책 입안자들의 최대 관심사가 되었다. 어떻게 하면 도시 경쟁력을 강화할 수 있을까?

도시 경쟁력이 내 전공 분야는 아니지만 마케팅의 관점에서 개발구의 마케팅에 대해 몇 마디 하고자 한다. 개발구의 성공 여부도 도시 경쟁력을 나타내는 구체적인 현상 가운데 하나다.

2003년 11월, 나는 허난성 안양시 공상연합회工商聯(우리나라의 상공회의소: 옮긴이)의 초청으로 마케팅에 관한 강연을 한 후, 안양시의 요청으로 「안양의 투자유치를 위한 건의」라는 글을 썼다. 이 글에서 나는 개발구의 투자유치 문제에 대해 몇 가지 건의를 했는데, 주요 내용은 다음과 같다.

중국관영방송 CCTV가 2003년 12월 3일 「중앙방송포럼」이라는 프로그램에서 '개발구, 열기를 식히자'라는 제목의 방송을 내보냈는데, 주제가 주제이니만큼 방송이 나가자마자 각급 정부와 여러 투자기업들이 큰 관심을 보였다.

중국에서 개발구가 처음 지정된 것은 1984년의 일이다. 1988년에 14개였던 국가급 개발구가 2003년에는 54개까지 늘어났다. 여기에 성급, 시급, 현급 그리고 향진 鄉鎭(현縣의 하급행정단위: 옮긴이)급 개발구까지 합치면 그 수는 훨씬 더 늘어날 것이다. 광둥성만 해도 국가급 개발구가 6개, 성급 개발구가 3개이며 소프트웨어와 수출 기지가 8개, 그리고 863계획 성과 전환기지* 12개가 있다.

중국에는 현재 주장珠江삼각주(주장의 하류에 형성된 삼각주지역. 광저우, 선전, 주하이珠海, 둥관東莞 등 18개 시가 모여 있음: 옮긴이)와 창장삼각주 그리고 발해만 지역의 3대 경제권이 형성되어 있으며 쿤산昆山, 선전, 우장吳江이 모범적인 개발구로 꼽히고 있다. 세계 500대 기업 가운데 254개 기업이 현재 주장삼각주에 진출해 있다. 2003년 중국에 사스SARS가 창궐하던 때에도 광저우개발구에서는 투자유치 계약이 하루에 평균 1건씩 성사되었다. 쑤저우와 상하이 사이에 위치한 쿤산에는 대만 100대 기업 가운데 25개 기업이 진출해 있으며 상주하는 기업인만 1000명이 넘는다. 선전의 하이테크개발구의 경우에도 2002년 생산액이 1996년의 7.2배였으며, 수출과

---

* 1986년 3월부터 생명공학, 정보기술, 자동화기술, 에너지기술, 신소재, 우주기술, 레이저기술 분야에서 세계 수준의 첨단과학기술을 육성하기 위해 '863계획'을 실시해옴. 이 계획을 통해 이룩한 연구성과를 상품화하고 양산하기 위해 건설한 것이 바로 '863계획 성과 전환기지'임: 옮긴이

세수액도 1996년에 비해 각각 22.6배와 10.8배로 늘어나 선전의 경제개발을 주도했다.

하지만 빠르게 성장하고 있는 개발구에도 문제점은 있다. 지역 간 경제 수준의 격차가 너무 크다는 것이 가장 큰 문제다. 또한 대부분의 개발구에서 많은 농지를 수용해놓고도 개발하지 않고 있으며, 외국기업의 투자를 유치할 때 용지 사용료와 세금만을 강조한다든지 산업구조가 불합리하여 경영비용만 증가시키는 등의 문제점이 나타나고 있다.

안양시 공상연합회는 그동안 마케팅 컨설턴트를 고용하여 개발구의 문제점을 개선하기 위한 노력을 기울여왔다. 하지만 기대만큼의 효과가 나타나지 않고 투자유치도 활발하게 이루어지지 않고 있다. 마케팅 전문가의 관점에서 몇 가지 건의를 하고자 한다.

조사와 연구는 모든 마케팅업무의 기초다. 따라서 외국기업의 투자절차 파악과 투자지역에 대한 실사가 필수적이다. 외국기업들이 투자할 때 무엇을 고려하는지 알지도 못하면서 어떻게 그들에게 개발구에 투자해달라고 설득하겠는가.

외국기업, 특히 세계적인 대기업들은 투자지역과 공장부지를 선정할 때 투자대상지를 평가하기 위한 기준과 원칙을 가지고 있다. 그들은 3단계의 선정작업을 거쳐 투자대상지를 결정한다. 우선 투자할 국가를 선정하고, 두 번째로 지역을 결정하며, 마지막으로 구체적인 부지를 확정한다.

투자대상 국가를 고를 때 참고하는 요소들에는 다음과 같은 것들이 있다.

- 정부의 법규
- 기업에 대한 정부의 태도
- 정국의 안정 정도
- 문화적 환경
- 경제적 환경
- 시장의 위치 분포
- 노동력 확보의 용이성
- 근로자들의 작업태도
- 생산력
- 생산원가
- 공급업체들의 편의성
- 교통
- 에너지 상황
- 환율

어떤 지역에 진출할 것인지를 결정할 때 고려하는 요건에는 다음과 같은 것들이 있다.

- 현지 기업들의 바람
- 지방문화의 포용력
- 세수정책
- 기후

- 노동비용
- 노동력 확보의 용이성
- 노조에 대한 근로자들의 인식
- 인프라 사용 비용
- 환경보호를 위한 현지 정부나 단체의 관리감독
- 현지 지방정부의 성향
- 원자재 공급 거리
- 소비자와의 거리
- 토지 사용 비용
- 건설비용

구체적인 건설부지를 확정할 때에는 다음과 같은 요소를 고려한다.

- 위치 선정에서의 융통성
- 기차, 비행기, 고속도로 이용의 용이성
- 지형 및 지세
- 서비스업체와 공급업체와의 연계 정도
- 환경보호 문제

이상은 투자자들이 일반적으로 고려하는 33개 항목이다.

대략적으로 보면, 외국기업이 어떤 시장에 진출할 때에는 주로 다음과 같은 것들을 가장 중점적으로 평가한다.

첫째, 노동생산성이다. 노동생산성이란 노동력 원가(근로자들의 임금)와 생산력의 상관계수로서 생산공장에서 노동생산성을 계산하는 공식은 다음과 같다.

제품 1개당 원가=1일 노동원가(주로 임금)÷1일 생산량

1일 생산량은 다시 노동력의 교육 수준과 훈련 수준, 근로습관 등의 영향을 받는다. 다시 말해서, 근로자들의 작업 태도가 진지하지 않으면 외국 기업은 무료로 일해주겠다고 해도 투자하지 않는다.

둘째, 외환정책이다. 중국 지방정부의 외환정책은 중앙정부와 동일하다. 중앙정부의 정책에 큰 변화가 없을 경우 지방정부의 정책도 크게 바뀌기를 기대할 수 없다.

셋째, 지역비용이다. 지역비용에는 눈에 보이는 비용과 보이지 않는 비용이 있는데, 눈에 보이는 비용이란 노동력과 원자재, 세수, 감가상각 등 정확하게 계산해낼 수 있는 비용을 의미한다. 눈에 보이지 않는 비용은 교육의 질, 교통인프라, 사업에 대한 현지 주민들의 태도 등 수치로 나타낼 수 없는 요소를 가리킨다. 여기에는 기후, 스포츠, 매스컴의 발전 상황 등 생활의 질과 관계된 요소까지 포함된다.

넷째, 인식이다. 사유재산과 환경오염, 근로자의 안정성에 대한 국가와 성, 시 등의 인식이다. 이런 인식이 현지 경제환경의 기본 틀을 형성하기 때문이다. 객관적으로 볼 때, 안양은 이 항목에서 그리 높은 점수를 얻지 못했다. 하지만 이것이 비단 안양만의 현상은 아니다.

항목	중요도	점수		비중점수	
		안양	상하이	안양	상하이
노동력 공급 현황	0.06	70	60	4.2	3.6
인식 수준	0.1	40	70	4	7
노동력 수준	0.1	40	80	4	8
인건비	0.07	80	60	5.6	4.2
1인당 자동차 보유량	0.15	30	65	4.5	9.75
1인당 평균소득	0.15	30	90	4.5	13.5
교육 수준	0.03	30	70	0.9	2.1
제품공급업체 현황	0.1	60	70	6	7
시장 규모	0.2	40	90	8	18
세수	0.04	40	60	1.6	2.4
합계	1.00			43.3	75.55

다섯째, 시장과의 거리다. 외국기업들이 어떤 지역에 대한 진출 여부를 결정할 때 가장 중점적으로 고려하는 분야는 바로 소비자와의 거리다. 제품에 대한 수요가 많지 않다면 그 지역에 대한 진출을 꺼리는 것은 당연한 일이다.

가령 포드자동차가 중국에 조립공장을 건설하기 위해 투자지역으로 안양과 상하이를 물망에 올려놓고 고려하고 있다고 가정해보자. 포드는 각 항목별로 두 지역의 점수를 매겨 위와 같은 표를 작성할 것이다.

평가 결과, 안양은 43.3점을 받은 데 비해 상하이는 75.55점을 받았다. 이 경우 포드는 당연히 상하이를 투자지역으로 선택할 것이다.

실제로 디즈니랜드가 홍콩에 디즈니랜드를 세울 때에도 상하이와 홍콩을 후보지로 선정하고 이 방법을 통해 최종 건설지역을 선정했다. 물론 디즈니랜드가 분석했던 항목은 위의 표보다 훨씬 많고 복잡하며 더 과학적이었을 것이다.

나는 안양시 공상연합회에서 강연하면서 안양지역 기업가들의 진지한 태도와 새로운 마케팅전략에 대한 높은 관심에 강한 인상을 받았다.

장시간에 걸친 강연회가 끝나고 이어 열린 좌담회에서 60여 개의 질문들이 쏟아져 나왔다. 나는 외국기업에 대한 투자유치에서 무엇보다 먼저 정부 고위층의 사고 전환이 이루어져야 한다고 생각한다. 『세일즈맨의 자기 세일즈』라는 책에서도 "미국에서는 대통령까지도 모두 세일즈맨이다. 중국에서도 현장縣長이 국민기업의 회장이라는 생각을 가지고 외국기업의 투자유치에 발 벗고 나서야 한다. 투자유치는 바로 개발구를 세일즈하는 일이다"라고 밝힌 바 있다.

정보를 최우선으로 하면 돈은 저절로 굴러들어온다.
—S. M. 왓슨, 미국 기업가

5

국력은 상승, 경쟁력은 하락?

소홀히 할 수 없는 디테일들

중국은 개혁개방 이후 종합적인 국력이 부단히 신장되고 국제적 영향력도 계속 확대되었다. 하지만 이 같은 성과에 도취되어 여러 가지 문제점을 간과하고 있는 것처럼 보인다.

실제로 중국의 국제경쟁력은 1998년 이래 계속 하락하고 있다. '종합국력'이나 '국제경쟁력'이란 용어가 워낙 거창하여 일반 국민들과는 거리가 먼 개념이라고 생각할 수도 있지만 한 국가의 경쟁력은 국민 한 사람 한 사람, 기업 하나 하나와 모두 직결되는 문제다.

그런데 중국과 관련된 통계자료를 보고 나서 나는 역시 여기에도 '디테일의 문제'가 있다는 것을 알게 되었다.

2003년 4월 21일, 권위 있는 기관이 발표한 「세계 각국의 종합국력 보고서」를 보면 2002년에 중국의 종합국력은 세계 7위였다.

2003년 10월 30일, 스위스 다보스에서 열린 세계경제포럼wEF에서 발표한 「세계경쟁력보고서 2003~2004」에 따르면 중국의 성장경쟁력지수는 102개국 가운데 44위로 전년도보다 4계단 하락했고, 경제경쟁력지수도 95개국 가운데 65위로 7계단이나 떨어졌다.

종합국력과 국제경쟁력은 별개의 개념이다. 종합국력은 주로 현실적인 역량과 영향을 평가하는 것이다. 쉽게 말해서 눈에 보이는 하드웨어적인 통계지표를 가지고 판단하는 것이다. 하지만 국제경쟁력은 소프트웨어적인 요소와 지표를 근거로 평가한다.

종합국력으로만 따지면 중국은 국력이 비교적 강하고 영향력도 큰 나라다. 하지만 국제경쟁력은 오히려 하락하고 있다. 2003년에는 인도보다도 9계단이나 낮았다. 이런 결과가 나타난 이유는 무엇일까?

세계경제포럼의 수석경제학자인 아우구스토 로페스-클라로스 박사는 "세계경제포럼은 거시적인 경제지표와 기술지표, 공공기관의 수준 등 세 가지 기준을 가지고 국가의 경쟁력을 평가한다. 중국의 거시경제지표는 25위로 비교적 높지만, 다른 두 가지 항목에서 각각 65위와 52위를 차지해서 전체적인 순위가 뒤로 밀린 것이다. 중국은 기술과 공공기관의 수준이 낙후되었으며, 이는 중국 경제가 아직 가야 할 길이 멀다는 것을 의미한다"고 말했다.

로페스-클라로스 박사의 분석처럼 중국은 기술지표와 공공기관의 수준이 다른 국가에 비해 뒤처진다. 예를 들어, 외자를 도입할 때에도 중국 기업들은 값싼 노동력이 풍부하다는 사실만 강조한다. 하지만 사실 베트남, 인도, 방글라데시 등 중국보다도 인건비가 저렴한 나라들은 얼마든지 있다. 실제로 중국의 인건비는 저렴한 편이 아니다. 효율성을 감안한 인건비를 계산해보면 심지어 한국, 헝가리, 멕시코의 인건비보다도 비싸다는 결론을 내릴 수 있다. 다음의 통계가 좋은 참고가 될 수 있을 것이다.

- 미국의 생산력을 결정하는 요소 가운데 기술과 지식의 성장이 80%를 차지한다.
- 중국의 경제 성장에서 과학의 진보가 차지하는 기여도는 29%에 불과하다.
- 청년층 가운데 고등교육의 학력을 지닌 인력의 비율이 선진국은 30% 이상이고 미국은 70% 이상인데 반해, 중국은 3%밖에 되지 않는다.
- 기술인력의 구조를 살펴보면, 선진국의 경우 전체 기술인력에서 고급 기술인력과 중급 기술인력이 차지하는 비중이 각각 35%와 50%이지만, 중국은 4%와 36%이며 초급 기술인력의 비중이 60%를 차지한다.

이 같은 통계수치로 볼 때 중국에 값싼 노동력이 풍부한 것은 사실이지만, 저렴하면서도 우수한 노동력은 매우 적다는 결론을 내릴 수 있다. 중국의 국제경쟁력을 평가할 때 기업의 효율이 다른 나라보다 크게 뒤지고, 또 급격히 하락하고 있는 이유가 여기에 있다(1998년에 32위였던 것이 2002년에는 43위로 떨어졌다).

덩샤오핑은 "발전은 결국 가야만 할 길이다"라는 유명한 말을 남겼다.

그 후로도 '지속가능한 발전'이니 '과학부흥전략'이니 '서부대개발'이니 하는 각양각색의 전략들이 수립되었다. 지금 중국에 절실한 것은 결코 전략이 아니다. 중요한 것은 중앙정부와 지방정부, 각 기업 그리고 각 개인이 이 전략을 얼마나 정확하고 철저하게 실행하느냐 하는 것이다.

아무리 훌륭한 전략도 철저하게 실행되어야 비로소 효과가 나타난다.
— H. 그리스트, 미국 기업가

부록

노트

1
경영자가 꼭 해야 할 일

경영자가 "매일" 해야 할 일

1. 그날 마감해야 할 일을 정리한다.
2. 내일 해야 할 주요 업무를 생각한다.
3. 특정지역의 매출현황을 알아보고 적절한 지시를 내린다.
4. 회사의 부족한 점을 찾아내고 개선방안을 마련한다.
5. 직원 한 명의 이름과 특징을 기억한다.
6. 매일 보아야 할 보고서를 검토한다(제품의 재고현황, 은행잔고 등).
7. 그날 업무 중 실수가 없었는지 확인한다.
8. 업무 수준과 효율을 더 높일 수 없는지 생각해본다.
9. 결재하거나 답해야 할 보고서를 검토한다.
10. 유익한 신문 1부를 읽는다.

경영자가 "매주" 해야 할 일

1. 중역회의를 개최한다.

2. 주요부서와 좌담회를 갖는다.

3. 현재 주도적인 업무를 수행하고 있거나 앞으로 그럴 것으로 예상되는 직원과 대화를 나눈다.

4. 오너에게 한 차례 종합보고를 올린다.

5. 각 지역에서의 매출현황을 정리한다.

6. 품질과 관련된 회의를 개최한다.

7. 회사 내의 세부적인 부분에서 부적절한 점이 있을 경우 그것을 수정한다.

8. 지난주에 하달한 개선조치사항이 제대로 시행되고 있는지 점검한다.

9. 자신의 업무상황을 되돌아본다(비공식).

10. 생산과정을 자세히 알아본다.

11. 서류와 책상을 정리한다.

12. 회사 외부의 친구들과 만나 이야기를 나눈다.

13. 재무지표의 변화사항을 체크한다.

14. 중요한 고객에게 연락한다.

15. 매주 검토해야 할 보고서를 본다.

16. 거래업체와 연락한다.

17. 잡지 1권을 읽는다.

18. 유능한 부하직원을 표창한다.

경영자가 "15일마다" 해야 할 일

1. 직원들과 함께 식사하거나 차를 마신다.
2. 재무부서와 미팅을 갖는다.
3. 일부 지역의 매출 향상을 집중적으로 돕는다.
4. 거래업체를 방문한다.

경영자가 '매달' 해야 할 일

1. 각 지역의 매출상황을 점검한다.
2. 중요한 고객을 만난다.
3. 스스로를 반성한다.
4. 월간 재무제표를 검토한다.
5. 월간 생산현황을 검토한다.
6. 월간 매출현황을 검토한다.
7. 다음 달 매출계획을 수립한다.
8. 다음 달 매출전략을 수립한다.
9. 다음 달 판매가격을 결정한다.
10. 월간 품질개선 상황을 검토한다.
11. 책 1권을 읽는다.

12. 직원들의 생산현황을 알아본다.

13. 직원들을 위한 교육을 실시한다.

14. 클레임 처리 현황을 점검한다.

15. 비용예산에 따라 다음 달 계획을 수립한다.

16. 거래업체를 점검한다.

17. 주요 경쟁사를 점검한다.

18. 관리 수준이 높은 다른 기업을 방문한다.

19. 재무지표 관리에 대해 심도 있게 분석하고 건설적인 의견을 내놓는다.

경영자가 "각 분기마다" 해야 할 일

1. 각 분기별 프로젝트를 점검한다.

2. 직원 체육행사를 갖는다.

3. 인사업무를 점검한다.

4. 미수금을 정리한다.

5. 재고현황을 점검한다.

6. 전 직원의 건의사항을 수렴한다.

7. 업무의 효율성을 점검한다.

8. 직원들을 표창한다.

경영자가 "6개월마다" 해야 할 일

1. 6개월간의 업무현황을 종합한다.
2. 직원들을 격려한다.
3. 전략의 효과와 집행현황을 평가한다.

경영자가 "매년" 해야 할 일

1. 연간결산보고서를 검토한다.
2. 판매직원들에게 한 약속을 지킨다.
3. 거래업체에 한 약속을 지킨다.
4. 자신에게 한 약속을 지킨다.
5. 내년도 업무를 계획한다.
6. 직원 단합대회를 개최한다.
7. 연간 재무제표를 검토한다.
8. 신제품을 출시한다.
9. 직원총회를 개최한다.
10. 고향을 방문한다.

2
네티즌과의 대화

[진행자] 여러분 안녕하십니까? 「신화대담」을 찾아주셔서 감사합니다. 기업의 경영과 관리에서 아주 많은 부분들이 작고 사소하다는 이유로 곧잘 무시되곤 합니다. 하지만 그것은 결코 작게 볼 수 없습니다. 그 작은 하나가 기업 전체의 흥망성쇠와 일의 성패를 결정할 수도 있기 때문입니다. 마케팅 컨설턴트로 활동하시는 왕중추 선생이 쓰신 『디테일의 힘』은 우리에게 디테일의 중요성을 새삼 일깨워주었습니다. 오늘은 특별히 왕중추 선생을 모시고 마케팅과 기업경영에서 나타나는 디테일의 위력에 대해 알아보도록 하겠습니다. 왕 선생님, 안녕하십니까?

[왕중추] 안녕하십니까?

[진행자] 우선 이 책을 쓰신 특별한 이유가 무엇인지 여쭙고 싶습니다.

[왕중추] 제 자신이 세일즈맨 출신이기 때문에 마케팅에 대해서는 비교적 잘 안다고 할 수 있습니다. 얼마 전 일선에서 직접 세일즈를 하면서 겪었던 경험과 느꼈던 것들을 종합해서 『세일즈맨의 자기 세일즈』라

는 책을 출간했습니다. 주로 세일즈에 대한 저의 개인적인 견해들을 담은 책이죠. 그 책에는 여러 가지 관점들이 담겨 있었는데, 지금까지 국내외적으로 어떤 전문가도 언급하지 않았던 관점들도 몇 가지 있었습니다. 디테일이 바로 그중 하나입니다.

책이 출간된 후 독자들로부터 그 안에 있는 각각의 관점들을 더 자세히 설명해서 책으로 내달라는 요청을 많이 받았습니다. 그 가운데서도 가장 많은 요청을 받은 것이 바로 디테일에 관한 것이었습니다. 제가 알고 있는 것을 여러분에게 널리 알리고 함께 공유해야 한다는 책임감 때문에 이 책의 집필을 시작하게 되었습니다. 그리고 책을 집필하는 과정에서도 '디테일'의 중요성을 새삼 실감했기에 제목을 『디테일의 힘(원제는 우리말로 '디테일이 성패를 결정한다'임: 옮긴이)』이라고 정했지요.

[진행자] 선생님의 경험에 비춰 볼 때, 업무 처리에서 그리고 기업경영에서 디테일이 어떤 의미를 갖는다고 생각하십니까?

[왕중추] 오늘날 우리 사회는 하루가 다르게 발전하고 있고 하루가 멀다하고 거창하고 원대한 정책과 전략들이 쏟아져 나옵니다. 또 각 분야에서 무수한 인재들이 배출되고 있습니다. 매우 고무적이고 바람직한 일입니다. 하지만 전략은 좋은데 세부적인 실천방법이 잘못되는 경우도 있습니다. 이럴 경우에는 거시적인 전략이 아무리 옳다고 해도 성공할 수 없습니다. 그런데 안타깝게도 주변에서 이런 경우를 흔히 만나게 됩니다.

지금까지 우리가 걸어온 길을 곰곰이 되짚어보면, 많은 경우에서 제대로 한 것이 별로 없다는 사실을 발견하게 됩니다. 2003년에 중국은 GNP 증가율이 사상 최고치를 기록했지만 핵심경쟁력은 전혀 제고되지 못했습니다. 우리는 결코 이 점을 간과해서는 안 됩니다. 결국 이렇게 된 데는 우리 국민의 자질이 주된 원인을 제공하고 있습니다. 특히, 전략이나 정책을 실천하는 과정에서 나오는 차이가 많은 일을 그르치게 했고 결과적으로 기대했던 효과를 볼 수 없게 만들었습니다.

서구에서는 실행력을 매우 중시합니다. 실행력이란 올바른 정책을 구체적으로 어떻게 구현하는가 하는 것입니다. 그리고 그것은 디테일한 부분에 관심을 쏟을 때 비로소 실현되는 것입니다. 디테일한 부분이 제대로 처리된다면 실행력은 더 이상 문제가 되지 않습니다. 우리가 디테일에 대한 처리를 강조해야 하는 진짜 중요한 이유가 여기에 있습니다. 모든 개인, 모든 단체 그리고 국가 전체가 이 문제에 대해 관심을 갖고 진지하게 생각해보아야 합니다. 디테일은 실로 모든 것과 관계되어 있으니까요.

[진행자] 일부에서는 선생님의 관점에 반대하고 있기도 합니다.

[네티즌] 저는 디테일이 성패를 결정한다는 관점에 동의할 수 없습니다. 기업의 성패는 전략에 달려 있다고 생각합니다.

[왕중추] 전략과 전술, 거시와 미시의 차이를 어떻게 이해해야 할까요?

저는 마땅히 여러 가지 관점에서 고려해야 한다고 생각합니다.

첫째, 모든 국민이 큰일을 해낼 수는 없습니다. 그런 거시적인 일을 할 사람은 매우 제한되어 있습니다. 저나 여러분 같은 일반 국민들이 정부에 직접 어떤 정책적인 건의를 제시하기는 매우 어렵습니다. 또 개개인의 힘이란 별개로 있을 때 작고 약할 수밖에 없습니다. 하지만 모든 사람이 자신이 맡은 일을 충실히 이행한다면 큰일을 도모할 수 있게 됩니다. 물론 이럴 경우에도 사람들은 대부분 작고 세부적인 일을 하게 되지요.

둘째, 제한된 소수가 담당하는 거시적인 전략도 디테일이 뒷받침되지 않으면 아무런 힘도 발휘할 수 없습니다. 그리고 그 디테일은 바로 우리 모두의 몫입니다. 정부의 정책이나 기업의 핵심전략에 국민 한 사람 한 사람, 직원 개개인이 참여하여 결정할 수는 없지만, 디테일한 부분을 통해 자신의 의사를 표현하고 자기가 맡은 일을 충실히 수행하여 정책과 전략이 효과적으로 실현될 수 있도록 돕는 역할을 하게 됩니다. 그것은 거시적인 전략 이상으로 중요합니다. 따라서 전략을 뒷받침하는 디테일을 전략 때문에 포기하는 일이 생겨서는 결코 안 될 것입니다.

셋째, 현대사회는 좋은 면도 많지만 부조리한 측면도 적지 않습니다. 저는 우리 국민들이 아직 미성숙하고 경박한 수준에서 완전히 탈피했다고 생각지 않습니다. 작은 일에 세심한 주의를 기울이지 못하고 허황된 사회 분위기에 휩쓸려 크고 강한 것만 바라보며 분수에 넘치는 욕망을 추구하는 데 마음이 빼앗긴 듯한 현 세태만 봐도 그렇습니다. 지금은 국민 전체의 수준을 질적으로 높여야 할 때입니다. 모두가 원대한 목표만을 추구하고 디테일한 부분에 주의를 기울이지 않는다면, 점점 더 경박해질 뿐이고 효율성은 계속 악화될 수밖에 없습니다.

우리는 일상생활 중에서 디테일한 부분이 무시당하는 경우를 자주 접하게 됩니다. 오늘 이 자리에 오는 도중에도 지하철을 탔는데, 지하철 문에 긴급상황이 발생했을 때 연락하는 전화번호가 적혀 있는 것을 보았습니다. 그런데 전화번호가 모두 4개나 되었습니다. 1호선과 2호선의 전화번호가 다르고, 주간과 야간의 전화번호가 달랐습니다. 게다가 그중 2개의 전화번호에는 교환번호까지 적혀 있더군요. 긴급상황이 발생하면 신속한 신고가 생명인데, 교환을 거쳐야 한다면 얼마나 불편할까요. 또 그렇게 전화번호가 세분화되어 있으면 전화를 걸 때 얼마라도 더 시간이 걸리지 않겠습니까? 이것은 바로 서비스 정신의 부재에서 오는 것입니다. 신고자가 아니라 신고받는 쪽의 편의를 위해 주간과 야간의 전화번호를 구분해놓고 1호선과 2호선의 전화번호를 구분해놓은 것이지요. 사실 이런 것은 지하철 관리기관의 내부관리를 통해 해결해야 할 문제입니다. 내부관리의 문제로 인한 불편함을 승객들이 고스란히 감내하도록 강요할 수는 없습니다. 그런데도 사람들은 이것이 작은 일이라는 이유로 보고도 못 본 척합니다. 이제는 정말로 디테일을 중시해야 할 때가 되었습니다.

[진행자] 책에서 "지금 우리에게 부족한 것은 웅대한 뜻을 품은 지략가가 아니라 바로 꼼꼼한 관리자이며, 각종 관리제도가 부족한 것이 아니라 제도를 엄격하게 실행하는 자질이 부족한 것이다"라고 말씀하셨습

니다. 그렇다면 기업들이 전략과 규범을 철저하게 지키려면 어떻게 해야 한다고 생각하십니까?

[왕중추] 덩샤오핑 선생께서 늘 강조하시던 '사상해방'이라는 말이 있습니다. 세상의 많은 일들이 근원을 파헤쳐보면 모두 의식과 관계되어 있다는 것을 알 수 있습니다. 따라서 우선적으로 의식상의 문제점을 해결해야 합니다. 우리에게는 훌륭한 전략은 있지만 꼼꼼한 실천의식이 없습니다. 제도는 잘 수립되어 있지만 엄격하게 실시되지 못하고 있습니다. 이 문제는 의식과 관념의 문제입니다. 모두가 규정을 준수해야 한다는 의식을 가져야 합니다.

중국인들은 전통적으로 인정을 가장 중시하고 그 다음으로 도리를 중시하며 법률에 대해서는 비교적 소홀한 경향이 있습니다. 서구에서는 반대로 법률을 가장 중요하게 생각하고 그 다음으로 도리와 인정을 중시합니다. 중국인들의 이런 관념은 너무도 오랫동안 굳어져온 것이기 때문에 하루아침에 바꾸기가 쉽지 않습니다. 독일에서는 가두시위를 벌이다가도 신호등에 빨간불이 켜지면 시위대가 모두 멈추어 서서 파란불로 바뀌기를 기다린다고 합니다. 우리로서는 상상하기 힘든 일입니다. 독일에서 오래 생활한 제 친구는 독일 사람들은 계란을 삶을 때에도 정해진 레시피에 따라 정확하게 시간을 맞추어 삶는다고 합니다. 우리가 보기엔 우스운 일이지요. 하지만 그들에게는 이것이 습관이자 규범인 것입니다.

[네티즌] 디테일은 기본입니다. 그리고 기본이 가장 중요하다는 것은 저도 인정합니다. 하지만 저는 여전히 디테일이 성패를 결정한다는 주장에 동의할 수 없습니다. 기업의 성패는 전략에 달려 있습니다. 잘못된 전략을 세워놓고 모든 사람들이 맹목적으로 그 전략을 실천하는 데만 매달린다면 그 기업이 과연 성공할 수 있을까요?

[왕중추] 전략을 결정하는 것은 매우 복잡하고 힘겨운 과정입니다. 조사와 연구, 분석, 평가 등의 절차를 모두 거쳐야 하기 때문입니다. 그리고 그 절차는 모두 엄격하게 과학적으로 이루어지고 디테일한 부분까지 고려되어야만 실패할 확률이 줄어듭니다. 그러므로 저는 먼저 전략을 결정하는 과정을 제대로 알아야 한다고 생각합니다.

정부의 고위관료나 기업의 경영진들이 확실하게 처리해야 할 세 가지가 있습니다. 첫째는 전략을 결정하고 심사하는 일이고, 둘째는 전략을 효과적으로 실천하는 일이며, 셋째는 기업 생존환경의 변화에 관심을 기울이는 일입니다. 전략은 거시적인 것이지만 그 전략을 들여다보면 역시 그 안에는 수많은 디테일한 부분이 담겨 있습니다. 데이터 수집과 분석, 정리, 반복 비교 그리고 선별과 확정 등 디테일한 부분들을 자세하게 파악할수록 실수할 가능성이 작아집니다.

다른 각도에서 볼 때, 말단 직원이든 임원이든 전략이 정확한지의 여부를 판단하는 것은 매우 어렵습니다. 실시하기 전에는 옳고 그름을 정확하게 알 수 없기 때문입니다. 사실, 기업에 가장 좋은 전략이란 없습니다. 더 좋은 전략만이 있을 뿐입니다.

전략이 정확하지 않은 것은 거의 대부분이 디테일한 부분에서 세심한 주의를 기울이지 않았기 때문입니다. 전략을 수립할 때 조사와 연구, 분석 등이 면밀하게 진행되지 않은 것입니다. 분석을 맡은 사람이, 전략이 정확하지 않더라도 그 책임은 자신이 아니라 상사가 지는 것이라고 생각하고 얼렁뚱땅 분석 결과를 내놓았기 때문입니다. 그러므로 각각의 직무에 대한 책임은 그 직무를 수행한 사람이 져야 합니다. 그래야 전체가 발전할 수 있습니다. 전략은 현실적으로도 모든 사람이 고민할 수 있는 문제가 아닙니다. 극히 일부를 제외하고는 자신의 자리에서 맡은 바 임무를 충실히 수행하는 데 전력을 기울이는 것이 최선입니다.

[진행자] 이 책에서 독일과 일본의 사례를 많이 인용하셨는데, 독일인과 일본인들이 꼼꼼하고 치밀하다는 사실은 이미 잘 알려져 있습니다. 그렇다면 그들을 본받기 위해서는 어떤 것부터 시작해야 합니까?

[왕중추] 모든 민족이 그들만의 장점을 가지고 있기 때문에 어떤 민족은 우월하고 어떤 민족은 열등하다고 말할 수 없습니다. 중국 민족 역시 나름의 전통문화와 장점을 가지고 있습니다. 하지만 어떤 점에서 볼 때, 전통문화의 모든 것이 우리에게 유익한 것은 아닙니다. 같은 이치로 독일이나 일본의 문화에도 우리가 결코 공감할 수 없는 부분이 분명히 있습니다. 반면에 반드시 배워야 할 점도 있는 것입니다. 진지하고 꼼꼼한 태도가 바로 그런 것이겠지요.

성숙하지 못하고 경박한 풍조를 보이는 우리의 심리와 태도는 세 가지 원인에서 비롯된다고 생각합니다. 첫째는 전통문화에 추상적이고 형이상학적인 요소가 많다는 것입니다. 이 때문에 우리는 토론을 하더라도 개략적이고 추상적인 말들만 늘어놓다가 끝내는 경우가 많습니다. 이를테면 이런 식입니다. 베이징에 살고 있는 친구에게 날씨가 추운지 묻는다고 칩시다. 열에 아홉은 "아주 추워"라고 대답합니다. 아주 춥다는 것이 도대체 얼마나 춥다는 말입니까? 불명확한 표현이지요. 최저기온이 영하 3도라고 말해준다면 베이징 날씨가 어느 정도일 것이라고 바로 짐작할 수 있을 것입니다.

둘째는 왜 지금 와서 사회 전체가 유독 경박해졌느냐 하는 것입니다. 아마도 '문화대혁명' 기간에 지나치게 억압된 생활을 했기 때문일 것입니다. 암흑과도 같은 동굴에서 막 빠져나와 달리다 보면 처음에는 방향을 제대로 잡지 못하고 이리저리 휘청거리기 마련이지요. 그러므로 지금의 상태는 더 나은 단계로 발전하기 위한 필연적인 과정으로 봐야 합니다.

셋째, 현재의 상황은 부실한 교육, 특히 잘못된 여론 형성과 깊은 관계가 있습니다. 덩샤오핑 선생도 1990년대 초에 우리 정부의 가장 큰 실책은 교육을 중시하지 않은 것이라고 지적한 바 있습니다. 여기에서의 교육은 단순한 학교교육이 아니라 국민 전체를 대상으로 한 자질교육을 가리키는 것입니다. 지금까지 우리는 빠른 성장과 발전만을 강조해왔습니다. 사회적으로 하루아침에 백만장자가 되어야 한다는 인식만 팽배해 있었습니다. 물론 우리 가운데 일부는 운 좋게도 그런 기회를 잡은 사람도 있지만, 모든 사람이 그런 행운을 얻기란 도저히 불가능합니다. 절대다수의 보통 사람들은 평범한 생활을 하면서 조금씩 자신의 능력을 향상시키고 이익을 실현시켜나가야 합니다.

[진행자] 선생님께서는 마케팅 분야에서 탁월한 성과를 거두셨습니다. 많은 사람들이 선생님을 성공한 인물로 생각하고 있지요. 그런 선생님 이야말로 바로 하루아침에 성공을 거머쥔 일부 부류에 속한다고 생각하지 않으십니까?

[왕중추] 성공에 대한 자세한 정의는 생략하겠습니다. 성공을 정확하게 규정하자면 밤을 새워도 모자랄 테니까요. 한마디로 말해서 저는 제가 성공했다고 생각하지 않습니다. 그렇다고 실패했다고 말하지도 않겠습니다. 모두가 살면서 자아를 실현하고 또 자기가 져야 할 책임을 안고 살아갑니다. 저는 사람의 성공과 실패는 어떤 책임을 감당할 수 있는지의 여부로 결정된다고 생각합니다. 그런 점에서 본다면 저는 성공한 사람이겠지요. 전 일단 저의 책임이라고 생각하면 한 번도 회피하거나 물러선 적이 없었으니까요. 물질적인 부라는 측면에서 보자면, 저는 1992년 덩샤오핑 선생의 남순강화南巡講話(1992년 덩샤오핑이 선전, 주하이, 상하이 등을 시찰하면서 시장경제 도입에 대한 확고한 의지를 천명한 일: 옮긴이)에 감화되어 학문을 그만두고 경제계에 투신하여 경제적으로 어느 정도의 수확을 거뒀습니다. 하지만 골드칼라는 아닙니다. 화이트칼라라고 하는 편이 더 어울릴 것입니다. 생활의 측면에서는 부자라고 할 수도 있지만 투자의 측면에서는 가난한 부류에 속합니다. 제가 가지고 있는 재산은 조금씩 노력해서 모은 것입니다. 저는 제 능력을 향상시키기 위해

노력했고, 그 능력을 통해 물질적인 이익을 얻었습니다.

저는 누구든 착실한 태도로 한 가지 일을 성실하게 실행하면 언젠가는 반드시 성공할 수 있다고 믿습니다. 그래서 저는 하루아침에 부자가 되기를 바라지 않습니다. 성공 여부는 집념과 노력의 정도에 좌우됩니다.

언젠가 저는 "인생 최대의 낭비는 선택의 낭비다"라는 말을 한 적이 있습니다. 사람은 변덕스럽거나 경박해서는 안 됩니다. 저는 29살이 돼서야 경제계에 뛰어들었습니다. 남들에 비해 시작이 늦은 편이었지요. 처음엔 말단 영업사원부터 시작했습니다. 이를 악물고 노력하기만 하면 반드시 성공할 것이라는 확신을 가졌습니다. 저는 늘 부하직원들에게 저처럼 노력만 하면 제 나이가 되었을 때 누구든 지금의 저만큼 성공할 수 있을 것이라고 말합니다.

[진행자] 29세에 경제계에 뛰어드셨다고 했는데, 그것 역시 선택이 아니었습니까? 당시 그 선택이 정확하다는 확신이 있으셨습니까?

[왕중추] 최대의 낭비는 선택의 낭비입니다. 누구나 선택을 하지 않고는 살 수 없습니다. 1992년 전까지 저는 몇 가지 직업에 종사했습니다. 대학을 졸업한 후에 처음 가진 직업은 교사였습니다. 교사로서 제법 인정을 받게 되자 정부기관에서 저를 비서로 채용했습니다. 교사였던 제가 갑자기 공무원이 되었던 거죠. 얼마가 지나자 이른바 지위라는 것도 생기게 되었습니다. 저로서는 그것도 일종의 변화였던 셈입니다. 하지만 당시의 변화는 저의 선택이 아니었고, 관리라는 것도 대개 판에 박

은 듯 누가 시키는 대로 그대로 행하는 것이었습니다.

당시 제가 맡고 있던 일은 홍보업무였습니다. 만약 계속 그 자리에서 일했다면 지금쯤 그 기관의 홍보부장 정도까지는 승진했을 것입니다. 그렇다고 제가 경제계에 입문한 것이 홍보업무가 마음에 들지 않아서 그랬던 건 아니었습니다. 덩샤오핑 선생의 남순강화를 접하고 나서 길을 바꿔야 한다는 생각이 들었기 때문입니다. 시장경제가 도입됐으니 시장경제가 무엇인지 아는 것이 급선무라고 생각했지요.

사람이 일할 수 있는 시간에는 한계가 있습니다. 30세 이전에는 배우고 조정하고 시도해보는 단계이고, 50세 이후가 되면 신체적으로나 관념적으로나 예전처럼 활발하게 일하기가 어렵습니다. 그래서 서둘러 결단을 내렸던 것입니다.

[진행자] 어제 열린 저자 사인회에서 독자들의 호응이 대단했다고 들었습니다. 독자들이 선생님께 많은 질문을 했는데 젊은이들의 질문이 대부분 비슷했습니다. 무슨 이유 때문이라고 생각하십니까?

[왕중추] 어제는 대학생들과 이제 막 사회에 첫발을 내디딘 젊은이들이 꽤 많았습니다. 그들에게는 사회생활의 많은 것들이 생소하고 모호할 것입니다. 그들이 처한 상황이 대부분 비슷했기 때문에 질문도 비슷했던 것입니다. 그들은 아직 많은 교류가 필요합니다. 제가 전문가는 아니지만 그들보다 경험이 많기 때문에 도움을 줄 수 있다고 생각합니다.

어제 질문 가운데는 제 관점을 비난하는 내용들도 많았습니다. 어떤 젊은이는 디테일만 중시하다가 목표를 상실하게 되면 어떻게 할 것이냐고 묻기도 했죠. 대략 50개 정도의 질문을 받았고 열띤 토론이 이루어졌습니다. 제가 강요하거나 교육한 것이 아니었습니다. 제가 말한 문제들, 그리고 제가 책 속에서 이야기한 것들이 모두의 공감을 불러일으켰기 때문입니다. 이것은 매우 바람직한 현상이라고 할 수 있습니다. 사회 전체의 자질이 향상되고 책임감이 강해지고 있다는 증거입니다.

[진행자] 2003년은 매우 다사다난했던 한 해였습니다. 충칭에서 천연가스전이 폭발하고 헝양에서 큰 화재가 발생했으며 사스가 전국을 휩쓸기도 했습니다. 이 세 가지 사건으로 많은 인명피해가 발생했습니다. 이 사고들 역시 디테일한 부분을 제대로 처리하지 못해서 발생한 것이라고 생각하십니까?

[왕중추] 더 구체적인 것은 전문가들이 분석하고 평가하겠지만, 제 관점에서 보자면 그 사건들 역시 디테일과 무관하지 않습니다. 충칭의 천연가스전 폭발 사고의 경우, 한 지역에서 천연가스전이 개발되려면 부지 선정에서 지역주민들에게 미치는 영향, 철거민들에 대한 보상 등 많은 것을 고려하고 여러 가지 절차를 거쳐야 합니다.

어떤 일이든 위험은 도사리고 있습니다. 그런데 천연가스전 주변에 거주하는 주민들에게 천연가스전이 안고 있는 위험성이나 가스가 누출되었을 때 응급조치를 어떻게 취해야 하는지 알려준 적이 있었습니까? 이런 모든 것이 디테일입니다.

탄광 사고가 거의 매달 발생하고 있습니다. 그런데도 아직 사람들 대부분이 탄광 사고의 많은 부분에 대해 잘 모르고 있습니다. 한 가지 분명한 것은 상부에서 서류가 내려와도 하급부서에서 제대로 실천하지 않는다는 것입니다. 심지어는 총리도 다급하게 여기는 일을 하급부서에서는 태연하게 손을 놓고 있는 경우도 있습니다. 이것만 보더라도 정책이 문제가 아니라 실천이 문제임을 알 수 있습니다.

형양의 화재로 20명의 소방대원이 목숨을 잃었습니다. 가슴 아픈 일이 아닐 수 없습니다. 하지만 좀더 냉정하게 살펴봤을 때 그 소방대원들에게 전혀 잘못이 없었을까요? 해당 관리기관의 책임은 없을까요? 평상시에 사람들이 불조심을 습관화하고 있나요? 평소에 디테일에 신경을 썼더라면 이런 재난이 발생하는 것을 최대한 막을 수 있었을 것입니다.

규정을 어긴 사람들은 벌금을 내고 나면 금세 잊어버립니다. 행정부서에서도 끊임없이 벌금을 부과하지만 벌금을 거둬들이고 나면 그것으로 끝입니다. 책임의식이라고는 찾아보기 힘든 실정입니다. 관리기관은 물론 정부의 각 부처도 심각한 실수를 저지르고 있습니다. 디테일한 부분을 소홀히 한 것이 사고 발생과 무관하다고 할 수 없습니다.

[네티즌] 어떻게 하면 디테일을 중시하는 습관을 기를 수 있습니까?

[왕중추] 증국번은 가족들에게 '서書, 소蔬, 어魚, 저猪, 조早, 소掃, 고考, 보寶'라 하여 반드시 지켜야 할 8가지 생활습관을 강조했습니다. 책 읽기와 채소 기르기, 물고기 기르기, 돼지치기를 게을리 하지 말고, 아침에

일찍 일어나며, 집 안팎을 청소하고, 조상에게 제사를 지내며, 동네 어르신들을 공경해야 한다는 것이지요. 습관은 들이기는 쉽지 않지만 한 번 들이고 나면 편안하고 자연스러워집니다. 처음에는 스스로에게 강제하고 단계적으로 훈련을 하십시오. 그러다 보면 어느새 습관으로 굳어질 것입니다. 마찬가지로 모든 단체와 기관에서도 훈련을 통해 표준화와 규범화가 조직체에 스며들게 해야 합니다.

제가 칭화대학 재학 시절, 한번은 수업시간에 교수님께서 학생들에게 신문지를 말아서 막대기 모양으로 만들고 10명이 한 조가 되어 각자 손가락을 하나씩 내밀어 그 막대기를 받쳐 들고 눈썹 높이에서 허리까지 내려보라고 하셨습니다. 그런데 반나절을 매달려도 단 한 번을 성공할 수 없었습니다. 한 사람이라도 막대기에서 손가락을 떼면 안 된다는 원칙이 있었는데, 그나마 손을 올리는 것은 쉬웠지만 내리는 것이 무척 힘들었습니다. 양쪽 끝에 눈금이 그려진 기둥이 세워져 있었다면 아마 단 2분 만에도 해낼 수 있었을 텐데 말입니다.

교수님이 우리에게 그런 게임을 시킨 것은 바로 협동심과 단결력을 키우기 위한 것이었습니다. 오늘날 우리 사회는 얼마나 단결이 잘 이루어지고 있습니까? 또 얼마나 교육이 엄격하게 이루어지고 있습니까?

현재 우리 사회에서 이루어지고 있는 관리는 매우 유치한 수준입니다. 거창한 관리이론들은 많지만 가장 기본적인 훈련이 안 되어 있습니다. 기업에서는 신입사원을 채용한 후 교육을 실시한다는 명목으로 매일 회의를 열고 기업의 역사나 규정을 입에 침이 마르도록 설명하고 있습니다. 사실 그가 직접 하게 될 일은 오랜 시간 동안 훈련을 거쳐야 하는 것인데도 말입니다.

예를 하나 들어보죠. 지난해에 한 대학의 경제학부 학생들을 대상으로 특강을 한 적이 있었습니다. 그때 학생들에게 부가가치세영수증을 작성해보라고 시켰습니다. 그런데 총 50명의 학생들 가운데 제대로 작성한 학생은 단 2명뿐이었습니다. 학교에서 연습하는 것이라면 틀려도 별 문제가 없겠지만, 실제로 기업에서 이런 일이 벌어졌다면 심각한 일이 아닐 수 없습니다.

유럽에서 발표된 자료에 따르면, 20대 초반의 청년이 입사해서 임원으로 승진하고 60세에 정년퇴직을 한다고 가정할 때 40년 동안 회사에서 훈련을 받게 되는데, 이 기간 동안의 비용을 계산해보면 75만 파운드에 달한다고 합니다.

디테일에 세심한 주의를 기울이기 위해서는 먼저 의식을 변화시켜야 하며 다음으로는 훈련에 치중해야 합니다. 그리고 조직은 규범화시켜야 합니다. 규범화를 통해 일정한 묵계가 형성되어야만 조직이라고 할 수 있습니다. 규범화되지 않았다면 오합지졸에 불과하지요. 전투력을 절대 갖출 수 없습니다.

오늘날의 많은 일들이 제대로 이루어지지 못하는 것은 의식 부족인 경우가 태반입니다. 저의 비서 한 명은 처음 입사했을 때 심하다 싶을 정도로 일이 서툴렀습니다. 제가 가져오라는 서류를 한 번도 제대로 가지고 온 적이 없었죠. 그래서 한번은 비서를 불러다 놓고 진지하게 이야기를 했습니다. "이 왕중추는 중요한 사람이 아니네. 아주 평범한 사람이지. 하지만 사장이라는 나의 직책은 매우 중요한 자리일세. 이 회사가 큰돈을 주고 날 초빙해오지 않았나? 그러므로 자네도 내 일을 진지하게 도와주었으면 좋겠네. 일을 할 때 규정을 지키지 않거나 부단히 훈련하지 않으면 영원히 현재의 수준에 머물러 있을 수밖에 없네'라고 부탁했습니다.

[진행자] 왕 선생님께서는 평소에 부하직원은 물론 자신에게도 매우 엄격한 요구를 하신다고 들었습니다. 『디테일의 힘』의 후기만 봐도 왕 선생님이 얼마나 스스로에게 엄격한지를 짐작할 수 있습니다. 그런데 자신에게 그렇게 엄격한 요구를 하시는 데 무슨 특별한 이유라도 있습니까?

[왕중추] 제가 쓴 책은 제 자신의 주관적인 견해를 정리하고 분석한 것이기 때문에 반드시 옳다고 할 수는 없습니다. 『세일즈맨의 자기 세일즈』라는 책의 서문에서도 '틀린 말을 할지언정 거짓말을 하지는 않을 것입니다'라고 했습니다. 이 말은 제 관점이 반드시 옳다고 할 수는 없겠지만 제가 말한 것에 대해서는 반드시 책임을 지겠다는 것입니다.
모든 일에 강한 책임감을 가지고 있어야 어떤 일이든 제대로 처리할 가능성이 커지는 법입니다.

[진행자] 오늘 많은 것을 배울 수 있었습니다. "간단한 일을 모두 잘 해내는 것이 바로 간단하지 않은 것이다. 평범한 일을 모두 잘 해내는 것이 바로 평범하지 않은 것이다"라는 장루이민 회장의 말을 오늘 토론의 결론으로 대신하고자 합니다.

[왕중추] 네티즌들에게 마지막으로 충고하고 싶은 말이 있습니다. 일을 할 때에는 큰 것만 추구하지 말고 처세에서는 작은 것에 연연하지 마시기 바랍니다.

디테일을 화두로!

『세일즈맨의 자기 세일즈』라는 책이 출간되자마자 큰 반향을 일으키면서 3개월 만에 4쇄가 발행되었다. 그 책이 베스트셀러가 될 수 있었던 것은 내용이 유익했던 것 외에도 솔직하고 거짓 없는 태도로 나의 경험들을 풀어놓았던 것이 독자들에게 어필했기 때문이라고 생각한다. 직·간접적으로 나와 의견을 교환했던 독자들은 다음 책에서는 그 책에 소개된 나의 관점들을 일일이 상세하게 설명해달라는 주문을 했다. 그리고 독자들이 다음 책의 주제로 가장 많이 꼽아주었던 것이 바로 '디테일'에 관한 것이었다.

사실 이 디테일은 나의 독창적인 '발명품'이 아니다. 예전에 타이하오커지泰豪科技에서 근무하던 시절, 나의 상사였던 황다이팡黃代放 사장이 늘 강조하던 것이 바로 이 디테일이었고 그것이 나에게 강한 인상을 남겼던 것 같다. 그 후 나는 직접 기업을 경영하는 과정에서 디테일의 중요성을 더욱 실감하게 되었다. 기업의 고문으로, 컨설턴트로, 또 강사로 활동할 때에도 나는 마치 전도사처럼 가는 곳마다 디테일을 중시해야 한다는 관점을 설파했고, 많은 기업의 경영진이 내 의견을 지지해주었다.

그러던 중에 나의 오랜 벗인 장젠리張建利 선생이 내게 이런 말을 했다. 베이징의 IT기업들이 '기업경영에서의 디테일'이라는 문제를 놓고 불꽃 튀는 토론을 벌이고 있는데, 참고할 만한 저서나 논문이 없어 어려움을 겪고 있다는 것이었다. 그러면서 서둘러 이에 관한 책을 집필하라고 재촉했다.

하지만 정작 집필에 착수하고 나니 나의 능력이 부족하다는 것을 절감할 수밖에 없었다. 우선 디테일이라는 개념을 자세하게 분석하고 그동안 국내외적으로 이와 관련한 사건들에 주의를 기울여오긴 했지만, 실제로 그것을 집필에 활용하는 것은 결코 쉬운 일이 아니었다. 또한 디테일은 사물이 발전함에 따라 부단히 변화하는 것이고 사람들의 인식도 사물의 발전과정에 따라 제한될 수밖에 없기 때문에, 이 책에 디테일의 심오함을 제대로 담아냈는지에 대해서는 여전히 자신 있게 말하기가 어렵다. 이 점에 대해서는 마땅히 독자들에게 양해를 구해야 한다고 생각한다.

그럼에도 이 책이 사회적으로 디테일이라는 문제에 대해 주의를 환기

시키고, 또 이를 계기로 사람들이 디테일한 문제를 해결할 수 있는 방법을 찾는 데 조금이라도 일조할 수 있다면, 내가 용서받지 못하는 한이 있어도 무한한 보람을 느낄 것이다. 그리고 제발 그렇게 되기를 빈다.

이 책의 출간을 위해 애써준 신화사와 신화출판사의 경영진 그리고 신화출판사 편집부 직원들에게 깊은 감사의 뜻을 전한다.

아울러 이 책의 수정과정에서 협조해준 자춘펑賈春峰 교수(중앙선전부 이론국 부국장, 중국시장경제연구회 부회장)와 추이쥔崔俊 연구원(중국경영과학학회 회장), 저우하오란周浩然 연구원(당대 개혁 및 발전이론 연구센터의 연구원, 잡지「관리쉐자管理學家」의 편집인), 한푸룽韓福榮 교수(베이징공업대학 경제 및 경영대학 상무부원장), 웨칭핑岳慶平 교수(93학사 중앙연구실 부주임, 베이징대학 인재연구센터 주임), 류마오린劉茂林 교수(칭화대학), 저우샤오바이周曉柏 선생(중국올림픽조직위원회 행정처장), 쑨칭성孫慶生 선생님(「치예관리企業管理」잡지사 부사장) 등 전문가들에게도 진심으로 감사드린다. 그리고 이 책을 위해 소중한 의견을 내주고 든든한 내 편이 되어 준 친구들에게도 깊은 감사를 전한다.

2004. 3. 10.
왕중추

소비자들은 어떤 제품이나 서비스에 대해 만족할 경우 6명에게 이 사실을 알리지만, 불만족스러울 경우에는 22명에게 이 사실을 전파한다.

—제너럴시스템 General System Co.

다시, 디테일을 이야기하다

고현숙 코칭경영원 대표코치
김희섭 SK텔레콤 부사장
이석호 아이스크림미디어 전무

성공과 실패의 '사소한' 차이

대기업에서 승승장구하는 젊은 임원을 만났다. 지독한 일벌레이고 유쾌한 사람인데, 그의 직원이 옆에서 하는 말이 내 주의를 끌었다. "어찌나 꼼꼼하신지, 매뉴얼 표지에 로고 인쇄상태까지 다 미리 살펴본다."는 말이었다. 부서에서 나오는 모든 산출물에 대해서는 집착에 가까울 정도로 품질을 챙긴다고 한다.

적어도 내가 아는 범위에서 성공한 사람들은 모두 '디테일에 강하다'는 공통점을 지니고 있다. 미세한 것이라도 그것이 현실에 차이를 가져오는 것이라면 대단히 관심이 많다. 그들은, 예를 들면, CRM이나 DB 마케팅에 대한 일반론을 말할 때는 열변을 토해도 별 반응 없이 듣다가, '어느 매장에서 어떤 요소를 바꾸었더니 내방객 차이가 있더라'는 식의 구체적인 얘기에는 크게 관심을 보인다. 어떤 인재상이 필요하다는 총론에도 끄덕이지만, 어떻게 해야 채용에서의 실패를 줄일 수 있는

지, 그 구체적인 절차에 더 점수를 준다.

왜 그럴까. 경영에서는 방향을 세우고 비전을 설정하는 일이 매우 중요하다. 그럼에도 이들이 디테일에 강한 이유를 나는 그들이 매우 '실행 지향적'이기 때문일 것으로 생각한다.

실행은 아주 디테일한 것이다. 그것은 끈질기게 영향을 미치는 방해물들을 치우는 것이며, 귀찮은 실험을 해나가는 것이고, 차근차근 의사소통을 해야 하는 것이며, 무시하고 싶은 자잘한 것들에 신경을 써야 하는 일이다. 아무리 올바르고 좋은 전략이라도 디테일을 무시하고는 현실화될 수 없다. 아무리 멋진 제안이나 아이디어도 모두 구두선에 그쳐버린다. 우리가 자기 일에서 성공하기 위해서는 디테일에 강해야 한다. 숫자에 밝아야 한다. 어떤 것이 진짜로 현실을 변화시키는지에 예민해야 한다.

"성공과 실패의 차이는 어떤 일을 거의 맞게 하는 것과 정확히 맞게 하는 것의 차이"라는 말이 있다. 프로젝트 매니지먼트를 가르칠 때 내가 강조하는 대목이다. "성공은 디테일에 있다. (Success is in the details.)" 목표 일정 안에, 정해진 예산을 초과하지 않으면서, 기대되는 사양(질 또는 범위)을 충족시키는 산물을 만들어내는 것이 프로젝트이다. 이게 되면 성공이고 안 되면 실패다. 결국 프로젝트 관리도 그것들에 영향을 미치는 많은 것들을 추적하고, 파악하고, 컨트롤하느냐가 관건이다.

성공한 경영자들에게 드라마틱하고 영웅적인 성공스토리를 기대했다가는 실망하기 일쑤다. 그들은 대체로 수줍어서 자신을 드러내기를 별로 좋아하지 않는 대신, 실행에 있어 매우 끈질긴 성격의 소유자들인 경우가 많다. 성공이란 어느 한 번의 깨우침, 한 장의 독트린, 스타 탄생 같은 것이라기보다는 하루하루를 성공적으로 만들어 가는 실행의 축적 결과가 아닐까 한다.

이렇게 내가 강조하는 것도 젊었을 적에 지나치게 거대담론에 매료되었던, 그래서 일상을 시시하게 여기고 관념적으로만 늘 혁명적이었던 나 자신의 자기반성이 담긴, 남들은 다 아는 뒤늦은 이야기일지도 모르겠다.

2020. 4
고현숙 국민대 교수, 코칭경영원 대표코치
『유쾌하게 자극하라』 저자

우리는 너무 대범하게 살아온 것은 아닐까

〉〉

기자 시절, 국내 언론 최초로 〈디테일의 힘〉의 저자 왕중추 소장을 베이징에서 인터뷰했다. 사전에 질문지를 주지 않았는데도 '첫째', '둘째', '셋째' 식으로 항상 조리 있게 답변하는 모습이 인상적이었다. 기사가 나간 후 국내 독자들의 반응은 뜨거웠다. 그만큼 디테일의 중요성을 절감하는 분들이 많았기 때문이었을 것이다. 당시 인터뷰의 골자를 소개한다. (자세한 내용은 기사 전문을 참조하기 바란다)

디테일 문제를 집요하게 파고들게 된 이유는 무엇인지요?

"중국 사람들은 일을 대충대충 하는 경우가 많아요. 예전에 데리고 있던 비서는 제가 가져오라는 서류를 한 번도 제대로 가져온 적이 없었습니다. 부하 직원이 적당히 한 일이 잘못돼 제가 다시 고치느라 시간을 허비한 적도 한두 번이 아닙니다. 어떤 회사에서는 중요한 협상 내용이 담긴 팩스를 보내야 하는데, 실수로 단축번호를 잘못 눌러 경쟁업체에 정보를 고스란히 갖다 바친 적도 있었어요. 그로 인한 손실은 그 직원의 몇 년치 연봉보다 더 컸죠. 이래서는 도저히 안 되겠다는 생각에 디테일에 관한 책을 여러 권 쓰고 강연도 하게 됐습니다. 유능한 사원과 무능한 사원, 초일류 기업과 아닌 기업, 선진국과 후진국의 차이는 모두 디테일에서 비롯됩니다. '대충대충 적당히'는 절대 안 됩니다."

'작은 일에 충실하라'는 평범한 말이 이렇게 큰 화제가 된 이유는 무엇일까요?

"큰 성공을 이루기 위한 열쇠는 디테일에 있습니다. 이 세상에 큰일을 할 수 있는 사람은 소수입니다. 대부분은 자잘하면서 단순한 일을 반복하며 살아가죠. 그것이 생활이고 일입니다. 지금 같은 치열한 경쟁 시대는 웅대한 지략을 품은 전략가보다는 작고 평범한 일도 꼼꼼하게 처리하는 관리자가 필요하다고 봅니다."

무조건 일만 열심히 할 것이 아니라 우선 전략과 방향을 제대로 잡은 다음에 움직여야 하지 않나요?

"원대한 전략도 결국 세세한 디테일에서 시작됩니다. 혁신적인 기업으로 유명한, 중국 최대의 전자회사 하이얼그룹의 장루이민 회장도 '혁신은 기업의 모든 디테일한 부분에서 나온다'고 강조합니다. 저는 '닭 잡을 때도 소 잡는 칼을 쓰라'고 합니다. 그만큼 정성을 기울여야 한다는 말이죠. 사람들의 태도와 정신을 바꾸는 것이 제일 중요합니다. 처음에는 불편해도 스스로에게 강제하고 단계적으로 반복 훈련을 하면 습관이 됩니다.

습관은 한번 들이기는 어렵지만 나중에는 자연스럽고 편안해지죠. 개인뿐
아니라 조직이나 기관도 이런 식으로 변해야 합니다."

　디테일은 구체적으로 어떻게 정의할 수 있을까요?

　"디테일이란 어떤 일의 중심이나 기초가 되는 부분을 말합니다. 단
순한 잔일과는 다르죠. 여기 책상 위에 있는 연필꽂이를 예로 들면 색
깔, 모양, 재료 등이 다 디테일에 속합니다. 물건을 만들 때 반드시 신경
을 써야 하는 핵심 부분인 것이죠. 하지만 이 제품을 어떤 종이로 싸서
무슨 박스에 넣느냐는 것은 간단한 잔일에 해당한다고 볼 수 있습니다.
핵심 제품에 영향을 주는 것이 아니기 때문입니다. 물론 아주 귀중한
물건을 포장할 때는 포장재료도 디테일이 될 수 있지요. 예전에 한 방
송사 기자와 인터뷰를 한 적이 있는데, 2시간 동안 이야기를 하다가 갑
자기 기자가 마이크를 켜놓지 않은 사실을 발견했어요. 가장 기본적인
디테일을 소홀히 한 것이죠."

'대충대충, 적당히'는 망하는 지름길

　왕중추 소장은 "대장부는 사소한 일에 신경 쓰지 않는다"는 식의 중
국인의 전통적인 사고 방식을 신랄히 비판했다. 1%만 어긋나도 전체
일을 망칠 수 있다는 것이다.

　"하이얼그룹의 장루이민 회장은 이렇게 말한 적이 있습니다. 일본인
직원에게 하루에 책상을 6번씩 닦으라면 그대로 하는데, 중국인 직원

은 처음 이틀간은 6번 닦고 다음 날부터는 5번, 4번으로 차츰 횟수가 줄 어든다고요. 중국산 제품이 해외에서 비싼 값에 팔리지 못하는 것은 다 이런 디테일이 부족하기 때문입니다."

저우언라이 전 총리가 가장 싫어하는 말도 '대충'과 '적당히'였다고 그 는 전했다. 저우 전 총리는 국빈 만찬이 있을 때 자신은 먼저 국수로 간 단히 배를 채운 뒤 손님을 맞았다고 한다. 실제 연회에 나가서는 먹는 시늉만 하면서 손님이 식사를 잘 하는지 정성껏 챙기기 위해서였다.

요즘 경영자들은 창의성과 혁신을 강조하는 추세입니다. 디테일을 지나치 게 강조하면 창의성을 억압하지 않을까요?

"아주 좋은 질문입니다. 모든 일에는 정도程度가 있어요. 작고 사소한 부분까지 모두 완벽한 사람은 이 세상에 없습니다. 모든 고객을 만족시 키기도 불가능하죠. 하지만 디테일은 태도에 관련된 문제입니다. 일을 잘 해내고 싶은 욕구, 완벽함을 추구하는 마음이 있어야 합니다. 작고 사소한 걸 무시하면 만회할 수 없는 심각한 타격을 입을 수 있습니다. 천리 둑도 작은 개미구멍 때문에 무너집니다."

왕 소장은 중국 시장에서 대대적인 인기를 끌고 있는 KFC에 도전장 을 냈던 현지 패스트푸드 업체 룽화지를 예로 들었다. 1990년대에 이 업체는 "KFC가 가는 곳에는 우리도 간다"는 캐치프레이즈를 내걸고 중국 사람의 입맛에 맞는 메뉴를 개발하고 호기롭게 덤벼들었다.

이 회사는 초기에 반짝 실적을 올리기도 했지만, 6년 만에 수도인 베 이징에서 사업을 접고 지방으로 철수하는 신세가 됐다. KFC는 양념 배합비율, 고기와 야채 써는 순서, 조리시간, 청소 순서까지 엄격한 규정을 만들어 직원을 교육하는 반면, 룽화지는 치킨에 뚜껑도 덮어놓지 않고 고객이 보는 앞에서 파리채로 파리를 잡았으니 경쟁이 될 리가 없었던 것이다.

왕중추에 귀 기울이는 한국 경영자들

'대충대충'과 '적당주의'가 지배해온 한국에서도 왕중추 소장의 '디테일 경영론'에 귀를 기울이는 경영자가 많다. 권영수 LG디스플레이 사장(현 LG 대표이사 부회장)은 이 책에 대해 "지위가 올라가다 보면 '큰 그림을 본다'는 미명 아래 자꾸 작은 것을 놓치기 시작하는데, 그러면 매사에 정성이 없어져 결국은 큰 그림마저 놓치게 된다"는 소감을 밝히기도 했다.

왕 소장은 실증적인 사례 연구라는 '팩트(fact)'를 통해 다수의 지지를 이끌어냈다. 그의 책이나 강연에는 항상 세계 유명 기업의 성공과 실패 사례가 빽빽하게 들어간다.

"제 책은 기업 현장에서 일어나는 실제 사례를 위주로 작성한 것입니다. 거창한 경영이론이나 통일된 개념 같은 건 없습니다. 그 대신 제가 현장에서 직접 보고 들은 사례가 생생하게 실려 있습니다. 중국 31개 성省 가운데 시짱西藏(티베트자치구)만 빼고는 모두 다녀왔습니다. 해외의 경우 주요 연구대상인 일본을 자주 방문하는 편입니다. 도요타에 관한 책만 수십 권을 읽기도 했습니다."

"위대한 전략도 세세한 디테일에서 시작된다"는 왕중추 소장의 말에 중국 기업과 정부, 13억 인구가 귀를 기울이고 있다. 2시간에 걸친 인터뷰를 마치면서 가슴이 답답해졌다. 거대한 스케일의 중국, 디테일에 강한 일본 사이에 끼어 있는 우리나라의 장래가 걱정됐기 때문이다. 중국이 스케일에 디테일까지 더한다면 우리는 과연 무엇으로 경쟁할 것인가? 그동안 우리는 너무 대범하게 살아온 것이 아닐까?

바둑 격언 중에 '착안대국, 착수소국着眼大局, 着手小局'이란 말이 있다. 대국적으로 생각하고 멀리 보는 것도 중요하지만, 실행할 때는 한 수 한 수 집중해 세세한 부분까지 놓치지 말아야 한다는 것이다. 바로 지금 우리에게 필요한 덕목이 아닐까?

2020. 4
김희섭 SK텔레콤 부사장
전 조선일보 기자

https://biz.chosun.com/site/data/html_dir
/2008/12/12/2008121200738.html

디테일은 힘이 세다

작은 차이가 명품을 만든다. 문제는 작은 차이를 만드는 것이 큰 차이를 만드는 것보다 힘들다는 점이다. 기업의 말단조직, 보이지 않는 부분을 바꿔야 하는 디테일 경영은 말처럼 쉽지 않다. 기업문화와 조직 수준이 높아야 디테일을 완성할 수 있다. 글로벌 기업 중에서도 톱 기업에서만 그 사례를 찾을 수 있는 것도 이 때문이다. 하지만 디테일이 갖춰지면 강력한 무기가 된다.

이제 모든 휴대전화의 표준이 된 '통화(send)'버튼과 '종료(power)'버튼이 위에 있는 자판 배열은 사실 1998년부터 시작됐다. 그전에 모든 휴대전화는 이 두 버튼이 자판의 맨 아래 양쪽에 배치돼 있었다. 버튼 하나만 위로 올렸을 뿐인 이 사소한 변화는 휴대전화 사용자들의 숨은 욕구를 간파한 것이다.

그리고 그 변화를 만든 사람은 휴대전화 기술자나 공학도가 아닌 이

건희 전 삼성그룹 회장이다. 국내 최대 기업집단의 회장이었던 이 회장이 이런 사소한 일에 신경을 쓸 여력이 있었을까? 2000년대 초반까지 삼성의 애니콜 신화를 이끌었던 이기태 전 삼성전자 부회장은 "이 회장은 1993년부터 '통화버튼을 위로 올리면 좋지 않겠느냐?'고 했다"고 말했다. 1998년에 '애니콜'이 자판을 바꾸자 전 세계 모든 휴대전화가 자판배열을 바꿨다.

리츠칼튼호텔에 새벽 환풍기 소리가 안 나는 이유

1995년 미국의 시사 주간지 '타임'이 세계 제일의 서비스 기업으로 선정한 MK택시는 1976년 네 가지 인사운동으로 택시업계의 기린아가 됐다. MK택시의 성장은 노후 차량을 새 차량으로 대대적으로 바꾼 것도, 연봉이 높은 베스트 드라이버를 영입한 것도 아니다. 그저 'MK입니다. 감사합니다'로 시작해 '오늘은 000이 모시겠습니다' '000 가시는 것이 맞는지요?' '감사합니다.

잊으신 물건은 없으십니까?'로 끝나는 인사운동만으로 세계 최고의 서비스 기업으로 거듭났다. 이런 사소한 변화가 MK택시를 미·일 정상회담 때 미국 정부대표단의 의전차로 쓰이게 했다. 또 지난해 말 세계 금융위기 속 모든 기업이 감원에 돌입할 때도 MK택시는 향후 1년간 1만 명의 정사원을 채용하겠다고 발표했다.

세계 최대 햄버거 체인인 맥도날드는 큰 덩치에 맞지 않게 사소한 규정이 많다. 특히 560쪽에 이르는 작업매뉴얼에는 고기 굽는 하나의 과정에 대한 설명만 20쪽이 넘는다. 예를 들면 이렇다. 빵 두께는 17㎜, 고기 두께는 10㎜로 한다. 총 두께는 인간이 가장 편안해하는 44㎜로 한다.

음료수 빨대 두께는 4㎜로, 이는 아기에게 모유를 먹이는 어머니의 젖꼭지 크기다. 햄버거나 감자튀김을 시키면 무조건 '감사합니다'라고 말한 뒤 3초 내에 '콜라도 드시겠습니까?'라고 말한다. 카운터 높이는 사람이 가장 편안하게 지갑을 꺼낼 수 있는 72㎝로 한다. 맥도날드는 초등학생이라도 작업매뉴얼만 있으면 균일한 품질의 맛을 내는 햄버거를 만들 수 있게 했다.

덕분에 맥도날드는 세계 최대의 햄버거 업체로 클 수 있었다. 명품을 지향하는 업체는 말 그대로 디테일이 생명이다.

아우디는 냄새를 관리하는 후각 팀이 별도로 있다. 자동차를 구성하는 500여 개의 부품을 일일이 코로 냄새를 맡으며 확인한다. 완성된 차를 시각적, 촉각적으로만이 아니라 후각적으로도 만족도 높게 만들기 위해서다.

렉서스 역시 청각 팀을 두고 자동차 문이 닫히는 가장 좋은 소리를 찾아내 1989년 LS400에 적용했다. 일본 차 렉서스가 자동차 대국 미국에서 성공적으로 안착할 수 있었던 것은 남들이 놓친 디테일을 챙긴 덕분이다. 이처럼 자동차 회사도 '별나다'는 생각이 들 만큼 디테일에 치중한다.

만약 이들 회사가 '차는 잘 달리고 튼튼하면 그만'이라는 생각에 사로잡혀 있었다면 지금까지 명품 자동차 그룹에 속해 있을 수 있을까? 245

년째 '코냑'을 만들어오고 있는 헤네시 코냑은 프랑스산 수제 참나무 통만 고집하고 있다. 공장에서 생산하는 참나무 통이나 프랑스 외에서 나오는 참나무로 하자는 의견도 있었지만 헤네시는 여전히 전통적인 생산방식을 고수하고 있다.

헤네시가의 8대손인 모리스 헤네시는 "전통적인 방법으로 최고의 제품을 만들기 위해선 작은 차이가 중요하다"고 말했다. 만약 그 정도의 변화를 고객이 모를 것이라고 생각한다면 오늘날의 헤네시 코냑은 존재할 수 없었을 것이다. 나리타 공항에서는 가방 손잡이가 반드시 밖으로 향하도록 턴테이블에 가방을 놓는다.

왜 그럴까? 고객이 손잡이를 잡기 편하도록 안쪽에서 사람이 직접 손으로 돌려 놓고 있기 때문이다. 고객의 작은 편의를 위해 보이지 않는 곳에서 누군가 의도적으로 그런 일을 하고 있는 것이다. 적어도 맨 처음 만들어진 제1 터널에서는 이러한 원칙을 지켜나가고 있다. 리츠칼튼호텔에서는 이른 아침 환풍기 소리를 들을 수 없다. 고객이 끝까지 편안한 잠을 잘 수 있도록 환풍기 소리가 나지 않도록 해놨기 때문이다. 늦잠을 즐기는 투숙객을 위한 작은 배려는 최고의 서비스 호텔을 지향하는 리츠칼튼다운 발상이다.

디테일이란 이런 것이다. 얼핏 사소해 보이지만 그 디테일 하나가 회사의 운명을 바꿀 수 있다. 고객이나 사업의 본질을 모르면 나올 수 없는 것이 디테일이다. 또 디테일이 강할수록 회사의 실행력도 올라간다.

앞서 예를 든 맥도날드에는 햄버거를 만드는 규칙뿐 아니라 작업자가 지켜야 할 행동도 자세히 규정돼 있다. 먼저 매일 일을 시작하기 전, 팔뚝 위로 따뜻한 물과 맥도날드 소독용 비누인 AMH(Anti-Microbial Handwash)를 사용해 최소한 20초 이상 손을 씻으며 손톱도 깨끗한지 확인한다.

조리를 위해 조리대에 들어간 후에도 한 시간에 한 번씩 항미생물 용액이 들어 있는 세척액으로 팔 윗부분까지 씻는다. 이러다 보면 음식조리사는 하루에 수십 번씩 손을 씻게 된다. 옷깃만 스쳐도 손을 씻도록 되어 있는 엄격한 내부규정 때문이다. 업계 최초로 원재료를 만질 때는 반드시 위생 장갑을 착용한다. 고기 패티를 다룰 경우는 파란 위생 장갑을 끼며, 야채·빵을 조리할 때는 투명 위생 장갑 등 구분된 위생 장갑을 사용하도록 규정으로 만들어뒀다.

또 맥도날드는 매일 소독용액을 이용해 매장과 조리기구를 청소, 소독하도록 되어 있는데, 이는 전 세계 어느 매장이나 동일하게 갖추어진 시스템이다. 특히 음식을 만드는 모든 장비는 하루에 한 번씩 분리해 청결함을 유지하도록 철저히 세척, 소독할 뿐만 아니라 수시로 살균용액에 담근 행주를 이용해 조리대 등을 닦아 청결 상태를 유지하도록 하고 있다.

맥도날드의 사장을 지낸 프레드 터너 맥도날드 명예회장은 맥도날드의 성공 요인을 이렇게 말했다. "우리의 성공은 다른 기업의 경영진이 부하직원들에게 진정으로 가까이 다가가지 못했다는 것을 방증하는 것이다. 그들은 디테일한 부분에 대해 진지하게 주목하지 않았다." 많은 기업이 큰 비전과 철학, 전략을 구상하는 데 시간과 돈을 들이면서도 정작 그 비전과 철학이 구현되는 디테일은 하찮게 여긴다.

CEO가 디테일을 챙기면 '너무 사소한 것에 집착한다'며 무시하기까지 한다. 과연 그럴까? 현대카드캐피탈은 고객에게 주는 기념품에도 자기만의 감성과 디자인이 묻어나도록 관리하고 있다. '받는 사람이 아무런 느낌이 없는 선물은 낭비일 뿐이다'라는 게 이 회사의 생각이다. 사옥도 사장실과 로비처럼 보이는 부분뿐 아니라 화장실, 지하주차장, 직원 휴게실같이 보이지 않는 부분까지도 고유의 정체성이 드러나도록 만들었다.

앞선 기업들 실력차는 디테일에서 결정

이 회사의 정태영 사장은 "중요하고 사소한 것은 누구의 입장이냐에 따라 다르다. 고객의 입장에서는 선물이, 직원의 입장에서는 휴게실이 중요한 것 아니냐?"고 말했다. 경영자들이 사소한 것이라고 생각하는 것은 자신 위주로 생각하기 때문이다. 고객은 사장실의 수준이 아니라 우연히 들른 그 건물의 화장실 수준으로 그 기업을 판단하게 된다.

디테일이 중요한 것도 이 때문이다. 사소해 보이는 부분도 누구의 입장이냐에 따라 다르다. 사장의 입장에서는 사장실과 로비, 접견실이 중요하겠지만 직원의 입장에서는 식당, 휴게실, 사무실 등이 더 중요하다. 자동차 엔지니어 입장에서는 엔진 성능과 조향장치가 중요할 수 있지만 뒷좌석에 타는 CEO 입장에서는 좌석의 촉감, 뒷문 닫히는 소리, 공기의 흐름이 더 중요할 수 있다.

거대 기업 맥도날드 CEO가 재무제표와 규모에만 관심이 있고, 세계 각국에서 이뤄지는 햄버거 만드는 과정에 관심이 없다면 오늘날의 맥도날드가 가능했을까? 디테일은 그래서 반대 입장에서 보면 사소한 것이 아니라 사활적인 것일 수도 있다.

불행히도 한국 기업 중 말단 조직까지 디테일이 완벽하게 갖춰진 곳은 찾기 힘들다. 경영자나 임원급에서 생각하고 말하는 수준은 글로벌 기업 못지않은 곳이 많지만 막상 아래로 가면 10년 전, 20년 전 문제를 그대로 안고 있는 경우도 허다하다. 최고를 지향하는 대기업의 지하주차장에서 심심치 않게 고성이 오가는 것이 대표적이다.

기업들마다 철학과 슬로건, 비전을 만들었지만 막상 그 기업들과 소비자의 접점인 기념품, 전단지 등을 보면 여전히 획일적인 것도 디테일의 부족에 기인한다. 인사에 의해 조직의 방향과 성과가 바뀌는 것도 일하는 과정에서 디테일이 부족한 면이다. 딜로이트 컨설팅의 김경준 부사장은 "조직의 커뮤니케이션이 원활하고, 조직의 수준이 균일하지 않으면 디테일은 나타나기 힘들다"고 지적했다.

아직 한국 기업들이 임원과 본사 등 중심 조직과 주변 조직 간에 의사소통이 원활하지 않다는 얘기다. 한국 기업이 글로벌 톱 기업이 되기 위해서는 디테일을 더욱 강화해야 한다는 주장이 있다. 한양대 홍성태 교수(경영학)는 "결국 앞선 기업들의 실력 차는 디테일에서 결정이 난다"고 말했다.

전략이나 철학에서 큰 변별점이 없는 글로벌 기업끼리의 경쟁에서는 어떤 기업이 더 완벽한 디테일을 갖추고 있느냐에 따라 승부가 갈린다는 것이다. 휴렛패커드의 창업자인 데이비드 패커드도 "작은 일이 큰일을 이루게 하고 디테일이 완벽을 가능케 한다"고 했다. 한국 기업이 한 단계 더 도약하기 위한 방법은 거창한 구호나 대규모 프로젝트가 아니라 조직 말단에서 이뤄지는 사소한 일을 완벽하게 하는 것이다.

이석호 아이스크림미디어 전무
전 중앙일보 이코노미스트 기자
『카스피해 에너지 전쟁』 저자

https://news.joins.com/article/3589132

결국, 디테일은 태도입니다

한국 영화의 새로운 지평을 연 봉준호 감독은 별명이 '봉테일'이라고 합니다. 디테일에 강하다는 이야기지요. 작품의 완성도를 높이려면 진지한 태도로 작업에 임할 수밖에 없고, 그러다 보면 자연스럽게 디테일에 강해지지 않을 수 없었을 것입니다. 디테일은 결국 태도의 문제이니까요.

〈디테일의 힘〉 한국어판이 출간된 지 어느덧 15년이 되었습니다. 감사하게도 많은 분들이 이 책의 가치를 알아봐주셨습니다. 출간 첫해 교보문고와 네이버가 공동 주관한 '올해의 책', 다음 해에는 삼성경제연구소의 'CEO 휴가 때 읽을 책'으로 선정되었습니다.

이 책에 가장 먼저 주목한 것은 기업이었습니다. 실로 많은 대기업과 중소기업의 임직원들이 이 책을 읽었습니다. 이후 청와대를 비롯해서 정부와 지방자치단체의 공직자들이 이 책을 읽었고, 국방부 '진중문고'

에도 채택되어 우리 국군 장병들도 모두 함께 읽었습니다. 한스컨설팅 한근태 대표, 코칭경영원 고현숙 대표코치, 권영수 LG디스플레이 사장, 김낙희 제일기획 사장, LG생활건강 차석용 부회장, 한양대 홍성태 교수, 박상진 삼성전자 사장, 이수찬 힘찬병원 대표원장 등 우리 사회 여러 분야의 지도자들도 이 책을 읽고 주변에 추천하거나 여러 언론매체에 칼럼을 기고해주셨습니다. 윤증현 장관은 직원들에게 일하는 자세를 가다듬을 것을 당부하는 편지에서 이 책의 내용을 인용하기도 하셨습니다.

책이 출간된 이후 우리 사회에서 디테일에 관한 논의가 활발해진 것을 보며 보람을 느낍니다. 아쉽게도 이 책의 내용이 아직도 우리와 무관해 보이지 않습니다. 그러나 '100-1=0'이라는 말에 너무 부담을 느끼지는 않으셔도 좋겠습니다. 100+1은 200이 될 수도 있고 1000이 될 수도 있으니까요.

이 책이 앞으로도 독자 개인과 독자 여러분이 몸담고 있는 조직의 발전에 도움이 되기를 바랍니다.

2020. 4
올림 편집부

작지만 강력한 **디테일의 힘**

초판 1쇄 발행_ 2005년 11월 15일
초판 65쇄 발행_ 2020년 2월 5일
2판 1쇄 발행_ 2020년 4월 1일
2판 7쇄 발행_ 2024년 9월 25일

지은이_ 왕중추
옮긴이_ 허유영
펴낸이_ 이성수
주간_ 김미성
편집_ 이경은, 이홍우, 이효주
마케팅_ 김현관
디자인_ 진혜리

펴낸곳_ 올림
주소_ 서울시 양천구 목동서로 38, 131-305
등록_ 2000년 3월 30일 제2021-0000372호(구 : 제20-183호)
전화_ 02-720-3131
팩스_ 02-6499-0898
이메일_ pom4u@naver.com
홈페이지_ http://cafe.naver.com/ollimbooks

ISBN 89-951704-5-x 03320